TODOS IRMÃOS E IRMÃS
sinais dos tempos

O ensinamento social do Papa Francisco

Cardeal Michael Czerny
Christian Barone

TODOS IRMÃOS E IRMÃS
sinais dos tempos

O ensinamento social do Papa Francisco

Prefácio do Papa Francisco

Dados Internacionais de Catalogação na Publicação (CIP)
(Câmara Brasileira do Livro, SP, Brasil)

Czerny, Michael
  Todos irmãos e irmãs, sinais dos tempos : o ensinamento social do Papa Francisco / Cardeal Michael Czerny e Christian Barone. ; prefácio do Papa Francisco ; tradução de Paulo F. Valério. -- São Paulo : Paulinas, 2024.
  296 p.

  ISBN 978-65-5808-268-2
  Título original: Siblings all, sign of the times: The social teaching of Pope Francis

  1. Sociologia cristã 2. Francisco,Papa, 1936- I. Título II. Barone, Christiian III. Valério, Paulo F.

24-0029   CDD 261.8

Índice para catálogo sistemático:
  1. Sociologia cristã

Título original da obra: Siblings all, sign of the times –
The social teaching of Pope Francis
© 2024 by Michael Czerny / Christian Barone

1ª edição – 2024

Direção-geral: *Ágda França*
Editores responsáveis: *Maria Goretti de Oliveira e João Décio Passos*
Tradução: *Paulo Ferreira Valério*
Copidesque: *Anoar Provenzi e Ana Cecilia Mari*
Coordenação de revisão: *Marina Mendonça*
Revisão: *Sandra Sinzato*
Gerente de produção: *Felício Calegaro Neto*
Produção de arte: *Elaine Alves*

Nenhuma parte desta obra poderá ser reproduzida ou transmitida por qualquer forma e/ou quaisquer meios (eletrônico ou mecânico, incluindo fotocópia e gravação) ou arquivada em qualquer sistema ou banco de dados sem permissão escrita da Editora. Direitos reservados.

Cadastre-se e receba nossas informações
www.paulinas.com.br
Telemarketing e SAC: 0800-7010081

Paulinas
Rua Dona Inácia Uchoa, 62
04110-020 – São Paulo – SP (Brasil)
📞 (11) 2125-3500
✉ editora@paulinas.com.br

© Pia Sociedade Filhas de São Paulo – São Paulo, 2024

Senhor e Pai da humanidade,
que criastes todos os seres humanos
com a mesma dignidade,
infundi nos nossos corações um espírito fraterno.

Papa Francisco, "Oração ao Criador", *Fratelli Tutti*

SUMÁRIO

Lista de abreviações 9

Prefácio 13

Introdução 19

Parte I – O ensinamento social do Papa Francisco
1. Um ensino que continua ou interrompe a Tradição? 37
2. Após o Concílio, emergem duas abordagens das questões sociais 61
3. Critérios para o discernimento: ler os "sinais dos tempos" 87

Parte II – Todos irmãos e irmãs, e a amizade social: um "sinal dos tempos"
4. Refletir sobre os problemas, analisar as causas (*Fratelli Tutti*, cap. 1) 117
5. Examinar o presente: permitir que a Palavra de Deus nos ilumine (*Fratelli Tutti*, cap. 2) 147
6. Criar um mundo aberto: discernir e julgar (*Fratelli Tutti*, cap. 3-4) 161

7. Construir um mundo melhor e mais aberto
(*Fratelli Tutti*, cap. 5-7) 179

8. A Igreja e as religiões a serviço da vocação universal
a ser irmãos e irmãs (*Fratelli Tutti*, cap. 8) 221

Conclusão 251

Apêndices 263

Apêndice I – Todos irmãos e irmãs depois da pandemia ... 265

Apêndice II – Dança e luto (Mt 11,1-19) 273

Índice remissivo 285

LISTA DE ABREVIAÇÕES

AA   Decreto *Apostolicam Actuositatem* sobre o apostolado dos leigos, Concílio Vaticano II, 18 de novembro de 1965.

CA   Encíclica *Centesimus Annus*, João Paulo II, 1º de setembro de 1991.

CiV Encíclica *Caritas in Veritate*, Bento XVI, 29 de junho de 2009.

DCE Encíclica *Deus Caritas Est*, Bento XVI, 25 de dezembro de 2005.

DH   Declaração *Dignitatis Humanae* sobre a liberdade religiosa, Concílio Vaticano II, 7 de dezembro de 1965.

DI   Declaração *Dominus Iesus* sobre a unicidade e a universalidade salvífica de Jesus Cristo e da Igreja, Congregação para a Doutrina da Fé, 6 de agosto de 2000.

DiM Encíclica *Dives in Misericordia*, João Paulo II, 30 de novembro de 1980.

DV	Constituição dogmática *Dei Verbum* sobre a revelação divina, Concílio Vaticano II, 18 de novembro de 1965.
EC	Constituição apostólica *Episcopalis Communio*, Francisco, 15 de setembro de 2018.
EG	Exortação apostólica *Evangelii Gaudium*, Francisco, 24 de novembro de 2013.
EiE	Exortação pós-sinodal *Ecclesia in Europa*, João Paulo II, 28 de junho de 2003.
EN	Exortação apostólica *Evangelii Nuntiandi*, Paulo VI, 8 de dezembro de 1975.
ES	Encíclica *Ecclesiam Suam*, Paulo VI, 6 de agosto de 1964.
FC	Exortação apostólica pós-sinodal *Familiaris Consortio*, João Paulo II, 22 de novembro de 1981.
FDA	*Documento Final do Sínodo para a Amazônia*, *"Amazônia: novos caminhos para a Igreja e para uma ecologia integral"*, Assembleia Especial do Sínodo dos Bispos para a Região Pan-Amazônica, 26 de outubro de 2019.
FT	Encíclica *Fratelli Tutti*, Francisco, 4 de outubro de 2020.
GS	Constituição pastoral *Gaudium et Spes* sobre a Igreja no mundo atual, Concílio Vaticano II, 7 de dezembro de 1965.
LE	Encíclica *Laborem Exercens*, João Paulo II, 14 de setembro de 1981.
LG	Constituição dogmática *Lumen Gentium* sobre a Igreja, Concílio Vaticano II, 21 de novembro de 1964.
LS	Encíclica *Laudato Si'*, Francisco, 18 de junho de 2015.

TODOS IRMÃOS E IRMÃS

MM   Encíclica *Mater et Magistra*, João XXIII, 15 de maio de 1961.

NA   Declaração *Nostra Aetate* sobre a Igreja e as religiões não cristãs, Concílio Vaticano II, 28 de outubro de 1965.

NmI Carta apostólica *Novo Millennio Ineunte*, João Paulo II, 6 de janeiro de 2001.

OA   Carta apostólica *Octogesima Adveniens*, Paulo VI, 14 de maio de 1971.

OE   Decreto *Orientallium Ecclesiarum* sobre as igrejas orientais católicas, Concílio Vaticano II, 21 de novembro de 1964.

PC   Decreto *Perfectae Caritatis* sobre a conveniente renovação da vida religiosa, Concílio Vaticano II, 28 de outubro de 1965.

PdV Exortação apostólica *Pastores Dabo Vobis*, João Paulo II, 25 de março de 1992.

PiT Encíclica *Pacem in Terris*, João XXIII, 11 de abril de 1963.

PO   Decreto *Presbyterorum Ordinis* sobre o ministério e a vida dos sacerdotes, Concílio Vaticano II, 7 de dezembro de 1965.

PP   Encíclica *Populorum Progressio*, Paulo VI, 26 de março de 1967.

QA   Exortação pós-sinodal *Querida Amazônia*, Francisco, 12 de fevereiro de 2020.

QAn Encíclica *Quadragesimo Anno*, Pio XI, 15 de maio de 1931.

RH	Encíclica *Redemptor Hominis*, João Paulo II, 2 de março de 1979.
RM	Encíclica *Redemptoris Missio*, João Paulo II, 7 de dezembro de 1990.
SC	Constituição *Sacrosanctum Concilium* sobre a Sagrada Liturgia, Concílio Vaticano II, 4 de dezembro de 1963.
SrS	Encíclica *Sollicitudo Rei Socialis*, João Paulo II, 30 de dezembro de 1987.
UR	Decreto *Unitatis Redintegratio* sobre o ecumenismo, Concílio Vaticano II, 21 de novembro de 1964.
UuS	Encíclica *Ut Unum Sint*, João Paulo II, 25 de maio de 1995.
VD	Exortação apostólica pós-sinodal *Verbum Domini*, Bento XVI, 30 de setembro de 2010.

PREFÁCIO

O cerne do Evangelho é a proclamação do Reino de Deus na pessoa do próprio Jesus, o Emanuel, Deus--conosco. Nele, Deus realiza seu projeto de amor pela humanidade, estabelecendo seu senhorio sobre as criaturas e espalhando as sementes da vida divina na história humana, transformando-a a partir de dentro. Certamente, o Reino de Deus não deveria ser identificado ou confundido com alguma realização terrena ou política. Tampouco deveria ser concebido como realidade puramente interior, algo meramente pessoal ou espiritual, ou como uma promessa que diz respeito somente ao mundo que há de vir. Em vez disso, a fé cristã vive um fascinante e irresistível *paradoxo*, palavra muito cara ao teólogo jesuíta Henri de Lubac. É o que Jesus, unido para sempre à nossa carne, está realizando aqui e agora, abrindo-nos para Deus, nosso Pai, levando a cabo uma libertação permanente em nossas vidas, pois nele o Reino de Deus já se aproximou (Mc 1,12-15). Ao mesmo tempo, enquanto durar nossa existência na carne, o Reino de Deus permanece uma promessa, um profundo anseio que trazemos dentro de nós mesmos, um grito que brota de uma criação ainda desfigurada pelo mal, que sofre e geme até o dia de sua plena libertação (Rm 8,19-24).

Por conseguinte, o Reino anunciado por Jesus é uma realidade viva e dinâmica, que nos convida à conversão, solicitando que nossa fé emerja do imobilismo de uma religiosidade individual ou de sua redução ao legalismo. Ele quer, ao contrário, que nossa fé se torne uma busca contínua e incansável do Senhor e de sua Palavra, convocando cada um de nós a cooperar com a obra de Deus nas variegadas situações da vida e da sociedade. De modos diferentes, frequentemente anônimos e silenciosos, mesmo na história de nossos malogros e de nossas feridas, o Reino de Deus está tornando-se uma realidade em nosso coração e nos acontecimentos que sucedem ao nosso redor. Tal como uma sementinha oculta na terra (Mt 13,31-32), igual a um pouco de fermento que leveda a massa (Mt 13,24-30), Jesus introduz na história de nossa vida os sinais da nova vida que ele veio inaugurar, pedindo-nos para colaborar com ele nessa tarefa de salvação. Cada um de nós pode contribuir para a realização da obra do Reino de Deus na terra, abrindo espaços de salvação e de libertação, disseminando esperança, desafiando as lógicas mortíferas do egoísmo com o espírito fraterno e sororal do Evangelho, dedicando-nos, com ternura e solidariedade, ao benefício de nosso próximo, especialmente os mais pobres.

Jamais devemos neutralizar essa dimensão social da fé cristã. Conforme mencionei na *Evangelii Gaudium*,

TODOS IRMÃOS E IRMÃS

o querigma ou a proclamação da fé cristã possui uma dimensão inerentemente social. Ela convida-nos a construir uma sociedade onde a lógica das bem-aventuranças triunfa, onde prevalece um mundo de todos os irmãos e as irmãs e de solidariedade. Em Jesus, o Deus que é amor convida-nos a vivenciar o mandamento do amor por todos como se fôssemos irmãos e irmãs em uma única família concreta. Com um único e mesmo amor, esse Deus cura nossos relacionamentos pessoais e sociais, convocando-nos a ser pacificadores e construtores da fraternidade e da sororidade entre nós: "A proposta é o Reino de Deus (cf. Lc 4,43); trata-se de amar a Deus, que reina no mundo. Na medida em que ele conseguir reinar entre nós, a vida social será um espaço de fraternidade, de justiça, de paz, de dignidade para todos. Por isso, tanto o anúncio como a experiência cristã tendem a provocar consequências sociais" (EG 180).

Assim sendo, o cuidado de nossa mãe-terra e a construção de uma sociedade de solidariedade como *fratelli tutti* ou "todos irmãos e irmãs" não são apenas *não* estranhos à nossa fé: são realizações concretas dela.

Esse é o fundamento da doutrina social da Igreja. Não é uma simples extensão social da fé cristã, mas uma realidade com base teológica: o amor de Deus pela humanidade e seu plano de amor – envolvendo a todos como irmãos e irmãs – que ele realiza na história humana por meio de Jesus Cristo, seu Filho, a quem todos os fiéis estão intimamente unidos mediante o Espírito Santo.

Agradeço o Cardeal Michael Czerny e o Pe. Christian Barone, irmãos na fé, por sua contribuição ao tema e ao desafio de "todos irmãos e irmãs". Também sou grato porque este livro, embora tencionando ser um guia para a Encíclica *Fratelli Tutti*, envida esforços para trazer à luz e tornar explícita a profunda conexão entre o atual ensino social da Igreja e os ensinamentos do Concílio Vaticano II.

Esse vínculo não é sempre percebido, pelo menos não no começo. Tentarei explicar por quê. O clima eclesial da América Latina, no qual estive imerso inicialmente como jovem estudante jesuíta e, em seguida, no ministério, havia absorvido e se apropriado entusiasmadamente das intuições teológicas, eclesiais e espirituais do Concílio, pondo-as em prática e inculturando-as. Para os mais jovens dentre nós, o Concílio tornou-se o horizonte de nossas crenças e de nossos modos de falar e de agir. Ou seja, rapidamente se tornou nosso ecossistema eclesial e pastoral. Contudo, não criamos o hábito de citar decretos conciliares, nem nos detínhamos em reflexões especulativas. O Concílio simplesmente havia entrado em nosso jeito de ser cristãos e em nosso jeito de ser Igreja – e à medida que a vida seguia seu curso, minhas intuições, minhas percepções e minha espiritualidade simplesmente nasciam do que o Vaticano II ensinara. Não havia muita necessidade de citar os documentos do Concílio.

Hoje, após muitas décadas, encontramo-nos em um mundo – e em uma Igreja – profundamente mudado, e provavelmente é necessário tornar mais explícitos os conceitos-chave do Concílio Vaticano II, seu horizonte teológico e pastoral, seus temas e seus métodos.

Na primeira parte de seu valioso livro, o Cardeal Michael e o Pe. Christian nos ajudam quanto a esse ponto. Eles leem e interpretam o ensino social no qual estou empenhado, trazendo à luz o que está um tanto oculto entre as linhas – isto é, o ensinamento do Concílio como a base fundamental e o ponto de partida para meu convite à Igreja e a todo o mundo, expresso no ideal de "todos irmãos e irmãs". É um dos sinais dos tempos que o Vaticano II faz emergir, e algo de que nosso mundo – nossa casa comum, na qual somos chamados a viver como irmãos e irmãs – mais necessita.

Nesse contexto, o livro deles também tem o mérito de reler, no mundo de hoje, a intuição do Concílio de uma Igreja aberta, em diálogo com o mundo moderno. Perante as questões e os desafios do mundo moderno, o Vaticano II tentou responder com o sopro da *Gaudium et Spes*; hoje, porém, à medida que seguimos a vereda assinalada pelos padres conciliares, compreendemos que existe uma necessidade não somente de a Igreja estar em diálogo com o mundo, mas sobretudo de pôr-se a si mesma a serviço da humanidade, cuidando da criação, bem como anunciando e laborando para concretizar uma nova fraternidade e sororidade universais nas quais as relações humanas sejam sanadas do egoísmo e da violência, e estejam firmadas, em vez disso, no amor recíproco, na acolhida e na solidariedade.

Se isso é o que o mundo hodierno pede de nós – especialmente em uma sociedade fortemente marcada por desequilíbrios, ofensas e injustiças –, compreendemos que isso está, igualmente, no espírito do Concílio, o qual nos convida a ler e a ouvir os sinais da história humana. Este livro do Cardeal Michael e do Pe. Christian também tem o mérito de oferecer-nos uma reflexão sobre a metodologia da teologia pós-conciliar – uma metodologia histórico-teológico-pastoral, na qual a história humana é o lugar da Revelação de Deus. Aqui, a teologia desenvolve sua orientação mediante a reflexão, e a vida pastoral encarna a teologia na práxis eclesial e social. Essa é a razão por que os ensinamentos papais sempre precisam estar atentos à história, e o motivo pelo qual exigem as contribuições da teologia.

Por fim, quero também saudar o Cardeal Czerny por envolver nesta obra o jovem teólogo Pe. Barone. A colaboração deles é fecunda – entre um cardeal chamado a servir na Santa Sé e a ser um guia pastoral, e um jovem estudioso da teologia fundamental. Este é um exemplo de como o estudo, a reflexão e a experiência eclesial podem unir-se, e também indica um novo método: uma voz oficial e uma voz jovem, juntas. Assim é que deveríamos sempre caminhar: o Magistério, a teologia, a práxis pastoral, a liderança oficial. Sempre juntos. Nossos vínculos na Igreja se tornarão mais verossímeis se começarmos também a sentir-nos como todos irmãos e irmãs, *fratelli tutti*, e a viver nossos respectivos ministérios como serviço ao Evangelho, à edificação do Reino de Deus e ao cuidado de nossa casa comum.

Papa Francisco

INTRODUÇÃO

Nossa intenção, com este livro, é apresentar a Carta encíclica do Papa Francisco, de 2021, significativamente titulada *Fratelli Tutti*, que traduzimos como "Todos irmãos e irmãs". Ao fazê-lo, primeiramente traçamos o perfil da obra e do ensinamento do papa argentino – trazido para Roma das periferias, "quase do fim do mundo"[1] –, para sublinhar sua continuidade com as afirmações do Concílio Vaticano II.

Tentaremos evidenciar as características que distinguem o Magistério "social" do Papa Francisco, sem a pretensão de sermos exaustivos ou de querermos ser apologéticos.

Duas observações iniciais podem ser úteis, a fim de contextualizar o que pretendemos desenvolver no curso desta reflexão.

A primeira premissa é tirada do texto da *Dei Verbum*, no qual os padres conciliares afirmam que Deus falou à

---

[1] Papa Francisco, *Primeira saudação do Papa Francisco* (13 de março de 2013).

humanidade por meio de "ações e palavras" [*gestis verbisque*] (DV 2). Ao descrever a economia da Revelação, eles quiseram realçar a circularidade (*pericorese*) e a íntima conexão entre o que Deus diz e o que Deus faz.

É importante observar que optaram por dar precedência às ações, de modo a enfatizar que, na ação divina, as obras da história da salvação é que "manifestam e confirmam a doutrina e as realidades significadas pelas palavras" (DV 2).

Podemos aplicar esse critério hermenêutico ao pontificado do Papa Francisco. A fim de compreender seu Magistério, não basta referir-se aos discursos ou documentos promulgados no decorrer de seu papado, mas é necessário olhar para suas ações. Basta pensarmos, por exemplo, na visita de Francisco aos migrantes que chegaram a Lampedusa em desgastados barcos de pesca ou em pequenos botes de borracha; no encontro com mulheres libertadas da rede de prostituição com a ajuda da "Comunità Papa Giovanni XXIII"; na parada na Tailândia para estar perto das crianças vítimas do turismo sexual; em numerosas viagens apostólicas na quais tem sido um "peregrino" em várias partes do mundo; e também nos vários gestos de esperança, expressos durante e desde a pandemia da Covid-19 e de sua convulsão social.[2] São os sinais concretos e as ações que realizou desde o começo de seu ministério petrino que iluminam as palavras que ele dirigiu durante estes anos aos católicos, aos cristãos de outras confissões, aos fiéis de outras religiões, aos crentes e aos não crentes, bem como a toda pessoa de boa vontade.

---

[2] Papa Francisco, *Por que sois tão medrosos? Ainda não tendes fé?*, Statio Orbis, 27 de março de 2020. *Our Sunday Visitor*, 2021.

A segunda premissa é mais geral e diz respeito ao modo pelo qual a Igreja tem implementado os documentos dos Concílios que ela tem celebrado ao longo dos séculos. A história ensina-nos que nem tudo o que é decretado por um Concílio é executado na prática eclesial da mesma maneira e ao mesmo tempo. Podemos constatar isso facilmente olhando, por exemplo, para as Constituições promulgadas pelo Vaticano II: a reforma litúrgica, delineada pela *Sacrosanctum Concilium*, foi mais prontamente aceita do que a renovação eclesial proposta pela *Lumen Gentium*.

Ao longo dos últimos cinquenta anos, a Igreja tem visto criar raízes um "costume" teológico-pastoral que – de fato – tem representado uma interpretação verdadeiramente seletiva do Concílio. Isso nos mostra como, pelo menos até agora, o Vaticano tem sido posto em prática apenas em parte e que ainda resta muito trabalho a ser feito.[3]

Podemos compreender algumas das escolhas fundamentais do Magistério de Francisco e sua insistência em determinados pontos do Concílio como uma tentativa de aprofundar e descobrir um jeito de executar algo do que resta inacabado: implementar aquelas coisas que os documentos do Concílio indicam, mas que ainda não foram completamente integradas na experiência viva da Igreja.

Entre essas, podemos situar as numerosas advertências de Francisco sobre a necessidade de maior colegialidade entre bispos, um papel mais significativo da parte das conferências episcopais nacionais e uma renovação do papel

---

[3] Cf. G. Lorizio, Magistero scomodo: Vaticano II e Papa Francesco, *Dialoghi* 2 (2019): 9-14.

desempenhado pelo papado. Devem ser também incluídas suas constantes referências a várias questões, tais como a importância das mulheres, o papel do laicato, a opção preferencial pelos pobres, os perigos do clericalismo e o dano causado pela economia de exclusão.

A questão, aqui, não é apenas fazer uma referência geral a algumas das pedras angulares do ensinamento conciliar, que obviamente Francisco está empenhado em promover. Devemos também levantar questões que visem sondar mais profundamente a conexão entre a "Igreja 'em saída'", que ele tem fortemente desejado, e o horizonte teológico delineado pelo Vaticano II. Que elementos nos tornam aptos a ver continuidade no ensinamento da Igreja? Quais sãos os "caminhos interrompidos" do Concílio que Francisco quer que a Igreja redescubra a fim de recuperar o dinamismo hoje? Em que direção Francisco está tentando guiar o futuro da Igreja?

Para responder a essas questões, pode ser útil sublinhar quatro aspectos do Magistério de Francisco que não apenas estão profundamente enraizados na transformação iniciada pelo Vaticano II, mas que também servem como maneira genuína de interpretação do próprio evento conciliar.

A vida pastoral como intrínseca à elaboração doutrinal,e não derivada dela

Francisco tem feito sua a intuição mais original de João XXIII, a qual o convenceu da necessidade de convocar um concílio: priorizar o bem das almas e a necessidade de

Todos irmãos e irmãs

responder aos desafios do tempo presente. Contrariamente aos que viam essa vida pastoral como algo que seguia a formulação doutrinal, como se fosse uma aplicação de princípios formulados por dedução, João compreendia a vida pastoral como uma dimensão constitutiva e intrínseca da doutrina.[4] Essa mesma convicção se manifesta no Papa Francisco, que, em diversas ocasiões, tem enfatizado a necessidade de superar o "divórcio" entre teologia e vida pastoral, entre fé e vida.[5] Em vez de ser um "professor" que reitera princípios de doutrina bem estabelecidos, Francisco optou por apresentar a si mesmo como um "pastor" que acompanha seu rebanho e guia-o rumo a uma fidelidade mais autêntica ao Evangelho. Por essa razão, desde os primeiros meses de seu pontificado, ele encorajou a Igreja a emergir de seu retraimento em si mesma e parar de falar de maneira autorreferencial, porque

---

[4] Cf. G. Ruggieri, Appunti per una teologia in Papa Roncalli, in *Papa Giovanni*, G. Alberigo (org.), Roma-Bari, 1987, p. 245-271; cf. T. Citrini, A proposito dell'indole pastorale del Magistero, *Teologia* XV (1990), p. 130-149; cf. G. Alberigo, Critères herméneutiques pour une histoire de Vatican II, in M. Lamberigts e C. Soeten (org.), *À la veille du concile Vatican II. Vota et réactions en Europe et dans le catholicisme oriental*, Leuven, 1992, p. 12-23.

[5] Conforme o próprio Santo Padre observou: "Uma das principais contribuições do Concílio Vaticano II foi precisamente a de procurar superar este divórcio entre teologia e pastoral, entre fé e vida. Ouso dizer que revolucionou em certa medida o estatuto da teologia, o modo de agir e de pensar do fiel. Não posso esquecer as palavras de João XXIII no discurso de abertura do Concílio, quando disse: 'Uma coisa é a substância da antiga doutrina do Depósito da Fé e outra é a forma com a qual ela é apresentada'" (Mensagem em vídeo do Papa Francisco aos participantes de um Congresso Teológico Internacional realizado na Pontifícia Universidade Católica da Argentina, Buenos Aires, 1-3 de setembro de 2015).

somente "saindo e arriscando" é que se adquire experiência do que se é chamado a proclamar.[6]

Essa é a razão por que o mistério do encontro com o Senhor, verdadeiro Deus e verdadeiro homem, encontra-se no coração do Magistério de Francisco. Recuperar a natureza querigmática da fé (EG 164) protege-a contra todos os meandros teóricos, reconduzindo-a à verdade daquele relacionamento com Cristo que brota da proclamação inicial do Evangelho. A fé não é uma ideologia, mas aquele vínculo concreto que estabelecemos com o Senhor e que nos impulsiona ao encontro dos outros.[7] A criação desse relacionamento pessoal dentro da Igreja faz surgir o desejo de mudar a própria vida e de escolher testemunhar alegremente o amor de Cristo pelo mundo.[8]

Por consequência, tanto a *Evangelii Gaudium* quanto a *Laudato Si'* desenvolvem o que o Papa Paulo VI já havia expressado na *Evangelii Nuntiandi*. Enfatizar a importância da alegria de proclamar o Evangelho – reconhecendo nele um critério teológico-pastoral que guia escolhas eclesiais, bem como o conteúdo de toda ação evangelizadora – significa reconectar a Igreja à experiência fundacional da Páscoa.[9]

---

[6] Cf. G. Costa, La gioia del Vangelo: il segreto di papa Francesco, *Aggiornamenti sociali* 65 (2014): 5-11.

[7] Cf. C. M. Martini, Il seme, il lievito, piccolo gregge, *La Civiltà Cattolica* 1 (1999): 3-14.

[8] Cf. A. Spadaro, *Evangelii Gaudium*. Radici, struttura e significato della prima Esortazione apostolica di papa Francesco, *La Civiltà Cattolica* 164 (2013): 417-433.

[9] Cf. G. Benzi, Il dinamismo dell'evangelizzazione: parola di Dio, anuncio, testimonianza, in M. Tagliaferri, *Teologia dell'evangelizzazione: Fondamenti e modelli a confronto*, Bologna, EDB, 2014, p. 61-77.

A Igreja como "povo de Deus" a caminho da salvação

A evocadora imagem da Igreja como "povo de Deus", tirada da Escritura e renovada pela *Lumen Gentium*, aparece frequentemente no ensino dos papas pós-conciliares. Francisco, porém, emprega-a a seu próprio modo. Para ele, "povo de Deus" significa reconhecer no encontro entre o Evangelho e as culturas um critério adicional para verificar a vida de fé de toda a Igreja Católica. A Igreja deve permitir-se ser provocada pelas realidades do presente e pelos desafios que ela enfrenta, desenvolvendo uma resposta de fé contextualizada que a leve a renovar-se continuamente e a expressar sua fidelidade a Cristo à medida que o tempo passa, geração após geração.[10]

Se assim não o fosse, se a Igreja devesse perder sua consciência de estar sempre em movimento, como uma realidade em construção, correria o risco de absolutizar determinado período histórico e de cristalizar-se em uma forma particular da Igreja (*forma ecclesiae*).

Somente uma Igreja que reconhece a si mesma como o único povo de Deus pode amadurecer em sua vocação à universalidade e ser para todos "a casa aberta do Pai, de portas sempre abertas" e "Mãe com um coração aberto" (EG 46-47; FT 276).

Para Francisco, é necessário redescobrir "o prazer espiritual de ser povo" (EG 268-274), o que significa crescer na certeza madura e confessar, com reta intenção, que Deus

---

[10] Cf. G. E. Rusconi, *La teologia narrativa di papa Francesco*, Bari-Roma, Laterza, 2019, p. 89-90.

quer a felicidade de todos os seres humanos, que "da alegria trazida pelo Senhor ninguém é excluído" (EG 3). Nessa perspectiva, podemos perceber os desafios que o Papa indica para a Igreja no mundo de hoje, listados em detalhes na *Evangelii Gaudium*, bem como no primeiro capítulo da *Fratelli Tutti*: individualismo, crescimento sem desenvolvimento integral, economia de exclusão, prevalência de interesses particulares, desigualdade que gera violência, reducionismo antropológico e falta de uma compreensão partilhada, visando a que todos sejam irmãos e irmãs por toda parte, em solidariedade universal e em amizade social.

O íntimo nexo entre a proclamação do Evangelho e o compromisso social, entre a fé e a justiça, entre a alegria e a solidariedade mostra como a essência do Cristianismo está resumida na caridade. Podemos proclamar as maiores verdades de Deus ao mundo, mas, sem o amor que aproxima e cuida do próximo "ferido", na imagem do Bom Samaritano, a fé detém-se no nível meramente teórico. A caridade, por outro lado, é o antídoto para qualquer deriva gnóstica, porque jamais é abstrata.[11]

A atitude em relação aos pobres, portanto, é mais um critério de discernimento, decisivo para testar a unidade do povo de Deus. Não é apenas uma questão de "ajudar os pobres", mas de reconhecer que eles são a medida de nossa conformidade a Cristo. Por essa razão, os pobres evangelizam-nos, desafiam-nos e chamam-nos de volta à radicalidade das exigências do Evangelho.

---

[11] Cf. G. Guccini, *Papa Francesco e la mondanità spirituale: una parola per consacrati e laici*, Bologna, EDB, 2016.

TODOS IRMÃOS E IRMÃS

A categoria de povo de Deus no Magistério de Francisco tem estimulado um desenvolvimento suplementar da eclesiologia conciliar que é conhecida como *inculturação da fé*.[12] De um lado, superar a identificação estrita da Igreja Católica com a cultura ocidental, conforme afirmado na *Gaudium et Spes*,[13] possibilitou reconsiderar a forma da Igreja (*forma ecclesiae*) como unidade na diferença, à maneira das pessoas trinitárias. Ao mesmo tempo, é verdade que a direção tomada pela Igreja pós-conciliar tem mostrado certa resistência em implementar esse princípio.

Para Francisco, a Revelação de Deus reverbera em cada povo, assim como a luz se refrata sobre a superfície de um poliedro (EG 236): cada identidade cultural é "carne" na qual a Palavra de Deus revela a face do Pai.[14] O *Documento Final do Sínodo para a Amazônia* (FDA) afirma, sem hesitação, que é necessário rejeitar "toda evangelização ao estilo colonial" e que proclamar a boa-nova é reconhecer que "sementes do Verbo já estão presentes nas culturas" (FDA 55). De igual modo, Francisco explica que unidade não é uniformidade,

---

[12] Cf. J. C. Scannone, L'inculturazione nell'*Evangelii Gaudium*: chiavi di lettura, in H. M. Yáñez (org.), *Evangelii Gaudium: il testo ci interroga. Chiavi di lettura, testimonianze e prospettive*, Roma, GBP, 2014, p. 159-170.

[13] Podemos citar a seguinte afirmação da GS 42: "Além disso, dado que a Igreja não está ligada, por força da sua missão e natureza, a nenhuma forma particular de cultura ou sistema político, econômico ou social, pode, graças a esta sua universalidade, constituir um laço muito estreito entre as diversas comunidades e nações, contanto que nela confiem e lhe reconheçam a verdadeira liberdade para cumprir esta sua missão".

[14] Cf. S. Noceti, *Chiesa, casa comune. Dal sinodo per l'Amazzonia una parola profetica*, Bologna, EDB, 2020.

mas uma "harmonia pluriforme" que assume diferenças e valoriza a parcialidade, porque "o todo é mais do que a parte, sendo também mais do que a simples soma delas" (FT 78).

O cuidado com nossa "casa comum"

Embora a questão da salvaguarda da criação não seja nova para o Magistério da Igreja, graças tanto a João Paulo II quanto a Bento XVI, o Papa Francisco é quem se sobressai por seu foco no meio ambiente. O Vaticano II, olhando para as questões ambientais, já havia denunciado como a humanidade contemporânea se relaciona com a natureza não como sábio administrador, mas inconsideradamente, explorando-a a ponto de empobrecer seus recursos e alterar seu equilíbrio (GS 3). Em consequência, os princípios da solidariedade e da subsidiariedade – que são duas colunas fundamentais da doutrina social da Igreja[15] – deveriam ser vistos como básicos para uma compreensão evangélica do respeito pela criação.

Contudo, com a Encíclica *Laudato Si'*, do Papa Francisco, deparamo-nos com uma novidade no panorama dos documentos magisteriais. Até Francisco, o meio ambiente tinha sido tratado como um tema entre muitos nos ensinamentos da Igreja. Ele, em vez disso, optou por dedicar um texto amplo e complexo inteiramente ao meio ambiente,

---

[15] Pontifício Conselho "Justiça e Paz", *Compêndio da Doutrina Social da Igreja*, n. 160, p. 187.

Todos irmãos e irmãs

reconhecendo a ineludível e premente importância do problema.[16] Não é uma encíclica "verde", mas um ensinamento magisterial com uma abrangente ênfase social: o destino da criação está inextricável e reciprocamente ligado ao de toda a humanidade. A denúncia explícita de Francisco da mentalidade do "descartável", que gera uma "cultura do desperdício" e leva à destruição da natureza e à exploração das pessoas e das populações mais vulneráveis, visa permitir o emergir de uma consciência ecológica que recupere o senso dos limites, baseada no reconhecimento do valor da pessoa humana.

Esse documento não só faz soar o alarme, mas também pergunta o que pode ser feito para ajudar-nos "a sair da espiral de autodestruição, onde estamos afundando" (LS 163). Francisco ressalta a necessidade de um *governo* mundial, de um acordo que expresse metas comuns e estabeleça caminhos a serem percorridos juntos para o bem de todos.[17] Assim, nossa proposta de sermos todos irmãos e irmãs, e de uma amizade social, formulada distintamente pela *Fratelli Tutti*, a qual ultrapassa os limites impostos por ideologias

---

[16] Cf. G. Notarstefano (org.), *Abiterai la terra. Commento all'Enciclica "Laudato Si'" con il testo integrale di papa Francesco*, Roma, A.V.E., 2015.

[17] O Pontifício Conselho "Justiça e Paz", em uma Nota em 2011, expedida por ocasião do encontro do G20 em Cannes, já havia apresentado uma proposta da instituição de uma autoridade global que operaria de acordo com o princípio da subsidiariedade a fim de ajudar os países mais desfavorecidos mediante a garantia de uma política econômica e financeira que corresponda a critérios éticos e sustentáveis (Cf. Pontifício Conselho "Justiça e Paz", *Nota "Para uma reforma do sistema financeiro e monetário internacional na perspectiva de uma autoridade pública de competência universal"* [24 de outubro de 2011]).

particulares e interesses econômicos, está em continuidade com a *Laudato Si'* e expressa explicitamente o que ali já foi esboçado.

Diálogo como caminho, colaboração como método

Seguindo as diretrizes estabelecidas pelo Vaticano II no Decreto *Unitatis Redintegratio* e na Declaração *Nostra Aetate*, o Papa Francisco deu novo impulso ao movimento ecumênico e ao diálogo inter-religioso.[18] Na opinião dele, quando a identidade é forte, não teme o encontro e o diálogo; tampouco enxerga o outro como inimigo ou ameaça. Por outro lado, evitar o confronto expressa grande fragilidade e profunda insegurança. Os que têm raízes culturais e religiosas profundas não veem a possibilidade de diálogo com os que são diferentes como empobrecimento ou redução, mas, antes, assumem-na como oportunidade de crescimento e de amadurecimento em seu próprio senso de pertença. Essas são as premissas que o Papa Francisco estabelece como fundamento da *Fratelli Tutti*, na qual ele convida-nos a reconhecer que as religiões "oferecem uma preciosa contribuição para a construção da fraternidade e a defesa da justiça na sociedade" (FT 271).

Quando se trata do diálogo inter-religioso e ecumênico, os gestos de Francisco é que precedem e dirigem suas palavras.

---

[18] Cf. W. Kasper, Papa Francesco e le sfide dell'ecumenismo, in A. Riccardi (org.), *Il Cristianesimo al tempo di Francesco*, Bari-Roma, Laterza, 2019, p. 15-36.

TODOS IRMÃOS E IRMÃS

No próprio dia de sua eleição, sua opção por aplicar a si mesmo o título aparentemente modesto de Bispo de Roma chamou a atenção de cristãos não católicos, particularmente das Igrejas ortodoxas. Igualmente significativa foi a participação de Bartolomeu, o Patriarca Ecumênico de Constantinopla, na liturgia inaugural de seu ministério petrino. Foi deveras um acontecimento notável, visto que esse convite foi sem precedentes na história da Igreja moderna e contemporânea. Podemos igualmente pensar nas muitas visitas, amiúde informais e não planejadas, que Francisco fez durante suas viagens: com os representantes da Igreja Valdense em Turim, aos quais ele expressou pesar pelas perseguições sofridas na Itália; com os cristãos pentecostais em Caserta, com cujo pastor ele havia desenvolvido relações cordiais e amistosas desde antes de sua eleição papal; o encontro em Abu Dhabi com o Grande Imã Ahmad Al-Tayyeb em 2019, e a visita, no Iraque, ao Grande Aiatolá Sayyid Ali Al-Husaymi Al-Sistani, em 2021. Para o Papa, não é apenas uma questão de conseguir informações sobre os outros para conhecê-los melhor, mas de recolher o que o Espírito semeou neles como um dom para nós também (EG 246).

O Magistério do Papa Francisco sobressai-se por sua sabedoria e coragem em evidenciar o aspecto contextual da verdade. Ele coloca uma nova ênfase sobre os "sinais dos tempos" e sublinha a "importância da realidade" na proclamação do Evangelho. Isso permite à Igreja começar a repensar sua postura magisterial, de modo a tornar-se mais respeitosa das diversas identidades que a constituem e mais atenta à sensibilidade expressa por outras religiões. Não é questão de limitar a costumeira reivindicação de universalidade por parte do Magistério, mas de compreendê-la de forma diferente.

Comparado a seus dois predecessores imediatos, o Papa Francisco mostra maior consciência histórica do progresso de determinados processos seculares. Ao não se restringir a denunciar a transformação que tem ocorrido na sociedade, ele é capaz de propor uma visão da Igreja e do Catolicismo que é mais consistente com a realidade histórica. Desistir de lutar contra os moinhos de vento da modernidade é indispensável para que a Igreja mostre renovada fidelidade ao Evangelho no mundo de hoje e tenha impacto nas grandes questões sociais.

Olhar para o futuro da Igreja e da humanidade mais do que para o passado confere ao Magistério de Francisco uma força dinâmica que pode assustar e desorientar. Pelo fato de chamar constantemente a atenção para os pobres, os migrantes e os sofredores de toda espécie, Francisco tem sido frequentemente mal compreendido e acusado de permitir que a dimensão social prevaleça sobre a dimensão transcendente da fé. Na realidade, seus apelos parecem ser guiados por uma profunda tensão espiritual e escatológica. Ele está firmemente convencido de que, "no final da nossa vida, seremos julgados sobre o amor, ou seja, sobre o nosso compromisso concreto de amar e servir Jesus nos nossos irmãos mais pequeninos e necessitados".[19] Reconhecer o Cristo no rosto dos pobres é aguardar o encontro face a face com o Senhor Ressuscitado.

---

[19] Papa Francisco, *Angelus na Solenidade de Nosso Senhor Jesus Cristo, Rei do Universo* (26 de novembro de 2017).

TODOS IRMÃOS E IRMÃS

Nota a respeito das traduções e do texto

Uma nota a respeito dos termos que aparecem neste livro: em primeiro lugar, *siblings*. Usamos esse termo em vez da aborrecida frase *brothers and sisters* [irmãos e irmãs]. *Siblings all* é o equivalente apropriado do título da Encíclica *Fratelli Tutti*, que tem sua origem em São Francisco de Assis.[20]

Fratelli [irmãos] e termos correlatos continuam a ser compreendidos largamente em línguas de origem latina como denotativos de ambos os gêneros.

Por conseguinte, neste texto, *brothers and sisters* e *fraternity* [fraternidade] são usados somente quando uma tradução está sento citada. Fora isso, quando nos referirmos à ideia, à realidade e ao ideal importantíssimos, usaremos "todos irmãos e irmãs" [*all siblings*] ou, às vezes, como no título do livro, ecoando o título da Encíclica "Irmãos e irmãs, todos".

Em italiano [como em português], *pastorale* é substantivo (bem como adjetivo) que designa todos os ministérios e serviços da Igreja. Visto que em inglês *pastoral* é somente adjetivo, usaremos "vida pastoral" para indicar essa dimensão e realidade tão decisiva.

Em italiano, *storia* [história] significa tanto a história (passada) quanto os acontecimentos (contemporâneos) ou a

---

[20] *Sibling*: "irmão ou irmã; parente, parenta"; da raiz *sibb*, "parentesco, relacionamento, amizade, paz, afeição familiar, amor fraterno". Embora os autores achem pesada em inglês a expressão "irmãos e irmãs", não temos em português uma palavra que englobe toda a riqueza semântica de *sibling*, de modo que *siblings all* ou *all siblings*, inclusive o título da encíclica, *Fratelli Tutti* [Todos irmãos], que figura no texto português oficial, serão sempre traduzidos por "irmãos e irmãs". [N.T.]

realidade vivida. Visto que em inglês este último significado não é necessariamente entendido nas palavras inglesas *story* [história] ou *narrative* [narrativa], usaremos "história contemporânea" para indicar acontecimentos, mudanças e tendências dos tempos atuais.

Por fim, os apêndices servem como reflexões adicionais ou suplementares sobre as duas partes deste livro. Podem também ser lidos como uma introdução indireta, mas significativa, à Parte I, sobre os ensinamentos do Vaticano II, e à Parte II, sobre a *Fratelli Tutti*.

PARTE I

O ensinamento social do Papa Francisco

1. UM ENSINO QUE CONTINUA OU INTERROMPE A TRADIÇÃO?

A *Evangelii Gaudium* apresenta uma síntese – bem como uma simplificação – do ensino social da Igreja em relação à *proclamação do Reino de Deus*.[1] Esse novo e decisivo ponto de inflexão assenta-se na compreensão da dimensão social da missão da Igreja. Com a *Evangelii Gaudium*, essa dimensão social já não é um apêndice ao Evangelho – como se fosse simplesmente uma fase ulterior, consoante ao adágio "o ser precede a ação / a ação mana do ser" (*operari sequitur esse*). Pelo contrário, essa dimensão social é a realidade íntima do Evangelho e é-lhe plenamente intrínseca. Podemos perceber isso na seguinte profunda passagem da *Evangelii Gaudium*:

---

[1] Cf. C. Theobald, L'enseignement social de l'Église selon le pape François, *Nouvelle Revue Théologique* 138 (2016): 273-288.

O *querigma* possui um conteúdo inevitavelmente social: no próprio coração do Evangelho, aparece a vida comunitária e o compromisso com os outros. O conteúdo do primeiro anúncio tem uma repercussão moral imediata, cujo centro é a caridade (EG 177).

A essência da doutrina social da Igreja encontra-se no "próprio coração do Evangelho". Quando se trata da proclamação do Reino, essa dimensão social se manifesta como uma escolha por viver juntos, em comunidade, e estar concretamente engajados no serviço aos demais. Por outras palavras, a atividade querigmática ou missionária da Igreja atua *para fora*, visto que, a partir do "coração do Evangelho", move-se em direção "ao coração do povo" (EG 273).

Isso mostra como a *proclamação* e a *recepção* do Evangelho não são duas fases distintas ou independentes, mas acontecem concomitantemente, como um único evento que faz surgir laços de amor fraterno e sororal (EG 179; 161). Propor o Evangelho e estabelecer relacionamentos de caridade e de cuidado não são empreendimentos separados: são uma só e mesma coisa.

O Papa Francisco explica como nossa falta de atenção para com os pobres e nossa relutância em expressar solidariedade tangível para com nosso próximo estão relacionadas à nossa dificuldade em construir um autêntico relacionamento de diálogo e de familiaridade com Deus (EG 187). Aqui, podemos ver certo *princípio de correspondência* entre a autenticidade de nosso relacionamento com Deus e nossa dedicação a nossos irmãos e irmãs. Esse princípio de correspondência guia-nos em nossos compromissos cotidianos e oferece-nos um critério com o qual avaliarmos nossas escolhas na esfera social, econômica, política, ambiental e tecnológica.

A proeminência da "incontornável dimensão social" do *querigma*, de acordo com a *Evangelii Gaudium*, tem despertado forte crítica da parte dos que a veem em descontinuidade com o ensino magisterial dos papas anteriores no que diz respeito à doutrina social da Igreja. Particularmente questionada é a afirmação do Papa Francisco de que "nem o Papa nem a Igreja possuem o monopólio da interpretação da realidade social ou da apresentação de soluções para os problemas contemporâneos" (EG 184).

Isso leva à objeção de que o estilo *profético* do Papa Francisco se desvia do tom mais prudente adotado previamente pelo Magistério. Um exemplo disso é a severa denúncia dos delitos perpetrados pela "sociedade de consumo" contrariamente aos interesses da humanidade, especialmente na esfera econômica. Nesse sentido, Francisco é acusado de desgarrar-se das bases epistemológicas da doutrina social da Igreja e de mostrar-se desequilibrado ao acentuar o "bem comum" em detrimento dos "direitos do indivíduo".

O Papa Francisco é também criticado por não atribuir sistematicamente as imperfeições e deficiências da ordem social à realidade do pecado humano. Isso poderia ser considerado como uma ruptura evidente com a tradição codificada no *Compêndio da Doutrina Social da Igreja*.[2] A hermenêutica dos fenômenos sociais implementada pela *Evangelii Gaudium*

---

[2] Cf. G. Irrazábal, *Evangelii Gaudium* la doctrina social de la Iglesia, *Revista Teología* 114 (2014): 131-143.

poderia ser vista como incapaz de levar em conta o procedimento estabelecido pela doutrina social da Igreja, além de introduzir – por meio dos quatro critérios de discernimento orientados para a coexistência social (EG 221) – um conteúdo abstrato que é "contrário" aos princípios sociais da Igreja.[3]

Tais reservas em relação ao Magistério social de Francisco parecem remeter ao antigo debate a respeito da questão de *método* em teologia. Precisamos tratar desse problema e fazer uma pergunta específica: o Papa Francisco introduziu um "novo" método ou seu Magistério social está em continuidade com a Tradição que o precedeu?

Para responder a essa questão, é útil desvelar a profundidade histórica do tema, a fim de evidenciar como duas abordagens distintas emergiram no recente desenvolvimento da doutrina social da Igreja. Na primeira parte deste livro, tentaremos explicar a diferença e a coexistência entre essas duas distintas perspectivas referindo-nos à expressão que se tem notabilizado ao longo do tempo como um traço estilístico genuíno do Concílio Vaticano II: os *sinais dos tempos*. O uso dessa expressão na reflexão magisterial que se seguiu ao Vaticano II, quase como uma prova de fogo, possibilitará delinear as características marcantes dos dois diferentes *métodos*.

---

[3] Alude-se aos princípios que visam guiar as escolhas da Igreja na esfera social. Os conteúdos desses princípios conduzem, de diversas formas, à existência de uma "prioridade" do espírito sobre a matéria, da pessoa sobre as coisas, da ética sobre a tecnologia, do trabalho sobre o capital etc. (Cf. Congregação para a Educação Católica, *Orientações para o estudo e para o ensino da Doutrina Social da Igreja na Formação Sacerdotal*, Roma, 1988, p. 44, 51).

TODOS IRMÃOS E IRMÃS

Novo paradigma teológico: Vaticano II e a responsabilidade perante o mundo e a história

No dia 20 de novembro de 1962, durante a primeira sessão do Vaticano II, os padres conciliares foram chamados a votar se eles aceitariam o esquema preparatório "Sobre as Fontes da Revelação" (*De Fontibus Revelationis*) como base para a discussão deles em torno da Revelação divina. O resultado dessa votação demonstrou a rejeição do esquema por parte dos padres conciliares,[4] e a discussão na assembleia Conciliar foi suspensa, propiciando tempo para a formulação de novo rascunho. Era evidente que o que se estava desenvolvendo modelaria decisivamente o resultado do Concílio.[5] Com efeito, esse não foi um caso isolado. No final das contas, os padres conciliares levantaram objeções concernentes a quase todos os documentos produzidos

---

[4] Houve 1.368 votos contra o esquema e 882 a favor. Contudo, de acordo com as regras, uma maioria de dois terços era necessária não apenas para aprovar um texto, mas inclusive para rejeitá-lo. Não obstante o fato de 60% dos padres conciliares terem sido a favor de uma reelaboração do esboço, o texto proposto pela comissão preparatória precisou permanecer como a base para a discussão. No dia 21 de novembro, João XXIII assumiu o controle do assunto e decidiu que não era necessário obter um quórum. A vontade da assembleia estava suficientemente clara para se proceder à retirada do esquema e à redação de novo texto. Cf. G. Martina, La Chiesa in Italia, Roma, Edizioni Studium, 1977, p. 90; cf. S. Schmidt, Giovanni XXIII e il Segretariato per l'Unione dei cristiani, *Cristianesimo nella Storia* 8 (1987): 95-117.

[5] Cf. G. Ruggieri, Il primo conflitto dottrinale, in G. Alberigo, *Storia del Concilio Vaticano II. V. II*: "La Formazione della coscienza conciliare", Bologna, Il Mulino, 1996, p. 259-294.

pelas comissões preparatórias que haviam sido coordenadas pelo Cardeal Alfredo Ottaviani.[6]

O que emergiu da assembleia dos padres conciliares, entre bispos de origens, formação e contextos culturais diversos, foi a consciência – tanto individual quanto coletiva – da importância do papel que eles eram chamados a desempenhar na orientação da Igreja rumo ao tão esperado *aggiornamento* desejado pelo Papa João XXIII.[7]

Como acontece frequentemente em momentos de transição, mesmo antes de concentrar-se claramente nos novos elementos que precisavam ser definidos, os padres conciliares intuíram o que devia ser rejeitado.[8] Dessa forma, eles manifestaram a expectativa de abandonar um *paradigma teológico* que consideravam inadequado para a compreensão da própria Igreja, que se tornara excessivamente anistórico. Em vez disso, buscaram uma narrativa diferente da fé que falasse de modo mais direto e acessível à humanidade e ao mundo contemporâneo.[9]

---

[6]   Cf. Emmanuel-Marie, Les quarante ans de la Constitution conciliaire *Dei Verbum*, *Le Sel de la Terre* 55 (2005): 16-38.

[7]   Cf. R. De Mattei, *Il Concilio Vaticano II. Una storia mai scritta*, Torino, Lindau, 2019, p. 254-265; cf. G. Alberigo, *Breve storia del Concilio Vaticano II*, Bologna, Il Mulino, 2005, p. 47-52 (ed. em inglês: *A Brief History of Vatican* II, Maryknoll, NY, Orbis Books, 2006).

[8]   A mudança trazida pelo Vaticano II pode ser descrita como a superação do paradigma clássico de "substância" em favor de uma renovada ênfase na categoria de "relacionamento". A substância é repensada em oposição ao relacionamento, ou seja, à diferença e à alteridade do mistério de Deus que se doa livremente à humanidade (Cf. J. C. Scannone, *La Teologia del Popolo: Radici teologiche di papa Francesco*, Brescia, Queriniana, 2019, p. 136-137).

[9]   Pouco antes da abertura do Concílio, em uma carta endereçada ao Pe. Karl Rahner, Pe. Chenu expressou sua decepção ao ver os *schemata*

TODOS IRMÃOS E IRMÃS

Gradualmente, os padres conciliares compreenderam que a questão central na tarefa de reavaliar a doutrina em chave "pastoral" era o relacionamento entre a Igreja e a história contemporânea. A contribuição mais significativa que o Concílio podia dar à Igreja no século XX era redescobrir sua natureza como povo de Deus peregrinando pelo tempo e pela história, reunido em torno da Palavra e da Eucaristia, de modo que, mais livre dos condicionamentos humanos, pudesse oferecer seu próprio tributo determinante para o progresso da humanidade.

Desde suas primeiras decisões, o Vaticano II inverteu a direção e a orientação que haviam marcado a postura da Igreja em relação à modernidade por mais de quatro séculos. Essa mudança, claro, superaria a mentalidade reacionária que tinha confinado os católicos em um estado resignado de vitimismo e assinalaria o fim do chamado papel corporativo ou regime de Cristandade.

Pelo contrário, era necessário que a Igreja assumisse o fardo de confrontar as grandes mudanças sociais que haviam ocorrido após a Segunda Guerra Mundial e, conforme indicou a *Pacem in Terris*, aprendesse a reconhecer sua importância na realização do Reino de Deus. Após refletirem

---

preparatórios. Ele criticou seu caráter "estritamente intelectualista" e o fato de que buscavam apenas lidar com erros "intrateológicos". Com referência ao esquema *De Fontibus Revelationis*, o Pe. Chenu observou a acentuada tendência a ler a Revelação divina sem referência à história, "sem mencionar as dramáticas questões que as pessoas se colocam, quer sejam cristãos, quer não, devido às mudanças na condição humana, seja interiores, seja exteriores, do tipo que a história humana jamais viu antes" (M.-D. Chenu, *Diario del Vaticano II. Note quotidiane al Concilio 1962-1963*, Bologna, Il Mulino, 1996, p. 57).

sobre a natureza da Igreja na Constituição dogmática *Lumen Gentium*, que salientou o que distinguia e diferenciava sua identidade com respeito ao "mundo", os padres conciliares foram chamados a refletir sobre o modo pelo qual a Igreja se relacionaria com os mais sérios problemas contemporâneos a fim de manifestar-se como "sacramento de salvação" para a humanidade. A Igreja encarnaria sua própria senda de seguimento de Cristo (*sequela Christi*) nas contradições da história contemporânea, buscaria sua própria adesão ou fidelidade ao Evangelho mediante – e não apesar de – os acontecimentos humanos correntes. Desse modo, expressaria habilmente sua essência comunitária não se fechando em ressabiada autodefesa, mas colocando-se ao lado dos povos da terra.

Por essas razões, havia grande interesse em torno do esboço da *Gaudium et Spes*, a Constituição Pastoral com a qual o Vaticano II se mostraria capaz de levar a Igreja ao diálogo com a humanidade.[10] Na qualidade de único documento completamente elaborado durante as sessões do Concílio, as expectativas em torno da *Gaudium et Spes* eram tão grandes que Yves Congar a definiu em uma entrevista radiofônica como "a terra prometida do Concílio".[11]

Conforme mostra a complicada história do Esquema XIII, os estádios iniciais da *Gaudium et Spes* remontavam à primeira sessão do Concílio no outono de 1962. Foi submetida a oito revisões ulteriores por várias comissões, sendo votada na última sessão de trabalho do Concílio, no dia 6 de dezembro de 1965.

---

[10] Cf. L. Sartori, *La Chiesa nel mondo contemporaneo: introduzino alla Gaudium et Spes*, Padova, Messaggero, 1995.

[11] Cf. H. Fesquet, *Diario del Concilio*, Milano, Mursia, 1967, p. 392.

TODOS IRMÃOS E IRMÃS

Aprovada no dia seguinte, durante a 9ª assembleia solene, teve 2.309 votos a favor e 75 contra. De fato, sua redação só foi concluída na véspera do encerramento solene do Concílio, no dia 8 de dezembro. Conforme observou Joseph Ratzinger à época, a importância do debate do Concílio em torno do Esquema XIII consistia não apenas em reconhecer os problemas do mundo moderno e dar um passo à frente rumo à solução, mas em deixar aberto o convite a continuar a refletir sobre eles. O que distingue a *Gaudium et Spes* é precisamente o espírito ou *éthos* que subjaz a suas propostas: a coragem com que os padres conciliares propuseram uma forma de tratar o relacionamento entre a Igreja e o mundo, que de maneira alguma pretendia ser exaustiva, mas, sim, preparada para enfrentar desdobramentos ulteriores e mais profundos dos temas em questão.[12]

A transição de um paradigma anistórico para uma leitura histórico-salvífica dos acontecimentos contemporâneos também exigia uma mudança de método. O texto não enuncia princípios, nem coloca em primeiro plano as chamadas pressuposições da fé (*preambula fidei*). Ao contrário, a fim de examinar, questionar e ouvir a situação sócio-histórica, o documento toma como sua única referência o centro da fé (*centrum fidei*), a mensagem de Jesus.

Obviamente, prestar atenção mais acurada ao contexto também altera a percepção que se tem dos ouvintes destinatários.

---

[12] Cf. J. Ratzinger, *Problemi e risultati del concilio Vaticano II*, Brescia, Queriniana, 1967, p. 109-125. Cf. J. Ratzinger, *Theological Highlights of Vatican II*, Paulist, 2009.

Com efeito, a *Gaudium et Spes* quer falar "não apenas aos filhos da Igreja e a quantos invocam o nome de Cristo, mas a todos os homens" (GS 2). Nessa renovada disposição para a universalidade, o Concílio também esclareceu a meta em direção à qual deve orientar-se: "Oferecer ao gênero humano a sincera cooperação da Igreja, a fim de instaurar a fraternidade universal" (GS 3).

O relacionamento Igreja-mundo e a "virada antropológica" do Vaticano II

Na *Lumen Gentium*, o Concílio examinou introspectivamente o mistério da Igreja, evidenciando sua natureza comunitária e escatológica (LG 8-9; 48-51). Essa reflexão eclesiológica, com seu caráter marcadamente doutrinal, encontra seu complemento natural na *Gaudium et Spes* (GS 2, 32, 40): a partir da Igreja como comunhão, constituída pelo povo de Deus, flui o dinamismo de sua missão no mundo (GS 3). O adjetivo *pastoral*, usado para descrever a Constituição pastoral *Gaudium et Spes*, tinha o propósito preciso de ilustrar como a ação salvífica de Cristo em favor da humanidade desdobra-se graças à mediação da comunidade eclesial. Em vez de assumir a Verdade divinamente revelada como um pressuposto do qual deduzir os princípios orientadores que regulariam a ação eclesial no mundo, a *Gaudium et Spes* sugere reavaliar a atividade missionária da Igreja em relação às questões a que homens e mulheres hoje esforçam-se por responder. Deve-se prestar especial atenção às preocupações que emergem em cada época e às questões

TODOS IRMÃOS E IRMÃS

a respeito do sentido da vida que sempre agitaram as profundezas da consciência humana. A Igreja é chamada a dar razão da esperança que a habita ao proclamar o Evangelho e ao testemunhar a caridade.

Por conseguinte, a *Gaudium et Spes* apresenta a Revelação divina como, acima de tudo, um evento de diálogo, como intrinsecamente um encontro e um intercâmbio. A Verdade revelada, contando com a verdade engastada na consciência humana, apela a essa predisposição inata a fim de guiar cada um a acolher o mistério de Deus.[13] A essência ou natureza "pastoral" é definida como o desejo de acompanhar homens e mulheres ao longo de suas vidas, em meio às "alegrias e esperanças, tristezas e angústias" (GS 1) que eles experimentam, consciente das dificuldades e dos desafios apresentados pelas contínuas mudanças e pela evolução das realidades nas quais estão imersos (GS 91).

Não foram poucas as vozes críticas que se ergueram – então e agora – contra essa perspectiva adotada pela *Gaudium et Spes*, questionando sua validade e acusando esse documento conciliar de efetuar uma redução nociva da validade universal da mensagem do Evangelho. Os críticos também apontam para o modo irregular pelo qual os vários tópicos são tratados como prova de que a Constituição Pastoral nunca conseguiu integrar devidamente nem a riqueza da reflexão eclesiológica proposta pela *Lumen Gentium* nem a perspectiva

---

[13] Cf. B. Häring, In luogo di conclusione: vie e prospettive nuove per il futuro, in G. Baraúna (org.), *La Chiesa nel mondo di oggi. Studi e commenti intorno alla Costituzione pastorale Gaudium et Spes*, Florence, Vallecchi, 1966, p. 605-613.

sacramental desenvolvida pela *Sacrosanctum Concilium*. Contudo, foi precisamente a escolha metodológica para descrever os fenômenos da realidade contemporânea que constituiu o progresso feito pela *Gaudium et Spes* em comparação com a reflexão sócio-teológica anterior. Ao mesmo tempo, diz-se que isso pode ter excluído a possibilidade de destacar a função dinâmica das realidades cristãs, passando a impressão de que são apenas resultado de esforços humanos.[14]

Entretanto, uma análise acurada do processo de delineamento do Esquema XIII mostra que, ao ser remetido de uma comissão a outra, o texto da futura GS não foi considerado insuficiente devido à sua estrutura eclesiológica, mas, antes, em razão de sua inadequada reflexão antropológica. Sem dúvida, em sua discussão do relacionamento entre a Igreja e o mundo, estava faltando uma reflexão apropriada a respeito do *mundo*, que deveria ter sido o objeto formal do documento.

---

[14] Cf., por exemplo, a tese de Alberigo de que a *Constituição Pastoral* não alcançou uma síntese adequada entre a Revelação divina e a história para torná-la o princípio unitário de todo o documento. Isso está igualmente demonstrado pela limitada abordagem crítica, ausente em suas referências às fontes cristãs e às passagens escriturísticas. A falha é atribuída à aplicação servil do esquema *Ecclesia ad intra/ad extra*, que foi proposto por João XXIII no discurso inaugural do Concílio. Diz-se que a divisão do Esquema XIII para distinguir o caminho da futura GS da LG comprometeu sua profundidade eclesiológica. Considera-se que a inopinada interrupção do trabalho sobre a GS, devido ao rápido encerramento do Concílio, tenha influenciado a maturação do texto do Concílio Pastoral, deixando-o em um estado inacabado de elaboração (Cf. G. Alberigo, La Costituzione in rapporto al magistero globale del Concilio, in *La Chiesa nel mondo di oggi*, p. 179-191).

Todos irmãos e irmãs

No período entre a terceira e a quarta sessões do Concílio, Paulo VI confiou a uma seleta comissão de teólogos a tarefa de reelaborar a estrutura do Esquema XIII.[15] O texto foi desenvolvido sob a direção de Pierre Haubtmann e entrou para a história como o "Esboço Ariccia".[16] Esse novo rascunho acrescentou três novos capítulos para antecederem o que anteriormente servira como introdução. Esses novos capítulos expuseram o conteúdo essencial de uma antropologia teológica.[17]

A Constituição Pastoral foi, assim, dividida em duas partes: a primeira parte refletiu sobre a pessoa humana em relação às realidades temporais, ao mundo; a segunda parte analisou vários aspectos da vida e da sociedade humana contemporâneas, com especial atenção a determinados problemas urgentes.

O resgate da doutrina bíblico-patrística da imagem de Deus (*imago Dei*) (GS 12-13) possibilitou desenvolver uma antropologia que era narrativa, exposta com base na sequência "criação, pecado, redenção". A dignidade humana e a

---

[15] Cf. G. Turbanti, *Un concilio per il mondo moderno. La redazione della costituzione pastorale Gaudium et Spes del Vaticano II*, Bologna, Il Mulino, 2000.

[16] A subcomissão central confiou a tarefa de modificar o Esquema XIII a uma comissão redacional, que se reuniu sob a chefia de Pierre Haubtmann em Ariccia, do dia 31 de janeiro a 6 de fevereiro de 1965. Durante esses dias de intenso trabalho, J. Daniélou e K. Wojtyla esboçaram a reflexão teológica que, afinal, foi incluída no documento final, inspirado pela teologia patrística da *imago Dei* (Cf. C. Moeller, *L'élaboration du schéma XIII. L'Église dans le monde de ce temps*, Tournai, Casterman, 1967, p. 103-135).

[17] Cf. E. Schillebeeckx, Fede Cristiana e aspettative dell'uomo, in *La Chiesa nel mondo contemporaneo. Commento alla Costituzione pastorale "Gaudium et Spes"*, Brescia, Queriniana, 1972, p. 103-135.

necessidade da graça de Cristo convergiram na apresentação da realidade do pecado (GS 16), dentro da moldura da tensão entre a natureza e a graça, em consonância com a tradição agostiniano-tomista.[18] A Encarnação do Verbo foi identificada como o princípio hermenêutico que explica a plenitude da criação como comunhão com Deus mediante a recapitulação final de todas as coisas em Cristo. A Encarnação do Verbo, ademais, lança luz sobre o sentido da vida humana (GS 10), que a Igreja é chamada a revelar a todas as pessoas (GS 41). Dessa forma, ao abrir-nos à fé, podemos descobrir que a lei "natural" que Deus inscreveu em nossos corações é, de fato, inata e está em conformidade com o Evangelho. Com o auxílio do Espírito Santo, a humanidade pode compreender como a obra pedagógica realizada por Deus na Revelação progressivamente a guia para acolher plenamente a verdade.[19]

A *Gaudium et Spes* aplica a lei do progresso gradual e da crescente compreensão da verdade à consciência humana que se deixa gradativamente iluminar pelo mistério de Cristo. Ao mesmo tempo, essa mesma lei da gradação e da compreensão progressiva da verdade é justaposta à missão eclesial da proclamação do Evangelho: ouvir, compreender e interpretar os tesouros escondidos nas culturas e no progresso da ciência (GS 44), a fim de confrontá-los com a Palavra de Deus. O escopo é compreender mais profundamente a

---

[18] J. Mouroux, Situation et signification du Chapitre I: la dignité de la personne humaine, in *L'Église dans le monde de ce temps: constitution pastorale Gaudium et spes*. V. 2: "Commentaires", Y. M.-J. Congar e M. Peuchmaurd (dir.), Paris, Cerf, 1967, p. 229-253.

[19] Cf. S. Lyonnet, I fondamenti biblici della costituzione, in *La Chiesa nel mondo di oggi*, p. 196-212.

mensagem revelada e apresentá-la de uma forma que seja mais bem adequada aos homens e mulheres de hoje. Essa é precisamente a missão pastoral que é confiada à Igreja.

Olhar a história com os olhos da fé: "discernir os sinais dos tempos"

Na *Gaudium et Spes*, o Vaticano II afirmou que, em princípio, não há oposição entre fé e modernidade. Esse enfoque abandonou a atitude intolerante que havia levado a Igreja a estigmatizar, quase *a priori*, toda inovação como "erro" do qual proteger-se. Tal postura preconceituosa foi o resultado de condições históricas específicas e de motivos sociopolíticos dos quais a Igreja não tinha condições de distanciar-se. Superar essa posição possibilitou lançar os alicerces para novos esforços pela inculturação da fé cristã. Essa maneira construtiva de tratar a questão não era, porém, indício de um otimismo acrítico e ingênuo. Havia grande consciência dos muitos aspectos questionáveis e das ambiguidades que a modernidade trouxera consigo, mas tomou-se a decisão de seguir a vereda da comunicação e de envolver-se em um diálogo baseado na confiança. O Concílio desejou enfatizar decisivamente que o poder comunicativo do Evangelho se manifesta proporcionalmente à habilidade da Igreja de "formular a mensagem de Cristo por meio dos conceitos e línguas dos diversos povos, e procurou ilustrá-la com o saber filosófico". Efetivamente, o Concílio acrescentou que esse esforço de adaptação "existencial" e mediação da Palavra de Deus em formas, culturas e línguas sempre novas, é a "lei de toda evangelização" (GS 44).

Destarte, seguindo a lógica da Encarnação, a Igreja mostra solidariedade com a família humana e, colocando-se a serviço da humanidade, abre-se para refletir sobre as complexas "questões relativas à evolução atual do mundo, ao lugar e missão do homem no universo, ao significado do seu esforço individual e coletivo, enfim, ao último destino das criaturas e do homem" (GS 3).

No entanto, a verdadeira novidade da *Gaudium et Spes* consiste em apresentar o diálogo com o mundo como um exercício de autoconsciência na identidade da Igreja. Esse diálogo não está exclusivamente voltado a tornar mais eficaz a proclamação do Evangelho. Antes, ele é necessário para captar os sinais da presença de Cristo que emerge da história contemporânea. Portanto, dialogar com o mundo não é questão de pôr em prática uma estratégica operação de divulgação ou de embelezar o Evangelho a fim de obter a mais ampla margem de consenso, mesmo com o risco de comprometer a mensagem. Pelo contrário, estar em diálogo com o mundo é uma questão de sustentar o crescimento gradual e orgânico da Igreja na compreensão da Revelação divina. Desse modo, progredir no conhecimento do mistério de Deus depende da capacidade de a comunidade eclesial imergir-se na história contemporânea.

Empenhar-se no diálogo com o mundo exige que a perspectiva do crente seja renovada, que os "olhos da fé" sejam aguçados,[20] a fim de ver perspicazmente a realidade

---

[20] O pensamento de Rousselot, mediante a contribuição de De Lubac, chegou ao Vaticano II. A fé brota do ato de amor de Deus que, pela transformação interior da pessoa humana, capacita a pessoa a olhar

TODOS IRMÃOS E IRMÃS

e captar as transformações e mudanças sociais que estão acontecendo na humanidade. Tal diálogo deve outrossim refletir a respeito do profundo significado delas, a fim de perceber se servem como indicadores da aproximação do Reino de Deus. É isso que a Constituição Pastoral apresenta como a tarefa permanente da Igreja de "investigar os sinais dos tempos" (GS 4).

A expressão *sinais dos tempos* aparece apenas três vezes na *Gaudium et Spes* e outras quatro vezes em outros documentos conciliares,[21] mas seu significado é preponderante de diversas maneiras. *Sinais dos tempos* pode ter duplo significado: em sentido amplo, indica os fenômenos que caracterizam determinada época (é a perspectiva sociológica); em sentido mais particular, refere-se aos resultados do processo de discernimento mediante o qual a Igreja avalia a história contemporânea à luz da fé (é a perspectiva teológica).[22]

---

a realidade de maneira nova, à feição de Jesus, com os olhos de Jesus. Rousselot escreveu: "No ato de fé, assim como o amor é necessário para o conhecimento, assim também o conhecimento é necessário para o amor. O amor, que é livre adesão ao Sumo Bem, dá-nos olhos novos". Esta é a perspectiva adotada pela *Gaudium et Spes*: o olhar do crente é um dinamismo em contínuo crescimento, porque, à medida que aumentamos nosso conhecimento das coisas, do mundo, da experiência, nosso relacionamento com Cristo aprofunda-se e ilumina-se.

[21] GS 4, 11, 44; PO 9; AA 14; UR 4.

[22] Cf. J.-F. Chiron, Discernement des signes des temps ou application de la doctrine sociale de l'Église? Évolutions et diversité des interprétations dans le magistère postconciliaire, *Théophilyon* XVIII-1 (2013), p. 45-88. Essas duas tendências já emergiram na discussão preparatória do texto do documento no confronto entre M. G. McGrath e J. Daniélou: o primeiro defende que se confira à expressão um significado

Examinando-se a *Gaudium et Spes* como um todo, pode-se argumentar que ambos os significados foram tencionados pelos padres conciliares, embora o primeiro esteja sempre subordinado ao segundo. O Concílio estabeleceu como "tarefa permanente" da Igreja o exercício de interpretar os acontecimentos históricos contemporâneos de tal forma que a perspectiva teológica pressuponha o ponto de vista fenomenológico ou sociológico.

M.-D. Chenu definiu essa combinação de perspectivas como *método indutivo*. Esse modo de proceder inclui perceber as questões a propósito do sentido da vida que são levantadas por homens e mulheres em determinada época, a fim de dar maior proeminência à Revelação do mistério de Deus na história.[23] A categoria "sinais dos tempos", portanto, adquiriu sua própria relevância. Ela visa reconhecer a história – não apenas a passada, mas especialmente a contemporânea – como uma fonte eficaz da teologia (*locus theologicus*).[24]

Na literatura protestante, a expressão *sinais dos tempos* foi compreendida em um sentido preponderantemente apocalíptico. Contudo, na esfera católica, predominou uma interpretação messiânica. Por conseguinte, os sinais dos

---

sociológico, enquanto o último, um valor mais teológico (Cf. G. Turbanti, *Un Concilio per il mondo moderno. La redazione della costituzione pastorale "Gaudium et Spes" del Vaticano II*, Bologna, Il Mulino, 2000, p. 373-382).

[23] Cf. M.-D. Chenu, *La Chiesa nel mondo. I segni dei tempi*, Milano, Vita e Pensiero, 1965, p. 9-39; cf. A. Cortesi, *Marie-Dominique Chenu. Un percorso teologico*, Firenze, Nerbini, 2007, p. 127-157.

[24] Cf. G. Ruggieri, *La verità crocifissa. Il pensiero cristiano di fronte all'alterità*, Roma, Carocci, 2007, p. 81-114.

tempos são um sinal daquele que há de vir, bem como indicam nossa tarefa de buscar os vestígios da vinda de Deus entre nós por meio das experiências concretas dos povos na história contemporânea.

Conforme explicou Yves Congar, a *Gaudium et Spes* expressou a convicção de que a Igreja deveria deixar-se questionar pelos movimentos e problemas do mundo. O que a tornaria capaz de ponderar novamente sua própria fé no contexto e nas circunstâncias particulares dos acontecimentos por meio dos quais o Espírito está clamando no mundo de hoje.[25] Em outras palavras, com os sinais dos tempos, assume-se uma forma de viver e de trabalhar (*modus operandi et vivendi*) – uma atitude estável da Igreja – como modo de olhar a realidade que é capaz de avaliar o desdobramento da história contemporânea com a sabedoria evangélica.

O povo de Deus: exercer o discernimento evangélico mediante o sentido de fé dos fiéis

O método indutivo proposto na *Gaudium et Spes* 4 estende-se em três fases: *investigar* os sinais dos tempos; *interpretá-los* à luz do Evangelho; e *responder* a questões

---

[25] Cf. Y. Congar, "Bloc-notes sur la Concile". O significado atribuído por Congar à expressão "sinais dos tempos" pode também ser deduzido de inúmeras passagens em seus escritos: "Exige-se que o *aggiornamento* do Concílio não se detenha na adaptação das formas da vida eclesial, mas chegue a um radicalismo evangélico total e à invenção, pela Igreja, de uma forma de ser, falar e comprometer-se que responda às demandas de um serviço evangélico total ao mundo" (Y. Congar, *Vera e falsa riforma della Chiesa*, Milano, Jaca Book, 1950, p. 12).

a respeito do sentido da vida. Dever-se-ia salientar que o Concílio atribui essa atividade de discernimento a todo o povo de Deus no exercício de sua fé em Jesus Cristo.

O povo de Deus, movido pela fé com que acredita ser conduzido pelo Espírito do Senhor, o qual enche o universo, esforça-se por discernir nos acontecimentos, nas exigências e aspirações, em que participa juntamente com os homens de hoje, quais são os verdadeiros sinais da presença ou da vontade de Deus. Porque a fé ilumina todas as coisas com uma luz nova, faz conhecer o desígnio divino acerca da vocação integral do homem e, dessa forma, orienta o espírito para soluções plenamente humanas (GS 11).

Referindo-se à Igreja em sua totalidade, o Concílio afirma que o discernimento na história contemporânea é uma atividade que emerge como uma forma particular de exercer o sentido de fé dos fiéis (*sensus fidei fidelium*). Esse sentido é o instinto sobrenatural para a verdade, manifestado na totalidade dos fiéis,[26] que lhes permite julgar de maneira espontânea – sendo uma só coisa, por natureza (conatural), com o objeto da fé – a autenticidade da doutrina e, assim, convergir na adesão a ela ou a um elemento da práxis cristã.[27] Visto que essa convergência ou consenso (*consensus fidelium*)

---

[26] É comparado a um instinto porque não é primariamente o resultado de deliberação racional, mas, antes, assume a forma de um conhecimento espontâneo e natural, uma espécie de percepção (*aisthēsis*).

[27] A LG 12 afirma: "A totalidade dos fiéis que receberam a unção do Santo (cf. Jo 2,20 e 27) não pode enganar-se na fé; e esta sua propriedade peculiar manifesta-se por meio do sentir sobrenatural da fé do povo todo, quando este, 'desde os bispos até o último dos leigos fiéis', manifesta consenso universal em matéria de fé e costumes".

constitui um critério indispensável de discernimento para a vida da Igreja, ele é da mesma forma uma fonte para sua missão de evangelização. Ao afirmar que a unção do Espírito é manifestada no sentido de fé (*sensus fidei*) da totalidade dos fiéis (LG 12), o Concílio quis afirmar que o Cristo exerce seu múnus profético na Igreja não apenas por meio da hierarquia, mas também mediante os leigos. Reconhecendo-se uma autonomia efetiva do laicato em seus compromissos e atividades temporais, atribui-se grande responsabilidade à sua tarefa de "unir em uma síntese vital todos os seus esforços humanos, domésticos, profissionais, científicos ou técnicos com os valores religiosos, sob cuja elevada ordenação, tudo se coordena para glória de Deus" (GS 43).

Além da ênfase no sentido de fé dos fiéis, afora o realce do sujeito, isto é, todo o povo de Deus, na diversidade dos carismas, há um destaque da fé. A fé não apenas confere o poder de discernir "o plano de Deus" em meio aos acontecimentos em curso no mundo, mas é também o ponto de vista formal a partir do qual se podem perceber as necessidades e as aspirações de cada geração.

O exercício da fé implica alcançar uma sensibilidade e uma intuição a esse respeito. Ao captar as inclinações expressas pela humanidade em determinado contexto cultural, podem-se perceber nelas a antecipação e a expectativa da graça que constitui um verdadeiro sinal da presença de Deus.

A *Gaudium et Spes*, portanto, afirma que a história contemporânea é não somente a meta da ação eclesial, mas alega que essa história em desenvolvimento apresenta-se à Igreja como uma inexaurível fonte de riquezas:

Assim como é do interesse do mundo que ele reconheça a Igreja como realidade social da história e seu fermento, assim também a Igreja não ignora quanto recebeu da história e evolução do gênero humano. A experiência dos séculos passados, os progressos científicos, os tesouros encerrados nas várias formas de cultura humana, os quais manifestam mais plenamente a natureza do homem e abrem novos caminhos para a verdade, aproveitam igualmente à Igreja (GS 44).

De modo particular, o Concílio percebeu que, na recente história da humanidade, a mentalidade científica havia mudado a mundivisão de todas as pessoas, influenciando substancialmente o modo de pensar das pessoas comuns. A contribuição das disciplinas científicas introduzira categorias e significados que já não podiam ser ignorados se se quisesse proclamar o Evangelho de maneira crível.

Conseguintemente, ao reafirmar que a fé se nutre pela leitura da narrativa dos tempos ou da história contemporânea, o texto concentra-se no que é o papel específico da Igreja.

É dever de todo o povo de Deus, e sobretudo dos pastores e teólogos, com a ajuda do Espírito Santo, saber ouvir, discernir e interpretar as várias linguagens do nosso tempo e julgá-las à luz da Palavra de Deus, de modo que a verdade revelada possa ser cada vez mais intimamente percebida, mais bem compreendida e apresentada de um modo conveniente.

Como a Igreja tem uma estrutura social visível, sinal da sua unidade em Cristo, pode também ser enriquecida, e de fato o é, com a evolução da vida social. Não porque falte algo na constituição que Cristo lhe deu, mas para mais profundamente a conhecer e melhor a exprimir e para a adaptar mais convenientemente aos nossos tempos (GS 44).

TODOS IRMÃOS E IRMÃS

Os padres conciliares sublinharam que o discernimento sempre envolve um esforço por extrair das "linguagens" cotidianas aquelas expressões dos valores humanos que possam ajudar a ilustrar a verdade da Revelação em Cristo. Em decorrência disso, alguns interpretam essas palavras como um convite a "purificar" a expressão cultural de determinada sociedade. Essa exegese de *Gaudium et Spes* 44 implicaria uma leitura negativa das expressões histórico-culturais e a convicção de que somente a Igreja possui o critério "correto" pelo qual julgá-las. O discernimento pressuporia o relacionamento de autoridade da Igreja com toda expressão cultural e reivindicaria para si uma postura de vigilância.

Entretanto, essa interpretação da Constituição Pastoral, embora possível e não inteiramente ilegítima, de fato está em contradição com as aspirações do próprio documento, que reclama a possibilidade de diálogo com o mundo contemporâneo.

Com efeito, a participação da Igreja nos acontecimentos do mundo, tomando parte neles "com os homens de hoje" (GS 11), caracteriza sua presença de modo "sinodal". A Igreja partilha a história contemporânea com o restante da humanidade, está imersa e envolvida nos acontecimentos temporais, e sua atividade de discernimento não visa expressar uma condenação do mundo, mas sim viabilizar o encontro do mundo com Deus. Não é uma Igreja que observa o mundo de fora, mas uma Igreja que se deixa provocar pelo que acontece no mundo em seu constante esforço por descobrir "o plano de Deus" para todos.

Pela fé, já sabemos o que é esse *plano*, notadamente, a universal vontade salvífica de Deus em favor da humanidade. Contudo, não sabemos precisamente *como* ele acontecerá, como se realizará. Sabemos a meta, a recapitulação final em Cristo, mas a condição atual de peregrino – suspenso entre o *já* e o *ainda não* – obriga o povo de Deus, que é a Igreja, a prestar atenção à história contemporânea, aos "sinais" que se mostram no tempo, como se fossem vestígios de pegadas pelas quais a Igreja é conduzida à salvação. Por conseguinte, é forçoso observar a conotação fortemente escatológica da afirmação conciliar, que expressa a determinação do Concílio em observar a história humana contemporânea à medida que se move em direção à sua realização definitiva.

2. APÓS O CONCÍLIO, EMERGEM DUAS ABORDAGENS DAS QUESTÕES SOCIAIS

Um rápido olhar sobre os debates histórico-teológicos que nas décadas recentes haviam tratado das questões e problemas da vereda tomada pela Igreja Católica no rescaldo do Vaticano II mostra quão difícil é lidar com a interpretação da continuidade e/ou descontinuidade na análise de acontecimentos complexos, como no caso de uma avaliação integral dos pronunciamentos de um Concílio. Há um risco constante de generalização e de excessiva simplificação.

Ao mesmo tempo, a dialética entre continuidade e reforma tem sido constante ao longo da história da Igreja. A consideração da história oferece discernimentos em relação aos momentos decisivos e às transições marcantes que assinalaram o progresso da Igreja ao longo dos tempos.

O Papa Francisco tem falado acerca do estilo e do significado de sua própria "reforma". Ele explica que o que o move na direção de determinadas escolhas é a intenção de fundamentar a mudança na fidelidade ao depósito da fé (*depositum fidei*) e à Tradição. A questão, no entanto, é determinar como interpretar o conceito de *Traditio* e especificar sua função em relação às necessidades do presente.

Conforme o próprio Francisco disse, a avaliação da história é um pré-requisito indispensável para construir um futuro sólido, mas a referência ao passado não deve ser um pretexto para a inércia:

> Fazer apelo à memória não significa ancorar-se na autoconservação, mas recordar a vida e a vitalidade de um percurso em desenvolvimento contínuo. A memória não é estática, mas dinâmica. Por sua natureza, implica movimento. E a tradição não é estática, mas dinâmica, como dizia aquele grande homem [Gustav Mahler, retomando uma metáfora de Jean Jaurès]: a tradição é a garantia do futuro e não a custódia das cinzas.[1]

Nessas palavras, vemos uma hermenêutica bem ajustada da Tradição, revelando como ela pode ser transmitida graças também à descontinuidade, sem necessariamente implicar uma ruptura com o passado. Ao contrário, a renovação pode revelar-se como a única maneira de verdadeiramente servir à Tradição e de preservar seu conteúdo essencial.

---

[1] Papa Francisco, *Discurso do Papa Francisco à Cúria Romana na apresentação de votos natalícios*, 21 de dezembro de 2019.

Neste capítulo, tentaremos mostrar como o Magistério do Papa Francisco se caracteriza por sua retomada do método indutivo introduzido pelo Vaticano II, em continuidade com o ensinamento de São João XXIII e de São Paulo VI, que promoveram essa forma de análise. Ao mesmo tempo, a continuidade de Francisco com seus predecessores imediatos, São João Paulo II e Bento XVI, não parece mostrar-se tanto em termos de método, mas na ênfase sobre determinados temas e perspectivas em direção às quais orientar o futuro da Igreja.

João XXIII e Paulo VI: a Igreja imersa na história "humana" da salvação

A postura de diálogo com a qual a Igreja é chamada a "ver, julgar e agir" no mundo foi definida como prática eclesial pelo Concílio Vaticano II, mas encontrou um precedente autorizado no Magistério de João XXIII.

Em diversas ocasiões, o Papa João expressou um forte desejo de que a Igreja se lançasse à busca de uma renovação ou atualização (*aggiornamento*) eficaz. O termo não pretendia descrever um processo de adaptação da Igreja às necessidades do tempo presente, mas, ao contrário, indicar uma mudança na mentalidade de modo a reavaliar sua presença no mundo. A *vida pastoral* deve ser compreendida como uma exigência intrínseca à expressão da doutrina ou do ensinamento, porque somente se defrontando com as expectativas e as esperanças das pessoas é que se conseguirá transmitir a substância viva do Evangelho no mundo de hoje.

Nesse aspecto, o Papa João rejeitava a concepção negativa a respeito da história contemporânea que havia caracterizado a apologética moderna, que denunciava a progressiva deterioração da humanidade ao longo dos séculos como consequência do pecado. Em vez disso, ele tentou assegurar que a Igreja confrontasse os acontecimentos positivos na história contemporânea como "bons" sinais a serem acolhidos com alegria.

Em sua Encíclica *Mater et Magistra*, João XXIII refere-se às mudanças sociais e políticas mais significativas da história recente. Menciona e aprova acontecimentos tais como o desarmamento, a promoção dos direitos humanos, o desenvolvimento econômico e a inovação científica. Seria extremamente simplista alegar que ele simplesmente ofereceu à Igreja uma visão otimista da história a fim de corrigir sua atitude derrotista e sua mania de condenar o progresso. Pelo contrário, sua intenção foi dar nova direção à teologia. Em lugar de obter sua própria compreensão da economia da salvação a partir de premissas abstratas, a teologia deveria desenvolver um contínuo confronto com a história, manifestando sua capacidade de mostrar ao mundo que o Reino de Deus é um acontecimento e uma realidade dinâmicos.

Podemos perceber como a categoria "sinais dos tempos" é não apenas congruente com a de renovação ou *aggiornamento* e com a "vida pastoral", mas também configurou todo o Magistério de João XXIII. Os quatro capítulos que formam a *Pacem in Terris* podem ser lidos como expressão formal do discernimento evangélico e aplicação do *método indutivo*. A ascensão econômica e social das classes

TODOS IRMÃOS E IRMÃS

trabalhistas, a entrada das mulheres na vida pública, o fim do colonialismo, a igualdade entre os povos e o compromisso de construir uma duradoura paz mundial tornam-se todos sinais que alimentam a consciência com que a Igreja compreende sua missão e vocação a serviço de todas as pessoas, não simplesmente dos cristãos.[2]

Paulo VI herdou essa consciência dos "sinais dos tempos" de João XXIII e do Concílio Vaticano II, mas também se deu conta de sua ambivalência. Seu Magistério buscou esclarecer a categoria, de modo que não fosse reduzida a mero registro de "fatos", mas que nela se percebesse aquele abundante "mais" que indica Deus em ação. Dizer que o povo de Deus está imerso no presente significa, ao mesmo tempo, afirmar que está envolvido na história contemporânea da humanidade orientada para a salvação.[3]

Nessa perspectiva, para Paulo VI, a leitura sincrônica dos acontecimentos marcantes da história de hoje deve ser completada com a leitura diacrônica. O uso conjunto dessas duas formas de lidar com o assunto evita o risco de resvalar para o "profetismo carismático" ou para a miopia provocada pela mera observação dos "fenômenos". Os sinais dos tempos só poderão configurar e orientar a ação da Igreja

---

[2] Cf. P. Sacrofani, *Segni dei tempi. Segni dell'amore*, Milano, Paoline, 2002, p. 24-27.

[3] Cf. C. Stercal, *Paolo VI. Un ritratto spirituale*, Brescia-Roma, Edizioni Studium Roma, 2016; cf. G. Garancini, Il senso di Paolo VI per la storia. "Il mondo per noi diventa libro", in C. Cardia e R. Benigni (org.), *A 50 anni dalla Populorum Progressio. Paolo VI, il papa della modernità, giustizia tra i popoli e l'amore per l'Italia*, Roma, Roma Tre-Press, 2018, p. 99-114.

se nossa visão ou nosso olhar sobre o presente for capaz de projetar-se para o futuro, pois "o mundo se torna um livro para nós". Conseguintemente, o cristão deve exercitar o discernimento e a vigilância, a fim de que os sinais se tornem "boas-novas de uma Providência imanente" e "indícios" da ação oculta do Reino de Deus.[4]

Em sua Encíclica *Ecclesiam Suam* (1962), o Papa Paulo VI declara que a leitura dos "sinais dos tempos" constitui um "estímulo à vitalidade sempre crescente da Igreja", ligada à consciência de que a perfeição não consiste "na imobilidade dessas formas de que a Igreja foi revestindo-se através dos séculos; ou julgar que ela consiste em tornarmo-nos refratários a qualquer aproximação nossa às formas hoje comuns e aceitáveis nos costumes e na índole do nosso tempo" (ES 27).

A Igreja, de fato, em sua dinâmica e em suas estruturas de evangelização, é chamada a ser dócil a essa mudança, que é gerada pela ação do Espírito, de modo que o mundo possa apreender a atual verdadeira relevância da salvação de Cristo.

Posteriormente, na *Evangelii Nuntiandi*, o Papa Paulo VI voltaria a enfatizar o papel do Espírito Santo na evangelização que brota da atenção e do compromisso com a história contemporânea: "Através dele, do Espírito Santo, o Evangelho penetra no coração do mundo, porque é ele que faz discernir os sinais dos tempos, os sinais de Deus, que a evangelização descobre e valoriza no interior da história" (EN 75). O Espírito ajuda a conciliar a história contemporânea com o Evangelho, agindo como mediador e abonador,

---

[4] Papa Paulo VI, *Audiência geral*, 16 de abril de 1969.

TODOS IRMÃOS E IRMÃS

sustentando a Igreja em sua leitura dos "sinais", a partir da qual ela se orienta para a missão.

Entretanto, é na *Octogesima Adveniens* que o Papa Paulo VI mostra seu desejo de aprofundar e desenvolver o método indutivo proposto pela *Gaudium et Spes*, formulando distintamente uma reflexão sobre o discernimento dos "sinais dos tempos" (OA 8-41) como ferramenta para a leitura das realidades sociais.[5] Ele afirma:

> É às comunidades cristãs que cabe analisar, com objetividade, a situação própria do seu país e procurar iluminá-la, com a luz das palavras inalteráveis do Evangelho; a elas cumpre haurir princípios de reflexão, normas para julgar e diretrizes para a ação, na doutrina social da Igreja, tal como ela vem sendo elaborada, no decurso da história, e, especialmente, nesta era industrial, a partir da data histórica da mensagem de Leão XIII sobre "a condição dos operários", da qual nós temos a honra e a alegria de celebrar hoje o aniversário. A essas comunidades cristãs incumbe discernir, com a ajuda do Espírito Santo em comunhão com os bispos responsáveis e em diálogo com os outros irmãos cristãos e com todos os homens de boa vontade, as opções e os compromissos que convém tomar, para realizar as transformações sociais, políticas e econômicas que se apresentam como necessárias e urgentes, em não poucos casos (AO 4).

A carta apostólica sugere enfrentar os problemas não dentro de uma moldura dedutiva, derivada de fontes doutrinais, mas mediante a análise indutiva dos acontecimentos. Apoiando-se verdadeiramente na assistência do Espírito,

---

[5] De igual modo, na *Populorum Progressio* (1967), Paulo VI cita explicitamente GS 4, indicando o método indutivo "ver, julgar, agir" (PP 13).

tal análise pode identificar novos caminhos e escolhas corajosas. Assim, não há nenhuma solução única universal para as dificuldades provocadas pelas realidades sociais de hoje, mas cada comunidade cristã deve assumir a tarefa de encontrar respostas adequadas para as complexidades de seu próprio contexto específico.

A ação da Igreja diante da transformação necessária para renovar a face da humanidade pressupõe que os agentes principais da presença da Igreja na sociedade sejam os membros que juntos formam uma igreja local.

Eles deverão discernir tendo em conta que os critérios de referência são o Evangelho e a doutrina social da Igreja, ao mesmo tempo, também, deixando espaço para a criatividade do Espírito Santo. Desse modo, o método indutivo, conforme explicitado pela Ação Católica em seus três passos de ver-julgar-agir, precisa igualmente ser moldado pela doutrina social do Magistério com o fito de realizar a tarefa de implementar criativamente seus princípios. Todavia, nesse modo "dialógico" de interação com a doutrina social da Igreja, uma função essencial é realizada pela fé madura daquelas pessoas que precisam decidir e agir em determinado lugar (*in loco*) e tempo (*in contesto*).

João Paulo II: a verdade da salvação ilumina a história humana

Durante os Exercícios espirituais da Cúria Romana, em março de 1976, na presença de Paulo VI, o Cardeal Karol

TODOS IRMÃOS E IRMÃS

Wojtyla expressou sua satisfação com a oportuna reavaliação do "mundo" realizada pela *Gaudium et Spes*:

Tal definição do mundo era muito necessária! Não só para dar forma ao texto da grande Constituição Pastoral, mas também para oferecer a chave para a compreensão dos sinais dos tempos e, ao mesmo tempo, a chave para a autoconsciência da Igreja conforme expressa no Concílio, graças à cuidadosa análise de todos os sinais que são colocados sob o denominador comum do conceito de contemporaneidade: a Igreja no mundo contemporâneo.[6]

Essa ideia de que a análise dos "sinais dos tempos" permite à Igreja entrar em contato com o momento contemporâneo se tornará parte do Magistério de João Paulo II. Isso significa que a história contemporânea está aberta à realização da salvação e enriquece a compreensão que a Igreja tem de si mesma.

Já nas primeiras palavras de sua primeira Encíclica, *Redemptor Hominis*, a história é indicada como o lugar ou local no qual o senhorio de Cristo se manifesta: "O Redentor do homem, Jesus Cristo, é o centro do cosmo e da história" (RH 1).[7]

Contudo, na subsequente *Dives in Misericordia*, o Papa parece esforçar-se muito por atenuar uma visão francamente entusiástica da história. Justamente em suas primeiras linhas, afirma ele:

---

[6]   K. Wojtyla, *Segno di contraddizione*, Milano, Gribaudi, 1977, p. 54. Cf. *Sign of Contradiction* (New York: Seabury Press, 1979).

[7]   Cf. I. Korzeniowski, *I segni dei tempi nel pensiero di Giovanni Paolo II*, Bologna, EDB, 1997, p. 25-43.

> A situação do mundo contemporâneo não só manifesta transformações que fazem esperar um futuro melhor do homem sobre a terra, mas apresenta também múltiplas ameaças, que ultrapassam largamente as conhecidas até agora. Sem deixar de denunciar tais ameaças (por exemplo, com intervenções na ONU, na UNESCO, na FAO e em outras sedes), a Igreja deve também examiná-las à luz da verdade recebida de Deus (DiM 2).

Nessa breve passagem, parece emergir um duplo esclarecimento: em primeiro lugar, conforme afirmado por Paulo VI, a história contemporânea traz consigo certa ambiguidade. Os "sinais dos tempos" não são imediatamente transparentes. Por conseguinte, o que é visto hoje como transformação que promete melhorar a vida humana poderia amanhã constituir uma ameaça. Em segundo lugar, dada essa ambivalência, a Igreja deve examinar continuamente e buscar seu próprio discernimento à luz da *verdade* revelada por Deus.

Esse realce dado à verdade que a Igreja recebeu de Deus, e que, portanto, sempre transcende a história, parece ser um convite a redirecionar o modo da reflexão teológica para a vereda mais segura do método dedutivo.

Isso parece ser confirmado pela *Laborem Exercens*, na qual o Papa justifica sua opção. Em conformidade com São João Paulo II, a fim de lançar luz sobre a realidade do trabalho humano, a Igreja não deve assumir como ponto de partida a situação de crise atual; sua análise tampouco deve começar por detectar fenômenos tais como o desemprego ou a exploração. Pelo contrário, ao empreender sua própria

TODOS IRMÃOS E IRMÃS

avaliação, a Igreja está vinculada à necessidade de explicar a Revelação divina e de referir-se à lei natural.

Com o propósito de dissipar quaisquer dúvidas, a Encíclica afirma que a Igreja não deveria refletir sobre a humanidade recorrendo à análise histórica, mas fundamentando-se na Palavra de Deus:

> A Igreja está convencida de que o trabalho constitui uma dimensão fundamental da existência do homem sobre a terra. E ela radica-se nesta convicção também ao considerar todo o patrimônio das múltiplas ciências centralizadas no homem: a antropologia, a paleontologia, a história, a sociologia, a psicologia etc.: todas elas parecem testemunhar de modo irrefutável essa realidade. A Igreja, porém, vai haurir esta sua convicção sobretudo na fonte da Palavra de Deus revelada e, por conseguinte, aquilo que para ela é uma convicção da inteligência adquire ao mesmo tempo o caráter de uma convicção de fé. A razão está em que a Igreja – vale a pena acentuá-lo desde já – acredita no homem. Ela pensa no homem e encara-o não apenas à luz da experiência histórica, não apenas com os subsídios dos multíplices métodos do conhecimento científico, mas sim e em primeiro lugar à luz da Palavra revelada do Deus vivo. Ao referir-se ao homem, ela procura exprimir aqueles desígnios eternos e aqueles destinos transcendentes que o Deus vivo, Criador e Redentor, ligou ao homem (LE 4).

Semelhantemente, na Exortação apostólica *Familiaris Consortio*, João Paulo II afirma que "a história não é simplesmente um progresso necessário para o melhor" (FC 5), visto que "apresenta aspectos positivos e aspectos negativos: sinal, naqueles, da salvação de Cristo operante no mundo; sinal, nestes, da recusa que o homem faz ao amor de

Deus" (FC 6). A necessidade de relativizar as ferramentas das ciências sociais o leva a afirmar que "a Igreja pode apreciar também a investigação sociológica e estatística quando se revelar útil para a compreensão do contexto histórico". Acima de tudo, "a Igreja, seguindo a Cristo, procura a verdade". A conclusão obtida em seu raciocínio confirma que a função magisterial é "normativa" para o povo de Deus: "Por que é dever do ministério apostólico assegurar a permanência da Igreja na verdade de Cristo e introduzi-la sempre mais profundamente" (FC 5).

Na Encíclica *Sollicitudo Rei Socialis*, ao tratar da questão do desenvolvimento tecnológico e econômico, João Paulo II insiste em analisar as questões sociais por meio de uma "abordagem correta", ou seja, começando pelo ensinamento doutrinal da Igreja. Ele especifica que somente dessa forma –adotando-se um método dedutivo – é possível evidenciar como o pecado humano jaz na raiz dos problemas sociais.

> Na difícil conjuntura presente, tanto para favorecer a correta formulação dos problemas que se apresentam como para a sua melhor solução, poderá ser de grande ajuda um conhecimento mais exato e uma difusão mais ampla do "conjunto dos princípios de reflexão, dos critérios de julgamento e das diretrizes de ação" propostos pelo seu ensinamento.
>
> Notar-se-á assim, imediatamente, que as questões que hão de ser enfrentadas são, antes de mais nada, morais; e que nem a análise do problema do desenvolvimento enquanto tal nem os meios para superar as presentes dificuldades podem prescindir dessa dimensão essencial (SrS 41).

TODOS IRMÃOS E IRMÃS

Excetuam-se alguns textos que atravessam o Magistério desse imenso pontificado,[8] que se sobressai pela vastidão dos tópicos com que ele lidou em todos os seus pronunciamentos oficiais.

Por exemplo, em *Pastores Dabo Vobis*, há uma revitalização do método indutivo como instrumento com o qual a Igreja é convocada a formar sacerdotes que "estejam verdadeiramente à altura destes tempos". Contudo, João Paulo II propõe uma reformulação que parece oferecer intencionalmente um corretivo específico. De um lado, afirma a prioridade de *conhecer* as dificuldades presentes no contexto histórico e cultural, consciente dos problemas com que os seminaristas precisam conviver. De outro, especifica que essa atividade de conhecimento não deve ser reduzida "a um simples levantamento dos fatos". Efetivamente, o conhecimento sempre "implica uma leitura interpretativa" da realidade. Examinar já é discernir, visto que o resultado de uma reflexão está condicionado ao modo pelo qual os próprios elementos investigados são obtidos. *Conhecer* pressupõe uma assimetria no relacionamento entre os dados teológicos e científicos. Do contrário, não é possível ir além do que a ciência é capaz de dizer. Assim sendo, não há dúvida acerca da importância de "ver" a realidade. Antes, há uma insistência em que a realidade deve ser "vista" com os olhos da fé. No que concerne à avaliação dos seminaristas, visto que o momento atual é marcado por "ambivalência" e

---

[8] O vasto e variado Magistério de João Paulo II inclui catorze encíclicas, quarenta e cinco cartas apostólicas, quinze exortações e onze constituições, além de inúmeros discursos e homilias.

por vezes "contradição", e dado que apresenta entretecidos "elementos negativos e razões de esperança", ao expressar um julgamento, não se deveriam levar em conta apenas os "fatores positivos", mas "tem-se de submeter os próprios fatores positivos a um atento discernimento" (PdV 10).

O Papa João Paulo II centrou-se no ato do *conhecimento*, que analogicamente corresponde à *leitura* do presente e indica uma direção precisa. Não basta discernir entre o bem e o mal; é preciso distinguir entre o bom e o melhor. O método indutivo é insuficiente se não for contextualizado dentro da moldura de valores que a tradição codificou mediante sua reflexão moral.

Outro texto significativo encontra-se em *Novo Millennio Ineunte*, em que o Papa formalmente se refere à *Gaudium et Spes* 4 e 44:

> Não é raro o Espírito de Deus, que "sopra onde quer" (Jo 3,8), suscitar na experiência humana universal, não obstante as suas múltiplas contradições, sinais da sua presença, que ajudam os próprios discípulos de Cristo a compreenderem mais profundamente a mensagem de que são portadores. Não foi porventura com essa abertura humilde e confiante que o Concílio Vaticano II se empenhou a ler "os sinais dos tempos"? Apesar de ter efetuado um discernimento diligente e cuidadoso para identificar os "verdadeiros sinais da presença ou da vontade de Deus", a Igreja reconhece que não se limitou a dar, mas também "recebeu da história e evolução do gênero humano". Essa atitude, feita simultaneamente de abertura e de atento discernimento, iniciou-a o Concílio também com as outras religiões. Compete a nós seguir fielmente o seu ensinamento pelo sulco aberto (NmI 56).

O uso da expressão "sinais dos tempos" e a celebração dos passos dados pela Igreja na sequência da *Gaudium et Spes*, incluindo o campo do diálogo inter-religioso, poderiam ser vistos como evidência circunstancial do desejo de João Paulo II de aprofundar a perspectiva inaugurada pelo Concílio Vaticano II. Ao mesmo tempo, ele está firmemente convencido da necessidade de oferecer uma lupa mais clara através da qual examinar o próprio evento do Concílio, tendo em vista revelar sua novidade à luz dos ensinamentos já contidos na Tradição da Igreja.

Bento XVI: a Palavra de Deus desvela os males sociais

O sucessor de João Paulo II, Bento XVI, moveu-se nessa mesma direção. Do ponto de vista de Bento, com o propósito de implementar uma "hermenêutica da reforma, da renovação na continuidade",[9] é necessário aprofundar o relacionamento entre razão, fé e história. A teologia dos "sinais dos tempos" também precisava de contextualização adequada e devia ser sustentada por uma sólida base teórica, firmemente enraizada na Tradição da Igreja.

Essa moldura crítica reflete as mesmas observações feitas no Concílio pelo jovem Joseph Ratzinger, expressando suas ressalvas acerca do conceito dos "sinais dos tempos". Ele propôs omiti-lo do texto de *Gaudium et Spes* 4.[10]

---

[9] Papa Bento XVI, *Discurso aos cardeais, arcebispos e prelados da Cúria Romana na apresentação dos votos de Natal*, 22 de dezembro de 2005.

[10] Cf. Joseph A. Komonchak, Le valutazioni sulla *Gaudium et spes*: Chenu, Dossetti, Ratzinger, in Joseph Doré e Alberto Melloni (org.),

Sua intervenção lamentou a excessiva ênfase sociológica e a falta de critérios para esclarecer o sentido do conceito em chave bíblico-teológica. Criticou igualmente a ausência de uma definição adequada do conceito de "mundo", ao qual a expressão "sinais dos tempos" se refere, e uma visão da história francamente ingênua, que não evidenciou a ambivalência do progresso humano. Acima de tudo, ele denunciou a falta de uma *teologia da cruz* que pudesse ligar a importância dos "sinais dos tempos" à realidade do pecado que marca o drama da história humana.[11]

Apesar dessas perplexidades, Bento XVI referiu-se aos "sinais dos tempos" em diversas ocasiões durante seu pontificado, embora o uso dessa expressão em seu Magistério propenda a oscilar entre o campo sociológico e o teológico, de modo que não se pode chegar a um sentido inequívoco.

Por exemplo, na *Caritas in Veritate*, o sentido permanece vago, e a expressão "sinais dos tempos" refere-se a tudo o que pode constituir uma oportunidade favorável para a Igreja interpretar e oferecer "o que ela possui como próprio: uma visão global do homem e da humanidade" (CiV 18).

Na *Verbum Domini*, por outro lado, a categoria é explicitada de tal forma que faz lembrar a linguagem profética da denúncia. Permanece um sentido amplo, segundo o qual os

---

Volti di fine concilio: Studi di storia e teologia sulla conclusione del Vaticano II (Bologna, Il Mulino, 2000), p. 115-53.

[11] O episcopado alemão propôs que o texto deveria tornar-se não uma constituição, mas uma encíclica final, e que, portanto, sua mensagem deveria ser menos vinculativa (Cf. A. Toniolo, Vaticano II, pastorale, segni dei tempi: problemi ermeneutici e opportunità ecclesiali, *Archivio Teologico Torinese* XX (2014), p. 19-34).

"sinais dos tempos" são considerados abrangentes de toda expressão do mal que, na realidade social, faz emergir situações de manipulação e de opressão:

> A própria Palavra de Deus denuncia, sem ambiguidade, as injustiças e promove a solidariedade e a igualdade. À luz das palavras do Senhor, reconheçamos, pois, os "sinais dos tempos" presentes na história, não nos furtemos ao compromisso em favor de quantos sofrem e são vítimas do egoísmo (VD 100).

Em ambos os casos, porém, Bento XVI está muito interessado em ressaltar que essa capacidade de detectar as potencialidades e as iniquidades presentes na sociedade é desenvolvida exclusivamente com base em nosso relacionamento com a Palavra de Deus.

Em outro discurso público, Bento XVI caracteriza os "sinais dos tempos" como abrangedores daquelas manifestações que refletem a inquietude e a busca por sentido da pessoa humana hoje. O traço distintivo da cultura contemporânea pode motivar a Igreja a confirmar seu próprio discurso teológico, visto que a busca por sentido encoraja uma análise daquelas razões para a credibilidade da fé que permite o anúncio do Evangelho com "realismo" eficaz:

> O nosso modo de viver na fé e na caridade torna-se um falar de Deus no presente, porque mostra com uma existência vivida em Cristo a credibilidade, o realismo daquilo que dizemos com palavras, que não são apenas palavras, mas demonstram a realidade, a realidade verdadeira. E nisso devemos estar atentos a captar os sinais dos tempos na nossa época, ou seja, a identificar as potencialidades, os desejos, os obstáculos que se

encontram na cultura atual, de modo particular o desejo de autenticidade, o anseio pela transcendência, a sensibilidade pela salvaguarda da criação, e a comunicar sem temor a resposta oferecida pela fé em Deus.[12]

No capítulo 4 do livro-entrevista *Luz do mundo*,[13] os "sinais dos tempos" são identificados entre os fenômenos de degradação que são evidentes na sociedade de hoje. Eles representam muitos desafios para o Evangelho e para a missão da Igreja: secularização, catástrofe ambiental, individualismo, tirania do relativismo. Além desses resultados desastrosos da modernidade, há também o aumento dos fluxos migratórios como um "sinal dos tempos" de nossa era:

> Entre os sinais dos tempos hoje reconhecíveis devem certamente se incluir as migrações, um fenômeno que assumiu no decurso do século que há pouco se concluiu uma configuração, por assim dizer, estrutural, tornando-se uma característica importante do mercado do trabalho a nível mundial, como consequência, entre outras coisas, do poderoso estímulo exercido pela globalização. Naturalmente, nesse "sinal dos tempos" confluem diferentes componentes. De fato, ele inclui as migrações, quer internas, quer internacionais, as forçadas e as voluntárias, as legais e as irregulares, sujeitas também à chaga do tráfico de seres humanos. Também não pode ser esquecida a categoria dos estudantes estrangeiros, cujo número aumenta todos os anos no mundo.[14]

---

[12] Papa Bento XVI, *Audiência geral*, 28 de novembro de 2012.

[13] Cf. P. Seewald, *Light of the World: The Pope, the Church, and the Signs of the Times* (San Francisco, Ignatius Press, 2010) (ed. bras.: *Luz do mundo: o papa, a Igreja e os sinais dos tempos*, São Paulo, Paulinas, 2011).

[14] Papa Bento XVI, *Mensagem para o 92º Dia Mundial do Migrante e do Refugiado*, 18 de outubro de 2015.

Nesse caso, a categoria "sinais dos tempos" refere-se a um fenômeno humano específico, enfatizando sua amplitude e complexidade. Não se presta facilmente a uma descrição precisa, visto que envolve muitas facetas e dinâmicas diversas. À primeira vista, o uso da expressão "sinais dos tempos" parece responder a um ponto de vista ou a uma compreensão puramente sociológicos. Contudo, Bento XVI sugere remetê-la a um nível ulterior, o da interpretação teológica. Migrações representam um *kairós* para a Igreja, porque desafiam a fé e movem os fiéis a questionar-se sobre a atitude correta a ser adotada nas relações sociais.

O que é notável é a moldura hermenêutica na qual Bento XVI insere a ideia dos "sinais dos tempos". Ele contextualiza a expressão como uma avaliação negativa do mundo contemporâneo. A categoria, portanto, evoca a multiplicidade dos crimes sociais que estamos testemunhando hoje e encoraja a recuperar a referência à Palavra de Deus e ao Magistério da Igreja como as instâncias que fornecem ordem e clareza para a situação atual, marcada pelos efeitos caóticos do pecado humano. Assim fazendo, Bento XVI reiteradamente usa a expressão "sinais dos tempos" de um modo que se aparta da intenção original dos padres conciliares.

Tal demonização da história alinha-se, de alguma forma, à necessidade apologética que a doutrina social da Igreja reconhecera nas encíclicas sociais pré-conciliares. Contudo, isso reflete uma abordagem muito diferente da análise indutiva proposta na *Octogesima Adveniens*: a fim de enfrentar os problemas da realidade atual, o fiel deverá voltar-se para o ensinamento do Magistério e aderir aos princípios universais transmitidos pela doutrina social da Igreja. De modo algum, os fiéis deveriam enveredar por uma solução que não tome essas referências essenciais como ponto de partida, nem deveriam desenvolver sua própria reflexão fundamentada na fé, baseada nas circunstâncias e experiências de uma comunidade particular.

Em resumo, o amplo espectro semântico atribuído por Bento XVI à expressão "os sinais dos tempos", na verdade, finda por diluir sua eficácia e relativizar seu significativo valor como traço distintivo da *Gaudium et Spes*. Tem-se um pouco a impressão de que Bento embaça os contornos do termo a fim de evitar definir seu sentido exato. Seu Magistério pareceu preferir usar a categoria em um sentido principalmente sociológico, direcionando a interpretação do Concílio para outras sendas e visando consolidar o método dedutivo.

Francisco: renascimento da perspectiva da *Gaudium et Spes*

Conforme já mencionado, ao aceitar o convite de João XXIII para privilegiar a "vida pastoral" no trabalho do Concílio, o Vaticano II questionou a noção de que a vida pastoral enraizava-se ou fundamentava-se unicamente na doutrina.

A fidelidade à verdade codificada pela doutrina não é suficiente para identificar a forma pastoral da Igreja. Pelo contrário, um relacionamento de preocupação, cuidado e reciprocidade deve ser estabelecido entre a verdade do Evangelho e o contexto histórico contemporâneo. Desse modo, a vida pastoral é a hermenêutica histórica da verdade cristã,

TODOS IRMÃOS E IRMÃS

significando que o relacionamento entre a doutrina e a vida pastoral não pode ser pensado como o único caminho. Interpretar a situação histórica é também terminante para a compreensão doutrinal e para a elaboração do conteúdo da fé.[15] Ao propor uma "teologia dos sinais dos tempos" na *Gaudium et Spes*, os padres conciliares quiseram tornar explícita a correlação entre esses dois aspectos. Estava em jogo o desenvolvimento de uma teologia da história contemporânea que não fosse de pouca monta, mas estruturalmente dirigida para a missão da Igreja e para a especificação das formas e meios nos quais se deveria incorporar a proclamação do Evangelho.

Ao afirmar essa orientação, o Papa Francisco evita reduzir os "sinais dos tempos" a indicadores puramente sociais, a meros fenômenos que não expressam um chamado profético, ou a uma conexão intrínseca com a Revelação cristã. Na *Evangelii Gaudium*, encontramos praticamente uma declaração programática de sua forma de leitura dos "sinais dos tempos":

> Não é função do Papa oferecer uma análise detalhada e completa da realidade contemporânea, mas animo todas as comunidades a "uma capacidade sempre vigilante de estudar os sinais dos tempos". Trata-se duma responsabilidade grave, pois algumas realidades hodiernas, se não encontrarem boas soluções, podem desencadear processos de desumanização tais que será difícil depois retroceder. É preciso esclarecer o que pode ser um fruto do Reino e também o que atenta contra o projeto de

---

[15] Cf. S. Lanza, *Convertire Giona. Pastorale come progetto*, Roma, Edizioni OCD, 2005, p. 113-115.

Deus. Isso implica não só reconhecer e interpretar as moções do espírito bom e do espírito mau, mas também – e aqui está o ponto decisivo – escolher as do espírito bom e rejeitar as do espírito mau. Pressuponho as várias análises que ofereceram os outros documentos do Magistério universal, bem como as propostas pelos episcopados regionais e nacionais. Nesta Exortação, pretendo debruçar-me, brevemente e em uma perspectiva pastoral, apenas sobre alguns aspectos da realidade que podem deter ou enfraquecer os dinamismos de renovação missionária da Igreja, seja porque afetam a vida e a dignidade do povo de Deus, seja porque incidem sobre os sujeitos que mais diretamente participam nas instituições eclesiais e nas tarefas de evangelização (EG 51).

Tradicionalmente, nas pegadas de seus predecessores, Francisco observa a ambivalência dos "sinais dos tempos" (ES 54; DiM 2), bem como o risco de uma abordagem reducionista para distinguir entre o bem e o mal (PdV 10). Ao mesmo tempo, declara sua intenção de tratar das questões sociais com "uma visão pastoral". Sua maneira de proceder está, portanto, atenta às indicações da *Gaudium et Spes* e é levada a efeito indutivamente, ou seja, aberta a receber contribuições de outras disciplinas com competências específicas. Francisco afirma que não é papel do Papa possuir o "monopólio da interpretação da realidade social ou da apresentação de soluções para os problemas contemporâneos" ou já ter, ao alcance da mão, soluções para os problemas que surgem agora (EG 184). Ao contrário, evitando uma postura de altivez, humildemente ele pede que a Igreja preste atenção ao mundo.

Na *Laudato Si'*, o Papa Francisco também afirma que, ao persistir em uma atitude autorreferencial, em repetições

Todos irmãos e irmãs

estéreis, o discurso teológico só pode vaguear pelo caminho da insignificância:

> As reflexões teológicas ou filosóficas sobre a situação da humanidade e do mundo podem soar como uma mensagem repetida e vazia, se não forem apresentadas novamente a partir de um confronto com o contexto atual no que este tem de inédito para a história da humanidade. Por isso, antes de reconhecer como a fé traz novas motivações e exigências em face do mundo de que fazemos parte, proponho que nos detenhamos brevemente a considerar o que está acontecendo à nossa casa comum (LS 17).

Os riscos são altos. Repetir uma mensagem que não se confronta com a história contemporânea e não dialoga com a humanidade de hoje corre o risco de ser marginalizada. Antes de arriscar uma avaliação que poderia tornar-se abstrata, o Papa Francisco sugere levar em conta os fatos e colocar-se face a face com a realidade concreta da situação, não em uma tentativa de "recolher informações ou satisfazer a nossa curiosidade, mas sim de tomar dolorosa consciência, de ousar transformar em sofrimento pessoal aquilo que acontece ao mundo e, assim, de reconhecer a contribuição que cada um lhe pode dar" (LS 19). Os sentimentos pessoais deveriam desempenhar um papel nessa apreciação e ser valorizados como parte do processo eclesial do discernimento evangélico.

Desse modo, o Papa pode dirigir-se a todos, emprestando a seu discurso um matiz existencial que ultrapassa a adesão à fé. Essa atitude admite que a Igreja não tem o monopólio exclusivo da verdade. No caso da ecologia, por exemplo, o Papa Francisco começa por descrever a situação atual do planeta e tenta buscar as causas que levaram a essa situação crítica. Ele denuncia a danosa tendência da pesquisa científica centralizada na ideia de progresso irresponsável, o individualismo subjacente à "cultura do descarte" (LS 22) e a visão fragmentada da crise ecológica (LS 111). Somente depois de estabelecer uma base comum sobre a qual fundamentar suas opiniões é que o Papa Francisco esboça a contribuição específica que a fé pode oferecer na crise atual (LS 62), indicando, à luz que emana do Evangelho, a origem daquela inexaurível riqueza que é própria da fé.

Essa visão impregnada de fé possibilita compreender melhor as causas da crise ecológica e discernir mais eficazmente a direção a ser tomada a fim de implementar uma ecologia integral. Examinar os problemas nessa chave existencial é que possibilita identificar estratégias úteis para agir.

Vale a pena ressaltar que a orientação para a ação não pode ser deduzida simplesmente depois de haver "julgado" e "avaliado". Passar da reflexão à ação sempre necessita de espaço para a criatividade e a liberdade das pessoas. Quer a orientação esteja voltada para a ação (no caso do pensamento indutivo), quer para os valores (pensamento dedutivo), trata-se de uma interação de fatores que impulsiona decisões importantes e ações subsequentes.

Entre as opções para avançar, Francisco indica o diálogo honesto, transparente e inclusivo. Mediante o diálogo, é possível alcançar uma convergência de opiniões em torno do modelo de desenvolvimento sustentável a ser adotado (LS 166), da necessidade de educar as gerações para o cuidado (LS 230-231) e do testemunho cristão (LS 217).

Existe algo intangível e livre que só pode emergir do discernimento de acordo com o Espírito Santo. Afinal de contas, mesmo as grandes descobertas científicas da era moderna não dependeram de deduções de escrivaninha, mas de intuições que ultrapassaram os dados empíricos. Se "ver-julgar-agir" é um método indutivo limitado, que pensa poder proceder "cientificamente" dos dados sociais para a ação pastoral, em contrapartida, o método dedutivo, convencido de que ele pode determinar como agir partindo de princípios universalmente válidos, corre o risco de ser incapaz de detectar a complexidade da realidade.

No entanto, na ciência, como na vida pastoral, há um círculo virtuoso que gira entre teoria e prática, visto que não é possível passar unidirecionalmente de uma a outra de modo rigoroso e convincente.

Nesse ponto, podemos concluir que um fato ou acontecimento se torna um "sinal dos tempos" quando se revela capaz de mudar permanentemente a mentalidade e o comportamento dos fiéis, ou seja, quando inspira uma consciência partilhada que pode modificar em uma direção messiânica ou salvífica o equilíbrio das relações humanas em determinada era ou período.

3. CRITÉRIOS PARA O DISCERNIMENTO: LER OS "SINAIS DOS TEMPOS"

Integrando a perspectiva eclesiológica do Vaticano II e seguindo o ensinamento da *Lumen Gentium*, o Papa Francisco afirma que "o caminho da sinodalidade é precisamente o caminho que Deus espera da Igreja do terceiro milênio".[1] Ao mesmo tempo, ele afirmou que a sinodalidade "oferece-nos o quadro interpretativo mais apropriado para compreender o próprio ministério hierárquico". Ele traça a imagem da Igreja que – como "uma pirâmide invertida", na qual "o vértice encontra-se abaixo da base"[2] – harmoniza todos os que estão envolvidos: o povo de Deus, o Colégio dos Bispos e, dentro dele, como um bispo entre bispos, o sucessor de Pedro.

---

[1] Papa Francisco, *Discurso durante a Comemoração do Cinquentenário da Instituição do Sínodo dos Bispos*, 17 de outubro de 2015.

[2] Ibid.

Na *Evangelii Gaudium*, Francisco deu novo ímpeto à doutrina do sentido da fé dos fiéis (*sensus fidei fidelium*) (EG 119), sustentando que o caminho da sinodalidade é pré-requisito indispensável para infundir a Igreja com um renovado impulso missionário: todos os membros da Igreja são sujeitos ativos da evangelização e "discípulos missionários" (EG 120).

Os leigos representam a vasta maioria do povo de Deus e há muito o que aprender de sua participação em várias expressões da vida e da missão de comunidades eclesiais: de sua devoção expressa na piedade popular, de seu envolvimento na vida pastoral ordinária e de sua competência específica nas várias áreas da vida cultural e social (EG 126).

Por conseguinte, é necessário superar tanto os obstáculos interpostos pela falta de formação e de espaços reconhecidos nos quais os fiéis leigos possam expressar-se e assumir participação ativa, quanto os empecilhos estabelecidos por uma mentalidade clerical que corre o risco de manter as pessoas leigas à margem da vida eclesial (EG 102).

A corresponsabilidade de todo o povo de Deus pela missão da Igreja exige igualmente lançar processos de consulta que tornem a presença e a voz dos leigos mais participativas. Não é uma questão de fazer emergir um tipo de "parlamentarismo leigo", visto que a autoridade do Colégio dos Bispos não depende de um voto majoritário dos fiéis. Pelo contrário, a corresponsabilidade e a participação do laicato representam um carisma valioso – destinado a edificar o corpo e zelar pela unidade – com o qual o Espírito dotou o corpo da Igreja.

Nessa perspectiva, a Constituição Apostólica sobre o Sínodo dos Bispos de 18 de setembro de 2018, *Episcopalis Communio*, tornou normativos os passos no caminho de uma Igreja que é "constitutivamente" sinodal. Todo processo sinodal "começa por escutar o povo de Deus", "continua escutando os pastores" e "culmina na escuta do Bispo de Roma, chamado a pronunciar-se como Pastor e Doutor de todos os cristãos".[3]

"O Sínodo dos Bispos", escreve o Papa Francisco na *Episcopalis Communio*, "deve tornar-se cada vez mais um instrumento privilegiado de escuta do povo de Deus" (EC 6). E, "embora na sua composição se configure como um organismo essencialmente episcopal, o Sínodo não vive separado do resto dos fiéis. Pelo contrário, é um instrumento adequado para dar voz a todo o povo de Deus" (EC 6). Por conseguinte, é "de grande importância" que, na preparação dos sínodos, "receba especial atenção a consulta de todas as Igrejas particulares" (EC 7).

A questão fundamental que o caminho da sinodalidade coloca na vida da Igreja é uma renovada compreensão da comunhão, entendida em termos de inclusão: envolver todos os componentes do povo de Deus sob a autoridade daqueles que o Espírito Santo estabelece como pastores da Igreja, de modo tal que todos possam sentir-se corresponsáveis pela vida e missão da Igreja.

Concluímos esta primeira parte do livro extraindo cinco critérios que Francisco indica para encorajar a Igreja universal e "cada uma das Igrejas particulares a entrar

---

[3] Ibid.

decididamente em um processo de discernimento, purificação e reforma" (EG 30). São cinco princípios orientados para a sinodalidade, para que todos os batizados possam adquirir e interiorizar uma espiritualidade não individualista, mas sim aberta à comunhão. Sem uma conversão real de nossa maneira de pensar e de agir, sem um esforço constante para crescer na aceitação mútua, os meios externos de comunhão – as estruturas eclesiais implementadas pelo Concílio – podem revelar-se insuficientes para alcançar o fim para o qual foram criados.[4]

Primeiro critério: fé que discerne os "estilos de vida"

No Sínodo dos Bispos de 2012, os padres sinodais escolheram tratar a urgente questão da nova evangelização. Prestando atenção particular ao crescente fenômeno da secularização no Ocidente, enfatizaram que o compromisso de proclamar o Evangelho exigia cuidadoso exame da história e da cultura.

Ecoando as exigências expressas pelo Vaticano II na *Gaudium et Spes*, o Sínodo reafirmou que a transmissão da fé sempre demanda meticulosa consideração do relacionamento circular entre a comunidade crente e o mundo. A fim de orientar a evangelização para a vida pastoral, a tarefa de discernir os "sinais dos tempos" torna-se uma prioridade,

---

[4] Para uma aplicação dos cinco critérios para o discernimento, cf. o Apêndice I ("Todos irmãos e irmãs depois da pandemia"), ao final deste livro.

capacitando-nos "a decifrar os novos cenários que, nestes últimos decênios, têm emergido na história dos homens, para transformá-los em lugares de testemunho e de anúncio do Evangelho e de experiência eclesial".[5]

Se o discernimento dos "sinais dos tempos" for estabelecido como exigência intrínseca e necessária da evangelização, então devemos perguntar quais são os critérios para uma leitura profunda dos acontecimentos ao nosso redor.

Conforme mencionado anteriormente, *Gaudim et Spes* 11 indica o critério da *fé*, não compreendida em termos puramente individualistas, mas como expressão da experiência vivida do povo de Deus. Essa afirmação ressoa a *Dei Verbum* 8, na qual se explicita um conceito muito amplo de transmissão da fé (*Traditio fidei*). A fé surge da nova compreensão do evento da Revelação como autocomunicação de Deus à humanidade. A fé é, assim, descrita como um dinamismo criativo, como uma realidade viva que pode progredir no tempo[6] e em consequência do relacionamento generativo entre o Evangelho e a história contemporânea do povo.

O Papa Francisco aplica concretamente esse critério da fé à leitura do presente quando exorta todos a discernirem os "estilos de vida", visto que há um estreito relacionamento entre a maneira pela qual as pessoas vivem sua vida e o que estabelece seu horizonte de significado. A interpretação da fé que Francisco faz em chave existencial é um convite a

---

[5]   Sínodo dos Bispos, XIII Assembleia Geral Ordinária, *A Nova Evangelização para a Transmissão da Fé Cristã*, 51.

[6]   A DV usa o verbo *proficit* precisamente para indicar o desenvolvimento que é enriquecido ao longo do tempo.

compreender de maneira nova a pessoa humana como um ser que é intrinsecamente aberto ao relacionamento com Deus, com os outros, com a criação e consigo mesmo (LS 104-110; 115; 122).

Nesse sentido, o Magistério de Francisco recorre às afirmações com as quais seus predecessores já haviam evocado essa interconexão entre o estilo de vida e o sentido da vida. Podemos recordar, por exemplo, a insistência de João Paulo II na necessidade de combater a sistemática alienação que o paradigma tecnológico introduziu no tecido dos relacionamentos humanos, assim como o convite de Bento XVI a lançar nova luz sobre a razão humana em uma moldura mais ampla, ou seja, reconsiderar suas potencialidades dentro da sabedoria mais vasta do *Logos* divino.

Seguindo seus antecessores, Francisco denuncia como a tecnologia está sujeita a seguir um modelo *unidimensional* sempre que faz violência à estrutura relacional do ser humano (EG 115).[7] O critério da fé leva-nos, assim, a distinguir entre um "estilo de vida do Evangelho" (EG 168) e "um estilo de vida que exclui os outros" (EG 54). A fé incentiva os que "vivem escravizados por uma mentalidade individualista" a alcançarem "um estilo de vida e de pensamento mais humano, mais nobre, mais fecundo, que dignifique a sua passagem por esta terra" (EG 208).

---

[7] Esse ponto lembra o que João XXIII escreveu na Encíclica *Mater et Magistra*: "Os progressos científicos e técnicos multiplicam e reforçam, em todos os setores da convivência, as relações entre os países, tornando a sua interdependência cada vez mais profunda e vital" (MM 199).

A Encíclica *Laudato Si'* retoma essa mesma distinção de maneira ainda mais radical. Ela contrasta "um estilo de vida consumista", no qual se refletem "várias formas de egoísmo coletivo" (LS 204), com "um novo estilo de vida" (LS 16) que se contrapõe à tendência da cultura dominante.

Em última instância, "a raiz humana da crise ecológica" (EG 101) deve ser encontrada em determinado uso da tecnologia que reflete esse estilo individualista (LS 106). Francisco enfatiza as escolhas irresponsáveis que a política fez, permitindo-se ser escravizada pelos interesses da tecnologia e da economia (LS 109). Ao assim proceder, Francisco refere-se ao ensinamento da Encíclica *Quadragesimo Anno*, de Pio XI, que já em 1931 advertia sobre as tendências de uma "ciência econômica individualista" (*QAn – Princípio diretivo da economia*) e de "um controle despótico da economia nas mãos de poucos" (*QAn – Despotismo econômico*).

Segundo critério: o bem comum prevalece sobre a lógica do interesse privado

Ao distinguir entre vários estilos de vida, podemos compreender como o Magistério de Francisco parece mostrar maior atenção ao "polo comunitário" no tocante aos "interesses individuais". O conteúdo não é novo na doutrina social da Igreja, mas, antes, uma preocupação específica pela maneira de reler o ensino tradicional da Igreja sobre a doutrina social.

Com efeito, a doutrina social da Igreja sempre afirmou que as empresas visam ao bem comum, visto que todos os bens da terra são um dom de Deus à humanidade.[8] A destinação universal dos bens não contradiz, tampouco nega, o princípio da propriedade privada, que a doutrina social da Igreja também reconheceu como legítimo. Contudo, ela aponta para o caráter não absoluto da propriedade privada, definindo seus limites (LS 93).

Quanto a esse ponto, na *Sollicitudo Rei Socialis*, João Paulo II fala de uma "hipoteca social" sobre a propriedade privada:

> É necessário recordar mais uma vez o princípio típico da doutrina social cristã: os bens deste mundo são originariamente destinados a todos. O direito à propriedade privada é válido e necessário, mas não anula o valor de tal princípio. Sobre a propriedade, de fato, grava "uma hipoteca social", quer dizer, nela é reconhecida, como qualidade intrínseca, uma função social, fundada e justificada precisamente pelo princípio da destinação universal dos bens (SrS 42).

Na *Laudato Si'*, Francisco refere-se explicitamente às declarações de seu predecessor, afirmando que o direito à propriedade privada não é incondicional:

---

[8] Na *Gaudium et Spes*, o Concílio definiu o "bem comum" como "o conjunto das condições da vida social que permitem, tanto aos grupos como a cada membro, alcançar mais plena e facilmente a própria perfeição" (GS 26). O *Compêndio* sobre a doutrina social da Igreja especifica: "O bem comum não consiste na simples soma dos bens particulares de cada sujeito do corpo social. Sendo de todos e de cada um, é e permanece comum, porque indivisível e porque somente juntos é possível alcançá-lo, aumentá-lo e conservá-lo, também em vista do futuro" (Pontifício Conselho "Justiça e Paz", *Compêndio da Doutrina Social da Igreja*, p. 164).

TODOS IRMÃOS E IRMÃS

A tradição cristã nunca reconheceu como absoluto ou intocável o direito à propriedade privada, e salientou a função social de qualquer forma de propriedade privada. São João Paulo II lembrou esta doutrina, com grande ênfase, dizendo que "Deus deu a terra a todo o gênero humano, para que ela sustente todos os seus membros, sem excluir nem privilegiar ninguém". São palavras densas e fortes. Insistiu que "não seria verdadeiramente digno do homem um tipo de desenvolvimento que não respeitasse e promovesse os direitos humanos, pessoais e sociais, econômicos e políticos, incluindo os direitos das nações e dos povos". Com grande clareza, explicou que "a Igreja defende, sim, o legítimo direito à propriedade privada, mas ensina, com não menor clareza, que sobre toda propriedade particular pesa sempre uma hipoteca social, para que os bens sirvam ao destino geral que Deus lhes deu". Por isso, afirma que "não é segundo o desígnio de Deus gerir este dom de modo tal que os seus benefícios aproveitem só a alguns poucos". Isso põe seriamente em discussão os hábitos injustos de uma parte da humanidade (LS 93).

O que é distintivo na abordagem de Francisco à questão da propriedade privada é como ele assume um ponto de vista dos últimos e dos menores, colocando-se ao lado dos pobres (*ex parte pauperum*), e não vice-versa. Isso o faz pronunciar-se contra uma abordagem reducionista da economia, que é baseada na ideia de que a responsabilidade social dos que possuem empresas é maximizar o lucro, a ponto de legitimar um uso instrumental do ambiente e das pessoas, mesmo ao custo de torná-los subservientes ao objetivo financeiro de aumentar o capital.

Para Francisco, essa "distorção conceitual da economia" (LS 195) leva em conta os interesses apenas de uma parte dos atores sociais, sem considerar seriamente "o valor real das coisas, o seu significado para as pessoas e as culturas, os interesses e as necessidades dos pobres" (LS 190). Contudo, destacar as responsabilidades sociais das empresas em um contexto que leva a sério o bem-estar de todos não significa negar às empresas o direito de pagar um retorno justo aos acionistas envolvidos, dados os riscos a que se expõem com seus investimentos.[9]

As empresas podem criar capital não apenas tomando o caminho da *concorrência*, que amiúde termina por espezinhar os direitos da terra e dos pobres, mas optando pela via da *cooperação* e da *solidariedade*. Nesse sentido, a *Laudato Si'* evoca o ensinamento sobre o "capital social" (LS 128) que Bento XVI desenvolveu amplamente na *Caritas in Veritate*:

> A doutrina social da Igreja considera possível viver relações autenticamente humanas de amizade e camaradagem, de solidariedade e reciprocidade, mesmo no âmbito da atividade econômica e não apenas fora dela ou "depois" dela. A área econômica não é eticamente neutra nem de natureza desumana e antissocial. Pertence à atividade do homem; e, precisamente porque humana, deve ser eticamente estruturada e institucionalizada. O grande desafio que temos diante de nós – resultante das problemáticas do desenvolvimento neste tempo de globalização, mas revestindo-se de maior exigência com a crise econômico-financeira – é mostrar, a nível tanto de pen-

---

[9] Ao salientar, porém, que o lucro não deveria ser a meta principal dos negócios, mas que outros aspectos também deveriam ser levados em consideração, Francisco está em continuidade com a *Centesimus Annus*, que afirma: "O lucro é um regulador da vida da empresa, mas não o único; a ele se deve associar a consideração de outros fatores humanos e morais que, a longo prazo, são igualmente essenciais para a vida da empresa" (CA 35).

samento como de comportamentos, que não só não podem ser transcurados ou atenuados os princípios tradicionais da ética social, como a transparência, a honestidade e a responsabilidade, mas também que, nas relações comerciais, o princípio de gratuidade e a lógica do dom como expressão da fraternidade podem e devem encontrar lugar dentro da atividade econômica normal (CiV 36).

Por conseguinte, o Papa Francisco pode alegar que a solidariedade é um imperativo tanto moral quanto econômico.[10] O lucro será ético somente quando os custos econômicos e sociais oriundos do uso dos recursos ambientais por aqueles que deles se beneficiam não prejudicarem outras populações e não colocarem em risco o futuro das gerações vindouras (LS 195).

O princípio da solidariedade faz com que as empresas levem em conta suas responsabilidades sociais, avaliando o impacto de suas escolhas ou outras variáveis, e não unicamente o parâmetro do valor de mercado. Consequentemente, a implementação da subsidiariedade também implicará o respeito pela dignidade da pessoa e a firme resolução de contribuir para a promoção da iniciativa pessoal, a fim de que todos possam beneficiar-se pessoalmente das condições necessárias para o desenvolvimento de suas habilidades. A subsidiariedade manifesta-se como atitude de "cuidado generoso" (LS 220) e tem em vista o aprimoramento das qualidades pessoais e a disposição para "educar uns aos outros" (LS 214).

---

[10] Cf. W. D. Montgomery, The Flawed Economics of *Laudato Si'*, *New Atlantis* 47 (2015): 31-44.

Terceiro critério: o realismo da caridade eficaz

João Paulo II faz recordar como a doutrina social da Igreja não representa uma "terceira via" entre o capitalismo libertário e o coletivismo marxista, mas está enraizada e faz constante referência à Palavra de Deus, uma opção completamente diferente. Não sendo uma ideologia, o ensinamento social católico aplica os princípios evangélicos à vida humana na pessoa e na sociedade (SrS 41).

Bento XVI completa o sentido dessas afirmações aprofundando o relacionamento entre o Evangelho e as obras: esse ensino social é a proclamação da verdade da caridade de Cristo na sociedade, caridade na verdade em questões sociais, *caritas in veritate in re sociali* (CiV 5), no sentido de que os cristãos expressam sua identidade sendo "sujeitos de caridade". Bento diz-nos que as pessoas batizadas podem ordenar suas vidas para o testemunho, dispondo-se à caridade de Deus e ansiando por esse amor como a verdadeira substância de quaisquer outros relacionamentos – quer interpessoais, quer sociais. Mediante as obras de caridade, as pessoas batizadas tornam visível a verdade do que elas se tornaram, graças ao dom de Cristo.

A orientação da doutrina social da Igreja, conforme delineada no Magistério de João Paulo II e de Bento XVI, vislumbra uma integração substancial, constante e urgente da caridade na dinâmica típica da justiça, seja como fruto de uma reflexão e de uma consciência mais maduras do chamado de Deus ao amor, seja como remédio para as muitas ações de injustiça que desfiguram a face da criação e da humanidade.[11]

O Magistério de Francisco desenvolve todas as implicações desse foco de seus predecessores a fim de sublinhar o nexo entre o compromisso social e a caridade evangélica. De modo particular, Francisco reconhece o apelo de Bento XVI à concretização da caridade como forma de tornar crível o anúncio do Evangelho.

Sem dúvida, na *Deus Caritas Est*, o Papa Bento ressalta que a fé não é uma ideia abstrata, mas uma experiência que envolve plenamente todas as dimensões da pessoa humana e que "une nosso intelecto, vontade e sentimentos no ato globalizante do amor" (DCE 17).

Para Francisco, viver a serviço da caridade, abraçar a concretização do amor significa encontrar pessoalmente os pobres, entrar em contato com sua "carne", dar amor a "um corpo"; significa encontrar os "corpos" de nossos irmãos e irmãs mais fracos. Seguindo a desconcertante lógica da Encarnação do Verbo, a Igreja é chamada a fazer uma opção preferencial pelos pobres (EG 48) e a ver nessa preferência a prerrogativa fundamental de servir à caridade.[12] O Papa salienta que essa não é simplesmente uma preferência sociológica, mas eminentemente teológica, porque se conecta com a ação salvífica de Deus ao longo da história da

---

[11] Conforme João Paulo II observou, o amor normalmente se expressa, em sentido ético, mediante a categoria da "solidariedade", visto que essa busca supera a si mesma e, à luz da fé, tende a assumir as dimensões especificamente cristãs de gratuidade total, de perdão e de reconciliação (SrS 40).

[12] Cf. J. Planellas Barnosell, *La Iglesia de los pobres en el Concilio Vaticano II*, Barcelona, Herder, 2014.

salvação: "Sem a opção preferencial pelos pobres, 'o anúncio do Evangelho – e este anúncio é a primeira caridade – corre o risco de não ser compreendido ou de afogar-se naquele mar de palavras que a atual sociedade da comunicação diariamente nos apresenta'" (EG 199).

A orientação quenótica ou de autoesvaziamento que Deus impôs ao amor é um fato; com efeito, é *o* fato, a revelação mesma da face de Deus. Esse caminho liga a fé em Deus à voluntária decisão de assumir toda forma de fragilidade humana, toda experiência e expressão pessoal e coletiva de pobreza. Quando falamos da caridade, pois, não devemos ter em mente uma imagem genérica dos pobres ou uma ideia abstrata da pobreza, mas, antes, referir-nos a alguém "em carne e osso".

Esse serviço "caritativo encarnado" é que leva ao *realismo da fé* e mostra a dimensão social do Evangelho. Com a presença física, com a dor, com as necessidades, mas também com a alegria, o outro desafia nossa fé, fundamenta-a na realidade e leva-a à reverência e à admiração. Da Igreja brota "a caridade efetiva para com o próximo, a compaixão que compreende, assiste e promove" (EB 179).

Quarto critério: a opção preferencial pelos pobres

Para Francisco, a opção preferencial pelos pobres não é nenhuma expressão de "beneficência" ingênua. Significa dar continuidade ao processo de transformação eclesial desejado e iniciado pelo Vaticano II. Os padres conciliares, de

TODOS IRMÃOS E IRMÃS

fato, viram nos mais pequeninos e nos mais fracos da história contemporânea um "sinal dos tempos". Eles estavam convencidos de que a Igreja era chamada a passar das práticas de caridade, nas quais os pobres são reduzidos a meros "objetos" de cuidado, ao reconhecimento mútuo de que são "sujeitos" e "membros" do povo de Deus.

As palavras de Francisco, portanto, simplesmente nos reconduzem à tomada de consciência do Vaticano II sobre a necessidade de privilegiar os pobres como um chamado do Espírito Santo à conversão, um apelo a mudar as estruturas internas da Igreja e, também, o modo como nos relacionamos com o Evangelho. Alguns textos podem ser citados como evidência dessa continuidade:

> Cristo foi enviado pelo Pai "a evangelizar os pobres... a sarar os contritos de coração" (Lc 4,18), "a procurar e salvar o que perecera" (Lc 19,10). De igual modo, a Igreja abraça com amor todos os afligidos pela enfermidade humana; mais ainda, reconhece nos pobres e nos que sofrem a imagem do seu fundador pobre e sofredor, procura aliviar as suas necessidades, e intenta servir neles a Cristo (LG 8).

Deveras significativas são também as palavras com as quais o prólogo da *Gaudium et Spes* nos conduz vigorosamente nessa direção, olhando "especialmente" para os pobres como a referência-chave da Igreja em seu desejo de interagir com o mundo contemporâneo:

> As alegrias e as esperanças, as tristezas e as angústias dos homens de hoje, sobretudo dos pobres e de todos aqueles que sofrem, são também as alegrias e as esperanças, as tristezas

e as angústias dos discípulos de Cristo; e não há realidade alguma verdadeiramente humana que não encontre eco no seu coração (GS 1).

No mesmo espírito, a Exortação apostólica de Paulo VI, *Evangelii Nuntiandi*, reafirma que a missão da Igreja é primariamente proclamar a boa-nova aos pobres:

> Andar de cidade em cidade a proclamar, sobretudo aos mais pobres, e muitas vezes os mais bem-dispostos para o acolher, o alegre anúncio da realização das promessas e da aliança feitas por Deus, tal é a missão para a qual Jesus declara ter sido enviado pelo Pai (EN 6).

Para Francisco, conceder aos pobres um lugar especial entre os membros do povo de Deus (EG 187-196) significa reconhecê-los não apenas como destinatários privilegiados da evangelização, mas igualmente como agentes na evangelização. Todos os batizados são, de fato, encorajados a considerar o encontro com os pobres como uma oportunidade excepcional para se deixarem evangelizar por Cristo, para reconhecerem neles a presença de Cristo (EG 121; 178) e para começarem intercâmbios fecundos como seres humanos e como pessoas de fé.

Na *Lumen Gentium*, o Concílio expressou o conceito de *catolicidade* baseado em dois princípios. O primeiro é o princípio teológico, de acordo com o qual Deus convoca a humanidade. O segundo princípio é o antropológico, segundo o qual todos são "chamados a fazer parte do povo de Deus" (LG 13). Francisco traduz esse ensinamento do Vaticano II em termos éticos mediante o duplo prisma do direito e do dever. Todas as pessoas têm o direito de receber o Evangelho. Todos os cristãos têm o dever de proclamá-lo sem excluir ninguém (EG 14). A insistência de Francisco na necessidade de retornar ao *querigma* do autoesvaziamento – a mensagem central do Evangelho – parece superar a distinção entre a hierarquia, que ensina, e os leigos, que escutam, visto que todos estão envolvidos na missão da Igreja de proclamar o Evangelho. Remove também a separação entre evangelizadores e evangelizados, porque mesmo entre os batizados, há muitos que não receberam o Evangelho. Francisco chega à conclusão de que "todos devemos deixar que os outros nos evangelizem constantemente" (EG 121; 174).

Os quatro critérios de discernimento (EG 222-237) oferecidos por Francisco expõem a ideia de catolicidade como uma realidade em tensão, na qual polos opostos sublinham o apelo dinâmico da Igreja a integrar todos em sua missão de buscar a verdade: espaço-tempo, unidade-conflito, realidade-ideia, todo-parte. A evangelização, portanto, não deve ser entendida como uma atividade primariamente restrita ao indivíduo, mas como uma missão que diz respeito à Igreja em sua totalidade. O sujeito da missão é todo o povo de Deus, e isso exige que toda iniciativa pastoral esteja inserida "num amplo processo de crescimento e de integração de todas as dimensões da pessoa em um caminho comunitário de escuta e resposta" (EG 166). Os pobres também são evangelizadores, porque, como membros do povo de Deus, têm muito a dar e muito a ensinar, e, por essa razão, jamais devem ser abandonados (EG 48).

Assimilando o ensinamento de São João Paulo II, a pobreza é descrita não somente em termos materiais como indigência, mas estende-se a toda forma de empobrecimento da pessoa, a toda limitação ou ofensa à dignidade e aos direitos fundamentais do ser humano (SrS 15).

Desde sua eleição como Bispo de Roma, o Papa Francisco tem incentivado os fiéis a começar pelas periferias – não somente as geográficas, mas também as existenciais –, seguindo o convite do Senhor, que, interiormente, bate às portas de nossos corações e pede-nos para sairmos ao encontro das pessoas.

Sob esse enfoque, torna-se claro por que é necessário colocar "tudo em chave missionária" (EG 34). A atenção dada à justiça social e às histórias pessoais daqueles que se encontram em condições desesperadoras – experiências de dor, pobreza e miséria – traduz a tarefa ativa de descentralização da Igreja, adotando uma visão pastoral nova e prospectiva (EG 30). O desenvolvimento de um modelo de unidade eclesial e social multifacetado e poliédrico (EG 234-237) reflete, assim, uma renovada sensibilidade ecumênica e inter-religiosa e permite-nos desenvolver uma abordagem econômica e ambiental diferente.

O verdadeiro desafio para a Igreja de nossos dias é responder às pessoas que "têm sede de Deus" (EG 89; 165). A questão a ser enfrentada já não é a do ateísmo, como o era para a *Gaudium et Spes*, que o declarou como sendo um fenômeno não originário (GS 19), mas passa ao que é peculiar (*proprium*) ou essencial aos seres humanos. Já não é questão de como falar acerca de Deus ao não crente, mas de como

TODOS IRMÃOS E IRMÃS

mediar Deus para os que vivem em condições sub-humanas. Aqui, o centro de gravidade passa da cultura ocidental para as periferias do mundo, onde o problema de milhões de pessoas consiste em viver uma existência inumana. Como anunciar-lhes que Deus é Pai?

A antropologia de Francisco é uma antropologia totalmente cristã. Segue na direção delineada por Paulo VI respeitante ao verdadeiro desenvolvimento de "todos os homens e do homem todo" (PP 14; EG 181). Isso restaura uma imagem do ser humano como um sujeito emergente, como criaturas chamadas a ser pessoas e a alcançar a própria identidade. A cultura ocidental, imbuída de indiferença religiosa, não facilita a consecução desse objetivo e precisa prestar atenção à construção da identidade pessoal, sem a qual não é possível partilhar a experiência cristã. Por esse motivo, o Papa exorta os pastores e os cristãos leigos a "acompanhar, com misericórdia e paciência, as possíveis etapas de crescimento das pessoas, que se vão construindo dia após dia" (EG 44).

Quinto critério: cuidado da criação

Quando Francisco convida "todo cristão" (EG 3) e "cada pessoa" (LS 3) à responsabilidade de cada um,[13] especialmente quando mostra "preocupação com os mais frágeis"

---

[13] A escolha de dirigir-se a todas as pessoas está em continuidade com a abordagem do Concílio Vaticano II, que declarou que "não hesita agora em dirigir a sua palavra, não já apenas aos filhos da Igreja e a quantos invocam o nome de Cristo, mas a todos os homens" (GS 2).

(EG 209-216), ele volta sua atenção não apenas para os *pobres*, mas também para a *terra*.

De sua perspectiva, tornar-nos atentos ao "grito dos pobres" coloca-nos em condição de ouvir o grito de nossa irmã terra, que "clama contra o mal que lhe provocamos por causa do uso irresponsável e do abuso dos bens que Deus nela colocou" (LS 2). Francisco insiste na íntima relação entre o cuidado com o ambiente e o cuidado com os pobres:

> Mas, hoje, não podemos deixar de reconhecer que uma verdadeira abordagem ecológica sempre se torna uma abordagem social, que deve integrar a justiça nos debates sobre o meio ambiente, para ouvir tanto o clamor da terra como o clamor dos pobres (LS 49).

Francisco persiste nesse ponto com claridade ainda maior na Exortação pós-sinodal *Querida Amazônia*:

> Se a chamada por Deus exige uma escuta atenta do grito dos pobres e ao mesmo tempo da terra, para nós "o grito da Amazônia ao Criador é semelhante ao grito do povo de Deus no Egito (cf. Ex 3,7). É um grito desde a escravidão e o abandono, que clama por liberdade".

Essa conexão entre os pobres e o meio ambiente torna possível evidenciar como o futuro de toda a humanidade está intimamente ligado ao do meio ambiente, de modo que proteger os interesses dos mais fracos muitas vezes coincide com a salvaguarda da criação. Isso significa, antes de mais nada, prestar atenção às vozes não ouvidas dos excluídos, de todos os que – posto que mencionados nos debates políticos e econômicos internacionais – permanecem inaudíveis. Seus problemas são colocados "como um apêndice, como uma questão que se acrescenta quase por obrigação ou perifericamente, quando não são considerados meros danos colaterais" (LS 49).

Voltando sua atenção para os setores da população que estão mais expostos às mudanças climáticas, Francisco coloca-se contra uma interpretação antropocêntrica – considerada por muitos como sendo de origem cristã[14] – que amiudadas vezes tem findado por legitimizar a exploração irresponsável dos recursos ambientais e por exibir várias formas de desdém em relação a outros seres vivos que povoam a terra. O problema, pois, passa uma vez mais pela compreensão da pessoa humana e da maneira pela qual compreendemos nosso papel central na criação.[15]

A *Evangelii Gaudium* também estabelece quatro princípios que oferecem um ponto de partida para tratar da questão do bem comum e da paz social. Mencionamo-los brevemente aqui:

– O tempo é maior do que o espaço;

– A unidade prevalece sobre o conflito;

– A realidade é mais importante do que as ideias;

– O todo é maior do que a parte (EG 222-237).

---

[14] A Igreja Católica foi acusada, por importantes cientistas, de ser diretamente responsável pela crise ecológica como resultado de sua visão antropológica (Cf. L. White, The Historical Roots of Our Ecological Crisis, *Science* 3767 (1967): 1203-1207).

[15] Cf. B. Sajaloli e É. Gresillon, L'Église catholique et l'anthropocène, *Nouvelles perspectives en sciences sociales* 14, n. 2 (2019): 109-152.

O terceiro princípio se reveste de particular importância quando Francisco explica que o "mito do progresso" (LS 60; 78) orienta o onipresente paradigma tecnocrático. A ideologia subjacente ao progresso tecnocientífico é alimentada por uma perspectiva antropocêntrica que o Papa tenta contextualizar e redefinir à luz dos recentes desenvolvimentos históricos e das declarações do Vaticano II.

Embora leiamos na *Gaudium et Spes* que "tudo quanto existe sobre a terra deve ser ordenado em função do homem, como seu centro e seu termo" (GS 12), Francisco denuncia os excessos derivados de um "antropocentrismo despótico" ou "distorcido" (LS 69; 118-119), afirmando, em vez disso, que "a terra é, essencialmente, uma herança comum, cujos frutos devem beneficiar a todos" (LS 93).

A terra é um bem que os seres humanos devem partilhar com todos os seres vivos. Ao nos favorecermos dela, devemos levar em conta não apenas nosso próprio benefício, mas o bem de todos.[16] Bento XVI demonstrou a mesma opinião em sua Encíclica *Caritas in Veritate*, na qual ele sublinhou a interconexão entre a vida social e o ambiente:

> *As modalidades com que o homem trata o ambiente influem sobre as modalidades com que se trata a si mesmo, e vice-versa.* Isso chama a sociedade atual a uma séria revisão do seu estilo de vida que, em muitas partes do mundo, pende para o hedonismo e o consumismo, sem olhar aos danos que daí derivam. É necessária uma real mudança de mentalidade que nos induza a

---

[16] Cf. L. A. Silecchia, Conflicts and *Laudato Si'*: Ten Principles for Environmental Dispute Resolution, *Journal of Land Use and Environmental Law* 33, n. 1 (2017): 61-86.

adoptar novos estilos de vida, "nos quais a busca do verdadeiro, do belo e do bom e a comunhão com os outros homens para um crescimento comum sejam os elementos que determinam as opções dos consumos, das poupanças e dos investimentos". Toda lesão da solidariedade e da amizade cívica provoca danos ambientais, assim como a degradação ambiental, por sua vez, gera insatisfação nas relações sociais. A natureza, especialmente no nosso tempo, está tão integrada nas dinâmicas sociais e culturais que quase já não constitui uma variável independente (CiV 51).

Fundamentar-se na realidade contra todo idealismo e mitificação significa evitar os extremos tanto do antropocentrismo quanto do biocentrismo (LS 118), a fim de tentar alcançar o que Paulo VI chamou de "humanismo total" (PP 42). A legítima autonomia das realidades terrenas (GS 36) é, assim, reevocada e esclarecida dentro da moldura de uma teologia da criação mais madura e equilibrada (LS 80; 99).

A esfera socioambiental forceja para superar as mazelas de um sistema econômico-financeiro gerador de desigualdades globais. O que é necessário, ao contrário, é construir um futuro sustentável baseado em uma ecologia integral. Podemos afirmar realisticamente que a paz é possível se redescobrirmos a dimensão planetária de nossa existência.[17]

Francisco considera o envolvimento humano no ambiente como uma forma de ministério. Dessa forma, ele retoma o Magistério de Paulo VI, que merece crédito por ter observado

---

[17] Cf. M. Cremers, Corporate Social Responsibility in the Light of *Laudato Si'*, *Journal of Corporate Citizenship* 64 (2016): 62-78; cf. P. Escorsa, La economia del papa Francisco, *El Ciervo* 62, n. 745 (2014): 28-29.

o relacionamento entre os humanos e a criação a partir de uma perspectiva diferente. Ele interpretou o "senhorio ou soberania" exercida pelos seres humanos como expressão de serviço e de cuidado. Essa mudança tornou-se possível mediante a interpretação da Escritura sob uma nova luz, segundo a qual o mandamento divino *subicite eam*, em Gn 1,28 (frequentemente traduzido por "subjugai a terra"), não era permissão divina para suprimir ou explorar a criação, mas um apelo a administrar e proteger a obra das mãos de Deus.[18]

No entanto, somente com João Paulo II é que começou a verificar-se uma inclusão efetiva de questões ecológicas na reflexão teológica da Igreja. Ao longo dos anos das décadas de 1980 e 1990, a posição da Igreja em relação ao ambiente foi remodelada mediante o intercâmbio com cientistas e o diálogo ecumênico. O nexo fundamental entre Deus e a natureza tornou-se mais e mais evidente, ao mesmo tempo que se evitou todo tipo de panteísmo.

O texto da *Centesimus Annus* pode ser lido como o zênite da permuta que começou com as Igrejas Luteranas e a Igreja Ortodoxa durante os encontros do Concílio Ecumênico de Igreja realizado entre 1990 e 1995:

> O homem, que descobre a sua capacidade de transformar e, de certo modo, criar o mundo com o próprio trabalho, esquece que este se desenrola sempre sobre a base da doação originária das coisas por parte de Deus. Pensa que pode dispor arbitrariamente da terra, submetendo-a sem reservas à sua vontade, como se ela não possuísse uma forma própria e um destino anterior

---

[18] Cf. T. Rossi, La *Laudato Si'* elementi per un'ermeneutica del pensiero di papa Francesco, *Angelicum* 93, n. 1 (2016): 157-190.

que Deus lhe deu, e que o homem pode, sim, desenvolver, mas não deve trair. Em vez de realizar o seu papel de colaborador de Deus na obra da criação, o homem substitui-se a Deus, e deste modo acaba por provocar a revolta da natureza, mais tiranizada que governada por ele (CA 37).

O que há de específico no que concerne ao modo como João Paulo II trata as questões ambientais é que as observa pelas lentes da defesa da vida humana. Ele desenvolve uma "ecologia humana" na qual o correto relacionamento do ser humano com o ambiente é uma consequência do respeito pela "estrutura natural e moral, de que foi dotado" (CA 38). Danificar a natureza é um pecado que nos afasta de Deus e pesa em nossa consciência. Desse modo, João Paulo II redireciona as questões ambientais para a pessoa humana, mas a partir de um ponto de vista eminentemente ético.

Da proclamação de São Francisco de Assis como o santo patrono dos ecologistas, em 1979, à *Declaração Conjunta* com o Patriarca Ecumênico Bartolomeu I, em 2002, o Magistério de João Paulo II assinalou uma verdadeira conversão ecológica. No texto de *Ecclesia in Europa*, ele apresenta um caminho para a ação da Igreja durante as gerações vindouras:

> Por fim, não se pode esquecer que, às vezes, faz-se uso impróprio dos bens da terra. Ao falhar em sua missão de cultivar e de cuidar da terra com sabedoria e amor (cf. Gn 2,15), o ser humano efetivamente tem devastado florestas e planícies em muitas regiões, poluído cursos d'água, tornado o ar irrespirável, transtornado sistemas hidrogeológicos e atmosféricos e provocado a desertificação de áreas imensas. Nesse caso também, prestar serviço ao Evangelho da esperança significa empenhar-nos, de novas

maneiras, por um uso apropriado dos bens da terra, estimulando aquele senso de preocupação que, além de salvaguardar os habitats naturais, defende a qualidade da vida dos indivíduos e, desse modo, prepara para as gerações futuras um meio ambiente mais em harmonia com o plano do Criador (cf. EiE 89).

De igual modo, na *Caritas in Veritate*, seguindo as pegadas de seu predecessor, Bento XVI afirma que o relacionamento correto entre a humanidade e o meio ambiente deve ser medido pela moralidade. "O homem interpreta e modela o ambiente natural através da cultura, a qual, por sua vez, é orientada por meio da liberdade responsável, atenta aos ditames da lei moral" (CiV 48). Proteger a natureza é uma consequência direta da aplicação consistente das leis morais a que os cristãos são chamados.

Todavia, da "ecologia humana" de João Paulo II à "ecologia integral" do Papa Francisco, há outra mudança decisiva – um passo além no caminho da conversão. A *Laudato Si'* destaca que, "para se resolver uma situação tão complexa como esta que enfrenta o mundo atual, não basta que cada um seja melhor" (LS 219). Antes, é necessário enfrentar os problemas sociais construindo redes sociais que envolvam uma "conversão comunitária" (LS 219).

Diferentemente de João Paulo II, que evoca a necessidade de um caminho de consciência ligado a escolhas individuais, Francisco convoca para uma mudança que envolve a Igreja e a sociedade como um todo, com decisões que conferem nova direção aos estilos de vida das pessoas.[19]

---

[19] Cf. A. Pelayo, *Laudato Si'*, mucho más que medio ambiente, *Política Exterior* 29, n. 166 (2015): 86-92.

Francisco apela para uma mudança metodológica. O ponto de observação a partir do qual repensar o relacionamento com o meio ambiente não é o individual, em um compromisso e coerência morais necessários, mas, antes, os seis ou sete bilhões de pessoas do mundo aos quais não é dada nenhuma voz.

A lei moral não fica em segundo plano, mas é abordada a partir de um ângulo diferente, que evita reduzi-la à escolha subjetiva. Para enfrentar a crise ambiental, não basta a competência científica, tampouco uma disposição pessoal ingênua para fazer o bem. Ao contrário, há mister de um fundamento comum, a que Francisco chama de "uma compreensão humanista e rica de significado, capazes de conferir a cada sociedade uma orientação nobre e generosa" (LS 181; 5).

PARTE II

Todos irmãos e irmãs, e a amizade social: um "sinal dos tempos"

4. REFLETIR SOBRE OS PROBLEMAS, ANALISAR AS CAUSAS (*FRATELLI TUTTI*, CAP. 1)

As propostas lançadas pela Encíclica *Fratelli Tutti* podem ser apreciadas à luz das ações do Papa Francisco, mencionadas na Introdução deste livro, bem como de sua firme decisão de aprofundar e implementar o ensino do Concílio Vaticano II: nosso ser todos irmãos e irmãs e a amizade social constituem um "sinal dos tempos" decisivo para o mundo de hoje (GS 4).

Mencionamos também que a *Gaudium et Spes* delineia o exercício do discernimento evangélico, como o sentido de fé dos fiéis (*sensus fidei fidelium*), em três movimentos: *perscrutar* os sinais dos tempos; *interpretá*-los à luz do Evangelho; e *responder* a questões de sentido (GS 4). Já não mais desalentada com a modernidade, a Constituição Pastoral do Vaticano II propõe-se uma leitura da realidade de hoje que reconhece a capacidade da família humana de modelar o mundo mediante sua própria atividade. Essa convicção está fundamentada no reconhecimento da dignidade da pessoa humana, vista não como um indivíduo, mas como o centro e a origem da sociedade. Essa sequência – pessoa, sociedade, atividade humana – aumenta a autonomia das realidades criadas e concede centralidade à ação das pessoas. Os elementos positivos que emergem da variedade e da riqueza das culturas, da pesquisa e do progresso das disciplinas científicas, dos esforços e da diligência da inventividade humana, todos contribuem para manifestar a vontade salvífica de Deus para a humanidade. Tudo isso nos leva à seguinte conclusão: "Como a Igreja tem uma estrutura social visível, sinal da sua unidade em Cristo, pode também ser enriquecida, e, de fato, o é, com a evolução da vida social" (GS 44).

Na *Fratelli Tutti*, podemos reconhecer não só a trajetória esboçada pela *Gaudium et Spes*, acima de tudo, na disposição para "saber ouvir, discernir e interpretar as várias linguagens do nosso tempo", mas também a vida social humana como o "lugar" onde a Igreja pode "mais profundamente conhecer a si mesma" na "constituição que Cristo lhe deu" e, assim, empenhar-se a "expressá-la melhor e para adaptá-la mais convenientemente aos nossos tempos" (GS 44).

Na segunda parte deste livro, empenhamo-nos em evidenciar como a *Fratelli Tutti* retomou o método indutivo proposto na *Gaudium et Spes*. A estrutura da *Fratelli Tutti* e a nova forma de lidar com os temas de que ela trata refletem devidamente a intenção de "investigar, interpretar e responder" (cf. GS 4). A seção introdutória da Encíclica (cap. 1) é uma análise acurada dos problemas que os acontecimentos atuais colocam para a humanidade como um desafio e um obstáculo ao nosso ser irmãos e irmãs e ao nosso desfruto da amizade social. Em seguida, a Encíclica investiga nosso tempo presente à luz da Palavra de Deus (cap. 2) e discerne o bem que o hoje traz como promessa de mudança e de abertura ao dinamismo da graça (cap. 3-4). Depois, identificam-se o caminho e os meios com os quais agir para a construção de um mundo melhor e aberto (cap. 5-7). Por fim, como para completar a reflexão, os temas já tratados convergem para o apelo que o Papa dirige aos cristãos e a outras religiões a fim de que colaborem responsavelmente para a paz e para a unidade da família humana (cap. 8).

Todos irmãos e irmãs como "sinal dos tempos"

No ensino do Concílio, os "sinais dos tempos" constituem um desafio e um estímulo para "uma compreensão mais exata e mais profunda da mesma fé" (GS 62). Essa afirmação adquire valor e importância quando lida à luz do que a *Dei Verbum* estabelece em relação à "sagrada Tradição" (DV 10). A Tradição da Igreja já não é apresentada como uma coleção de doutrinas enigmáticas transmitidas oralmente pelos apóstolos e codificadas uma vez por todas em um *corpus* rigidamente fixo. Ao contrário, é compreendida como uma realidade dinâmica, sujeita a contínuo desenvolvimento. Brotando do testemunho da Páscoa e tendo seu próprio fundamento no "depósito" (*depositum*) da fé apostólica no Senhor Ressuscitado, ela tem sido frequentemente condensada no decurso da história da Igreja também – mas não somente – em um *"corpus* doutrinal".

O grande mérito do Vaticano II é ter recuperado uma compreensão mais ampla da Tradição, não mais limitada ao que está contido "nas tradições não escritas recebidas pelos apóstolos da boca do próprio Cristo"[1] e transmitidas verbalmente por eles, mas também compreendida pela Igreja ininterruptamente em relação à fé.

A abordagem que a reflexão do Concílio escolhe adotar ao tratar da questão da Tradição – a qual, juntamente com a Sagrada Escritura, constitui "um só depósito sagrado da Palavra de Deus" (DV 10) – enfatiza como, adicionalmente à doutrina, a Tradição deve ser remontada à vida e à liturgia da Igreja, visto que ela consiste em um processo de transmissão global para as gerações de cada época de "tudo aquilo que ela é e tudo quanto acredita" (DV 8).

Após reafirmar, em continuidade com a *Dei Filius*, que a divina Revelação realmente se desdobra ao longo da história, o Vaticano II sublinha a qualidade intrinsecamente histórica da "real" Tradição da Igreja.[2] A questão aqui é ressaltar o caráter *dinâmico* da transmissão do Evangelho, que nos capacita a progredir em nossa compreensão da Tradição (DV 8).

---

[1] Concílio Vaticano I, Constituição dogmática *Dei Filius*, in U. Bellocchi (org.), *Tutte le Encicliche e i principali documenti pontifici emanati dal 1740*, v. IV: "Pio IX" (1846-1878), Città del Vaticano, Libreria Editrice Vaticana, 1995, p. 321 (Ed. bras. Denzinger; Hünermann, *Compêndio dos símbolos, definições e declarações de fé e moral*, São Paulo, Paulinas/Loyola, 2007, n. 3006).

[2] Cf. S. Pié-Ninot, *La Teología Fundamental*, Salamanca, Secr. Trinitario, 2009, p. 593-595.

TODOS IRMÃOS E IRMÃS

A Tradição, compreendida como a comunicação da substância viva do Evangelho, não acontece em virtude de deduções teológicas, mas, ao contrário, por meio da participação de todos os membros do povo de Deus, quer por força de sua experiência de fé, "quer mercê da íntima inteligência que experimentam das coisas espirituais, quer mercê da pregação daqueles que, com a sucessão do episcopado, receberam o carisma da verdade" (DV 8).[3]

A fim de captar a natureza evolucional da Tradição, que é necessariamente uma compreensão histórica da fé eclesial, é de suma importância incluir a contribuição do *sensus fidei fidelium* (LG 12) e a circularidade que une entre si a Tradição e o *sensus fidei* com a inspiração do Espírito Santo. De fato, é "pela assistência do Espírito Santo" (DV 8) e "pela virtude do Espírito Santo" (GS 43) que a Igreja permanece fiel ao testemunho pascal dos apóstolos, preservando seu poder generativo original, ao mesmo tempo que se abre às contingências de hoje, orientando seus próprios passos por novos caminhos de proclamação do Evangelho.[4]

---

[3] Ao comentar a dinâmica do Magistério da Igreja, Karl Rahner afirma: "Nesta fé, nesta história de fé, nesta evolução do dogma do qual o Magistério depende concretamente, todos os membros da Igreja cooperam, cada um a seu modo, por suas vidas, sua confissão, sua oração, suas decisões concretas e sua teologia. E tudo o que fazem nesse sentido não é, de forma alguma, a mera implementação das verdades e das normas derivadas do Magistério" (K. Rahner, *Nouvi Saggi* – tradução nossa) (Cf. K. Rahner, Esperienza dello Spirito Santo, in *Nuovi Saggi. Dio e Rivelazione*, Roma, Edizioni Paoline 1980, v. 7, p. 277-308).

[4] Cf. J. A. Möhler, *L'unità nella Chiesa, cioè, il principio del Cattolicesimo, nello spirito dei Padri della Chiesa dei primi tre secoli*, Roma, Città Nuova, 1969, p. 39-142.

Se quisermos compreender a inestimável contribuição do que o Papa Francisco expõe na *Fratelli Tutti*, é indispensável ter em mente o ensinamento e as explicações conciliares sobre a Tradição da Igreja.

De fato, o Papa expressa sua intenção inequivocamente desde as linhas iniciais da Encíclica: olhar para o nosso ser irmãos e irmãs como uma realidade *dinâmica* e *aberta* constitui um caminho de proclamação e de transmissão do Evangelho para a Igreja de hoje. Transmitir o Cristo crucificado e ressuscitado às novas gerações, às pessoas de nosso tempo, já não é convincente como um esforço simplesmente "informativo", voltado a comunicar as verdades da fé concernentes ao mistério do Deus vivo. Evangelizar, hoje, envolve mais propriamente a postura e as atitudes dos fiéis em relação ao mundo e a seus companheiros seres humanos. É questão de estilo *relacional*.

Neste período da história, a Tradição viva da Igreja é chamada a partilhar o depósito da fé mediante a vida e a qualidade dos relacionamentos que os batizados estabelecem diariamente com as pessoas com as quais se encontram em sua vida do dia a dia.

De fato, como a primeira área de engajamento para os leigos, o Vaticano II indicou não a comunidade cristã, mas, antes, o mundo "secular" (GS 31). Em razão de seu próprio caráter particular, os leigos são chamados a dar testemunho de que – como fermento na massa – servem para levedar a sociedade civil. Obviamente, essa abordagem não exclui a participação dedicada na vida da Igreja. Ao contrário, orienta o sentido e a direção da participação na comunidade cristã; os leigos são convocados a agir "fora" da comunidade, a tornar Cristo presente no mundo, buscando o Reino de Deus onde quer que estejam vivendo sua vida, dia após dia. O que define o laicato católico, portanto, é a capacidade de transmitir o Evangelho no contexto da vida cotidiana, seguindo a criatividade do Espírito Santo, oferecendo aos outros ocasiões de encontro com o Ressuscitado, algo que acontece quando os relacionamentos são marcados pelo cuidado amoroso e pela caridade ativa.

Ao criar música, o compositor imagina uma obra e coloca na abertura todos os motivos que serão subsequentemente desenvolvidos. De igual modo, o Papa Francisco começa sua reflexão sobre a coexistência social como nosso ser irmãos e irmãs e amigos, com uma visão da Tradição da Igreja fundada na riqueza dos ensinamentos do Concílio a que aludimos anteriormente: "o sinal dos tempos" é uma compreensão da fé que avança por meio de relacionamentos, torna-se acolhida incondicional a todos e cria laços de amizade social e nosso ser todos irmãos e irmãs.

Duas objeções gerais

A *Fratelli Tutti* olha para a figura e a vida de São Francisco de Assis e deixa-se inspirar por sua capacidade de diálogo e por sua aspiração universal a que sejam "todos irmãos e irmãs" que animava a fé, as palavras e a obra missionária do "Pobrezinho" ou *Poverello* de Assis.

Se a ordem que São Francisco recebeu do crucifixo de São Damião – "Vai e repara minha casa" – constitui o ponto de partida a partir do qual o Santo Padre tirou inspiração para a Exortação apostólica *Evangelii Gaudium*, tal como o *Cântico das Criaturas* o faz para a Encíclica *Laudato Sí'*, em *Fratelli Tutti* ele se refere, já a partir da escolha do título, a uma passagem das *Admoestações*, na qual São Francisco exorta "todos irmãos e irmãs" ["todos, meus irmãos"] a considerar o Cristo.[5] É um convite dirigido a todo o universo, pois, para São Francisco, todas as criaturas (já animadas, já inanimadas) e todos os seres humanos – homens e mulheres, jovens e velhos, leigos e clérigos, batizados e não cristãos – são reconhecidos como *fratres omnes*, como "todos irmãos e irmãs", porque vimos a face do único Pai de todos, mediante a obra salvífica realizada em Cristo Jesus.

O tema da pertença e da solidariedade humanas é um dos fios principais que pervagam o Magistério do Papa Francisco. Podemos pensar no quarto capítulo da *Evangelii Gaudium*, no qual os efeitos sociais de uma alegre proclamação do Evangelho são mais explícitos, ou no quinto capítulo da *Laudato Si'*, no qual algumas linhas de orientação são dadas para um mundo que é mais justo para com as pessoas e mais respeitoso com a criação.

Esses documentos magisteriais descortinam o horizonte dentro do qual a *Fratelli Tutti* se situa, mas é ao *Documento sobre a Fraternidade Humana em prol da Paz Mundial e da Convivência Comum* que a Encíclica se refere explicitamente

---

[5]   "Consideremos todos, meus irmãos (*Guardiamo, fratelli tutti...*), o Bom Pastor que, para salvar suas ovelhas, sofreu a paixão da cruz". Cf. *Admoestação*, 6,1 (in *Escritos e biografias de São Francisco de Assis. Crônicas e outros testemunhos do primeiro século franciscano*. 6. ed., Petrópolis, Vozes, 1991).

e que fornece seu ponto de vista formal a partir do qual refletir "juntos". O encontro que se realizou no dia 4 de fevereiro de 2019, em Abu Dhabi, com o Grande Imã de Al--Azhar Ahmad Al-Tayyeb, foi definido pelo próprio Papa Francisco "não mero ato diplomático" (FT 5). Pelo contrário, foi uma ocasião de encontro e de compromisso conjunto em favor da humanidade, e representa um ponto de viragem histórico na promoção do diálogo inter-religioso e um acontecimento importante na construção de um mundo de mais irmãos e irmãs e de maior solidariedade.[6]

Nas palavras iniciais de *Fratelli Tutti*, Francisco volta sua atenção para o que pode assomar como duas objeções fáceis à sua proposta de um projeto social baseado em nosso ser irmãos e irmãs e amigos: custos exorbitantes e a preservação da identidade. A primeira objeção aponta para as enormes despesas e ônus que tal projeto exigiria. Pensar em ser irmãos e irmãs em escala global é tão ambicioso quanto

---

[6] Tanto que, ao mencionar o evento, o Papa Francisco indica o Documento como um texto que configura e motiva a Encíclica *Fratelli Tutti* (FT 5). Dessa forma, o *Documento sobre a Fraternidade Humana em prol da Paz Mundial e da Convivência Comum* deve ser compreendido como um princípio hermenêutico pelo qual somos capazes de repensar muitos aspectos da doutrina social da Igreja, visto que somente mediante verdadeiro encontro com os que são diferentes de nós é que podemos sair da postura restritiva de tentar constantemente convencer os outros de que temos razão. Isso é reiterado pelo Papa Francisco na FT 29, quando discute algumas questões que padecem de "inaceitável silêncio internacional", particularmente a insegurança e o medo; o enfraquecimento dos valores espirituais e do nosso senso de responsabilidade; os interesses econômicos míopes; a injustiça e a desigualdade na distribuição dos recursos naturais, além da pobreza e da fome.

dispendioso. Entra em conflito com interesses e leis de um mercado que tem a competitividade como sua ineludível premissa. Desse modo, a pertença é um luxo que poucos podem proporcionar a si mesmos!

O Papa Francisco responde a essa primeira consideração recordando o episódio do encontro entre o *Poverello* de Assis e o sultão egípcio al-Malik al-Kamil. Esse momento na vida de São Francisco se torna um paradigma de sentido e uma oportunidade para dissipar qualquer reticência acerca da "conveniência" de um projeto social inspirado em nosso universal ser irmãos e irmãs. Os escassos meios disponíveis não dissuadiram o santo mendicante de realizar sua proposta: visitar o outro, distante, um estrangeiro.

Em seu caso, a pobreza, a falta de recursos e as "diferenças de língua, cultura e religião" não impediram o desejo de estar perto de outras pessoas. Quando alguém é movido pela intenção de ser "tudo para todos" (1Cor 9,22), enraizado em um autêntico desejo de encontro e de relacionamento, não há obstáculo que não possa ser superado.

Assim, o Papa deixa claro que a medida da riqueza e os parâmetros da economia do lucro demonstram-se insuficientes para "medir" as relações sociais. O bem não conhece limites; ele ultrapassa barreiras e alcança as pessoas em seu caminho. Ainda mais, a natureza criativa do amor, capaz de vencer toda resistência e de ir além do que, à primeira vista, parece uma limitação, é, para o fiel, suprema expressão de fidelidade ao Senhor (FT 3).

A segunda possível ressalva, que tenciona coibir o diálogo e a permuta franca com o outro, o diferente e o distante, é a defesa da própria identidade. Essa objeção impede o diálogo e o encontro com os que são diferentes ou estão longe. Nesse caso, o problema não é a tentativa, como tal, de salvaguardar a própria herança cultural, mas, sim, de ceder à tentação de impor aos demais a própria mundivisão. É possível esconder-se por trás das próprias razões, impor as certezas pessoais, fortalecer convicções e doutrinas a fim de defender os próprios interesses, talvez os disfarçando como motivos legítimos ou até mesmo princípios inegociáveis (FT 11). O Papa Francisco não tem nenhuma dúvida em estigmatizar tais atitudes como "ideologias de variadas cores, que destroem (ou desconstroem) tudo o que for diferente" (FT 13). Levantar muralhas, erguer barreiras e distorcer a própria identidade – inclusive o próprio credo – em uma cidadela fortificada tem duas consequências diretas. Primeira: faz-nos ver a nós mesmos como sitiados e, conseguintemente, impele-nos a assumir uma postura defensiva. Segunda: deixa de fora as realidades periféricas, visto que o endurecimento das próprias posições e o traçado dos limites da identidade sempre exigem olhar o outro como inimigo, mesmo ao custo de forjar uma falsa imagem a fim de justificar a si mesmo.

É paradoxal como a vontade de buscar uma verdade particular termina por segmentá-la e fragmentá-la. Assim sendo, o Papa também pede aos católicos que renunciem a interagir com os demais de maneira agressiva. Posteriormente na Encíclica, ao falar da graça de Cristo como uma dinâmica de abertura e de união com o outro, ele menciona novamente a existência de crentes "que pensam que a sua grandeza está na imposição das suas ideologias aos outros, ou na defesa violenta da verdade, ou em grandes demonstrações de força" (FT 92). Rejeitar atitudes militantes não significa negar a objetividade da Verdade, mas mostrar como o esplendor do mistério de Cristo se manifesta independentemente de qualquer pretensão de posse. Essa é a lição de São Francisco a seus frades, e é um tesouro que toda pessoa batizada deve receber.

Evangelizar não é impor uma verdade. Ao contrário, significa dispor-nos a uma abertura universal que segue e imita a dinâmica quenótica da Encarnação, na qual o Filho eterno assumiu sobre si mesmo nossa humanidade, sem rejeitar nenhuma língua, religião ou cultura, de tal modo que "ninguém fica fora do seu amor universal" (FT 85). Nessa perspectiva, o encontro entre o Papa Francisco e o Grande Imã de Al-Azhar, Al-Tayyeb, reflete a visita de São Francisco ao sultão do Egito e renova o poder de sua relevância.[7]

Baseado nessas premissas, o Papa Francisco expressa abertamente seu intuito: "... fazer renascer, entre todos, um anseio mundial de fraternidade" (FT 3) e procurar a definição de uma doutrina social que não esteja destinada somente aos católicos, mas que possa guiar a todos.

---

[7] Essa visão de irmãos e irmãs é que orienta os encontros do Papa Francisco com o mundo islâmico e fundamenta, por exemplo, o documento conjunto assinado em Abu Dhabi, que expressa o espírito de *Nostra Aetate*: "A Igreja olha também com estima para os muçulmanos. Adoram eles o Deus Único, vivo e subsistente, misericordioso e onipotente, criador do céu e da terra, que falou aos homens [...]. E se é verdade que, no decurso dos séculos, surgiram entre cristãos e muçulmanos não poucas discórdias e ódios, este sagrado Concílio exorta todos a que, esquecendo o passado, sinceramente se exercitem na compreensão mútua e juntos defendam e promovam a justiça social, os bens morais e a paz e liberdade para todos os homens" (NA 3).

As sombras de um mundo fechado: três variáveis para ler o tempo atual

A dimensão prática da doutrina social proposta como nosso ser todos irmãos e irmãs e amigos deveria concentrar-se mais em atos do que em palavras. Se as "convicções cristãs" (FT 6) permanecem a base de orientação, o intento é transcender "particularismos" e convidar todos a empenhar-se na revolução do amor, a comprometer-se pessoalmente em mudar as coisas.

Por conseguinte, o contexto prático a que Francisco amiúde se refere exige antes de tudo uma análise minuciosa dos acontecimentos correntes, investigando objetivamente suas deficiências e prestando atenção a suas particularidades. O primeiro capítulo da *Fratelli Tutti* analisa as razões para o estado atual de crise, ou seja, os fatores significativos da desigualdade e da injustiça social.

O Papa Francisco não tenciona fazer uma "asséptica descrição da realidade" (FT 56). Em vez disso, ele propõe dar início a uma reflexão sobre o tempo atual para deslindar alguns dos muitos fios que formam seu tecido. Sua intenção é oferecer um ponto de vista diferente do senso comum, uma perspectiva inclusivista que possa detectar as vulnerabilidades de hoje. Evocar as palavras de abertura da *Gaudium et Spes* esclarece o ponto de vista com seu foco em compreender as alegrias e as esperanças, as tristezas e as angústias das pessoas de hoje, "sobretudo dos pobres e de todos aqueles que sofrem". Essa preferência pelos pobres é o enfoque que define os discípulos de Cristo, porque os sofrimentos dos outros encontram "um eco em seus corações" (GS 1) e tornam-se uma experiência partilhada.

Há três variáveis aplicáveis ao mundo de hoje, e vale a pena explicitar sua meta:

1. a derrocada das metas buscadas no passado;

2. tirar proveito do presente;

3. o declínio da consciência histórica.

Cada um desses aspectos, como peças de um mosaico, provê um quadro geral que destaca, de um lado, o resultado da modernidade como o malogro de grandes ideais e, de outro, os efeitos destrutivos do consumismo na medida em que frustra a comunicação entre gerações (talvez menos evidente, mas, precisamente por essa razão, mais alarmante).

A derrocada das metas buscadas no passado. Antes de mais nada, Francisco concentra a atenção no colapso daquele projeto comum que permitia à modernidade imaginar uma visão unificada da sociedade (FT 10-11). Os malogros bem conhecidos na implementação de projetos imponentes e largamente partilhados, tais como o sonho de uma Europa unida ou a integração dos países da América Latina, parecem lançar uma sombra sobre a consecução de metas que vão além de interesses meramente nacionalistas. Para Francisco, a origem desses insucessos jaz na falha em garantir e implementar os direitos humanos de forma universal.

Contudo, o Papa Francisco não se detém em uma avalição genérica que observa nossa incapacidade de aprender dos erros do passado, mas mostra sua preocupação com as novas gerações.

Os jovens, as vítimas principais dessa desconfiança geral em relação a projetos de longo prazo, são indiretamente condicionados pela desconfiança das gerações anteriores.

O resultado é um tipo de desconexão, uma ruptura entre as metas estabelecidas pelas gerações passadas e as aspirações com as quais os jovens tendem a imaginar o futuro. A ruptura da comunicação entre gerações é uma questão de herança cultural; a justiça, a solidariedade e o bem comum já não se encaixam naquela descrição do sentido da vida que descreve a vida de alguém como boa e digna de ser vivida. Pelo contrário, os mitos do sucesso, da autoafirmação parecem constituir as únicas narrativas válidas e eficazes para alcançar a realização e a satisfação pessoais.

Tirar proveito do presente. Nesse enfraquecimento da dimensão comunitária da existência está enxertada a implacável lógica da globalização. O modelo econômico corrente, voltado para a maximização dos lucros, beneficia-se da pulverização do senso de pertença a uma comunidade e da fragmentação de identidades. A economia do lucro, de um lado, instrumentaliza as necessidades individuais, impelindo-as rumo à radicalização egoísta; de outro, usa conflitos no âmbito "local" a fim de exacerbar tensões, discordâncias e interesses estabelecidos (FT 12).

O Papa Francisco recorda o cisma entre o indivíduo e a comunidade humana (FT 31) como uma perda de memória e de consciência histórica (FT 13-14). Isso mostra que a humanidade não aprendeu muito com as tragédias do século XX (FT 13). Em vez de progredir rumo a um mundo mais justo e mais unido, aproxima-se um novo retrocesso;

conflitos estão se agravando e montando o palco para "uma verdadeira 'terceira guerra mundial' por pedaços" (FT 25). Tornar as pessoas mais solitárias e menos enraizadas em seu próprio contexto, desconectar os jovens das comunidades a que pertencem e orientá-los para um estilo de vida autorreferencial – tudo isso visa torná-los consumidores mais vorazes. Mercê de seus próprios impulsos, eles buscam definir a si mesmos baseando-se em necessidades supérfluas que o mercado impõe como "indispensáveis". Sobrecarregados com a desanimadora realidade de indivíduos cada vez mais isolados, consumidores distraídos e espectadores alienados da fealdade de hoje, o caminho do ser irmãos e irmãs emerge como a única saída de uma condição asfixiosa e de uma existência solipsista.[8]

O declínio da consciência histórica. Agrupar pessoas em "massas" anônimas tornou-se o programa e a meta da economia global, e principalmente as novas gerações é que estão pagando o preço. O Papa Francisco explica como essa forma descuidada de planejar é manifestada em "formas de colonização cultural" que nivela diferenças e uniformiza tudo a um hipotético modelo "padrão".

Está em andamento um tipo de "desconstrucionismo" (FT 13) que visa dissolver a consciência histórica e solapa a memória partilhada dos acontecimentos passados. Levando-se em conta o que foi dito anteriormente acerca da

---

[8] À luz da Tradição cristã, essa tendência ao individualismo pode ser definida como "concupiscência" (FT 166), que só pede ser superada pela abertura a um relacionamento com Deus que nos permita romper com as amarras de nossos próprios interesses mesquinhos.

TODOS IRMÃOS E IRMÃS

ruptura da comunicação entre gerações, há um duplo ataque com um único e mesmo objetivo: confinar o indivíduo ao imediato, ao presente. De fato, sem uma "moldura" ou um "pano de fundo", nenhum impulso pode ser lido e interpretado. A macro-história, que oferece uma compreensão abrangente e partilhada de fatos históricos de longo prazo, e a micro-história, que é composta pelas experiências de curto prazo e pelo legado dos anciãos,[9] permitem que as novas gerações contextualizem seus "sentimentos" e usem uma hermenêutica que liberta seus instintos do despotismo do "tudo, imediatamente" que os torna presa fácil do consumismo (FT 14).

Uma homilia feita pelo cardeal chileno Raúl Silva Henríquez, citada em uma nota de rodapé,[10] oferece uma intuição

---

[9] O Papa Francisco dedicou muita atenção à condição precária dos idosos, soando o alarma a propósito de sua marginalização da parte da família e da vida social, com suas consequências dramáticas. Durante seus anos como arcebispo de Buenos Aires, dizia ele: "Ademais, os idosos estão também abandonados, e não apenas à precariedade de seu bem-estar material. Estão abandonados devido à nossa incapacidade egoísta de aceitar suas limitações. Estão abandonados às numerosas armadilhas que devem ser superadas hoje para sobreviver em uma civilização que não lhes permite serem participantes ativos, terem uma voz ou servirem como exemplo, porque o modelo consumista impõe que 'somente os jovens têm utilidade, e somente os jovens podem usufruir'. Essas pessoas idosas são precisamente aqueles que, na sociedade como um todo, deveriam ser uma fonte de sabedoria de nosso povo" (J. M. Bergoglio, *Only Love Can Save Us*, 87).

[10] Raúl Silva Henríquez (1907-1999) foi arcebispo de Santiago do Chile, sendo criado cardeal pelo Papa João XXIII em 1962. Foi um defensor incansável dos direitos humanos, cuja violação se tornou sistemática em seu Chile sob a ditadura militar de Augusto Pinochet. O Papa Francisco homenageou o Cardeal Silva Henríquez com estas palavras:

adicional: a perda da identidade cultural estruturada leva à degradação moral. Se se perdem os valores – transmitidos pela educação –, então os pontos básicos de referência, indispensáveis para discernir como agir concretamente, tornam-se dispersos, e tudo passa a ser permissível, porque tudo é possível.

O desconstrucionismo trabalha para remover as restrições e os pontos fixos necessários para ancorar as pessoas na comunidade a que pertencem. Os valores éticos e espirituais, um senso de responsabilidade (FR 29), e os ensinamentos morais, de fato, conectam a ação pessoal com a experiência da comunidade. Desprestigiá-los e enfraquecê-los transforma os jovens em consumidores compulsivos, totalmente desinteressados no que jaz por trás dos meios de produção, tal como o esgotamento dos recursos naturais e a exploração de trabalhadores nos países pobres. A fim de contrapor essa tendência e promover o bem, "cada sociedade precisa de garantir a transmissão dos valores; caso contrário, transmitem-se o egoísmo, a violência, a corrupção nas suas diversas formas, a indiferença e, em última análise, uma vida fechada a toda a transcendência e entrincheirada nos interesses individuais" (FT 113).

"Não posso deixar de evocar aquele grande pastor que teve Santiago e que disse em um *Te Deum*: 'Se queres a paz, trabalha pela justiça' (...). E se alguém nos perguntar: 'Que é a justiça?' ou se porventura consiste apenas em 'não roubar', dir-lhe-emos que existe outra justiça: a que exige que todo homem seja tratado como homem" (Papa Francisco, *Homilia do Santo Padre durante a Eucaristia pela Paz e Justiça*, O'Higgins Park, Santiago de Chile, 16 de janeiro de 2018); cf. Cardinal Raúl Silva Henríquez, *Homily at the Ecumenical Te Deum*, 18 de setembro de 1977).

Dissolver a história, desacreditar a experiência dos mais velhos também leva a que as palavras sejam esvaziadas,[11] despindo-as da profundidade daquilo que a humanidade já conheceu e por que se esforçou: democracia, liberdade, justiça e humanidade (FT 110). Sem consciência histórica, é mais fácil lhes distorcer o sentido e usá-las para justificar qualquer tipo de discurso ideológico.

A comunicação, também, deve levar em conta as mudanças realizadas pela globalização e pelo advento da era digital, descobrindo novas armadilhas que são completamente desconhecidas e sem precedentes na história humana. Por exemplo, descobrimo-nos lidando com a intimidade de modo quase paradoxal, ou seja, mantemos os outros a distância, mas depois lhes espionamos cada pensamento ou gesto nas mídias sociais (FT 42). As novas gerações parecem despreparadas para avaliar os riscos dessa publicização excessiva da vida privada, e o direito à intimidade acha-se seriamente comprometido.

Os relacionamentos digitais não podem substituir os laços mediados pela presença física, pelo estar juntos "em pessoa", uns com os outros. Precisamos recuperar nossa sensibilidade para com a linguagem corporal daqueles que encontramos. As redes sociais dão apenas "uma aparência de sociabilidade", mas elas não bastam para construir uma

---

[11] Tal como serpentes que mudam de pele, lançando fora a antiga, o sentido escapa das palavras, como se seu significado se tivesse tornado fatigado, antiquado e irrelevante (Cf. U. Morelli, Incontrarsi. Imperfezione e poetica dell'enunciazione, in L. Becchetti, P. Coda e L. Sandonà (org.), *Dialogo dunque sono: come prendersi cura del mondo*, Roma, Città Nuova, 2019, p. 18-19).

amizade genuína. Sua limitação é uma falsa aparência; elas parecem multiplicar os contatos com os outros, mas, no fim, apenas avultam as projeções de um "Eu" voltado para si mesmo. Precisamente, a imaterialidade efêmera característica das interações digitais é que se presta à amplificação do ódio e da agressão, pois, por trás da tela de um dispositivo eletrônico, a pessoa sente-se livre para lançar insultos e ofensas (FT 44).

A necessidade de um projeto comum

O fomento do conflito, da suspeita mútua, mais a lógica do confinamento e da depreciação do outro servem não apenas ao lucro econômico, mas também à manipulação do debate político. A esse respeito, a *Fratelli Tutti* afirma: "Assim, o nosso mundo avança em uma dicotomia sem sentido, pretendendo 'garantir a estabilidade e a paz com base em uma falsa segurança sustentada por uma mentalidade de medo e desconfiança'" (FT 26).

A perda de uma visão e de um projeto comuns, que poderia orientar a política e a economia rumo a metas partilhadas, não apenas torna mais difícil reduzir as distâncias e colmatar o fosso entre riqueza e pobreza (FT 15), mas também leva a pensar que é absurdo imaginar que uma alternativa viável seja possível (FT 16). Por conseguinte, Francisco afirma, sem hesitação, que "o sonho de construirmos juntos a justiça e a paz parece uma utopia doutros tempos" (FT 30). A elevada aspiração de *Fratelli Tutti* jamais está oculta. O Papa diz que ele está bem consciente de que suas declarações serão

Todos irmãos e irmãs

estigmatizadas como "utópicas", mas ele já previu tais críticas, e elas não são suficientes para impedi-lo de pronunciar-se com *parrhesia* (ousadia). De preferência, devemos admitir que a utopia representa uma crítica da realidade e pode ser uma ferramenta útil para forçar a passagem para novos horizontes. Impulsionar "para além" da utopia significa começar a buscar novas formas de mudar o presente.

Precisamos, então, mudar nossa abordagem e aceitar a urgência de nos constituirmos como um "nós" que habita nossa casa comum. Certamente, essa reviravolta vai de encontro aos interesses da economia de hoje, que sempre aparecem como "particulares". Para construirmos juntos, é preciso desacelerar a marcha. Paciente e persistentemente, devemos dispor-nos ao encontro e ao intercâmbio, trazer para a mesa da tomada de decisões aqueles que normalmente são deixados fora da moldura. No entanto, parar para pensar, dialogar e meditar antes de escolher e construir um futuro mais inclusivo é precisamente o que a economia consumista tende a evitar. Seu ritmo frenético de produção e a velocidade cada vez mais acelerada das transações comerciais e financeiras agem como uma força compensatória, estabelecendo uma agenda que não admite atraso ou desaceleração (FT 17).

A crise da modernidade e a própria essência do secularismo consistem, de um lado, no desaparecimento de um "mundo comum",[12] ou seja, na perda de valores universalmente partilhados, e, de outro, na "banalidade do mal"; não

---

[12] Cf. H. Arendt, *Vita attiva. La condizione umana*, Milano, Bompiani, 1988, p. 58.

importa se exploramos as pessoas ou envenenamos a natureza; o que importa é crescer a riqueza de um país.[13] A (falsa) consciência da tecnocracia econômica é ensimesmada, porque justifica os meios prevendo o valor no fim.

O culto ao crescimento é a concretização do domínio sobre nossa imaginação, a ponto de parecer impossível que o mundo funcione diferentemente do modo como é proposto.[14] A *Laudato Si'* oferece um quadro preciso da crise ecológica, um diagnóstico lúcido da situação, ao passo que a *Fratelli Tutti* analisa cuidadosamente suas causas e denuncia os responsáveis. Francisco salienta a "cultura do descarte" como um dos obstáculos ao verdadeiro desenvolvimento integral. Apropriação, depredação, privatização e exploração são dinâmicas intrínsecas à lógica do descarte da economia de hoje. Os excluídos são vistos como o "dano colateral" (LS 49) de um sistema socioeconômico que é apoiado por políticas coniventes e inadequadas, que intervêm somente quando os efeitos danosos sobre as pessoas e sobre o meio ambiente são agora irreversíveis (LS 21).

Um tipo de "darwinismo econômico" introduziu um critério de seletividade inexorável, no qual uns poucos entesouram grandes porções de recursos em detrimento de muitos. A ideia de que há uma parte "descartável" da humanidade infiltra-se sorrateiramente como uma necessidade incontornável. Não somente alimento, vestimenta e

---

[13] Cf. A. Berthoud, *Une Philosophie de la consommation. Agent économique et sujet moral*, Villeneuve- d'Ascq, Presses universitaires du Septentrion, 2005.

[14] Cf. S. Latouche, *Come reincantare il mondo. La decrescita e il sacro*, Torino, Bollati Boringhieri, 2020, p. 30-37.

TODOS IRMÃOS E IRMÃS

bens opcionais, mas também seres humanos estão sujeitos às regras da produtividade (FT 18). Os mais expostos a essa forma de ver as coisas são os mais vulneráveis: a própria vida humana, em seus momentos iniciais e finais, os "não nascidos" e os "moribundos". Os que estão prestes a nascer e os idosos representam as "vítimas" principais do sistema econômico atual (FT 19).

O crescimento já não é um indicador do desenvolvimento humano eficaz e integral. A separação entre estes dois termos da equação – crescimento e desenvolvimento – é que cria a necessidade do desperdício. A riqueza cresce sem justiça. Pelo contrário, cria nova pobreza e o alto preço a ser pago: a maioria da humanidade está excluída das condições de vida decentes.[15] Um tipo de "cisma" insere-se entre o bem-estar individual e a felicidade humana (FT 31), e isso se alimenta do desprezo pelos outros. O ressurgimento de várias formas de racismo e de intolerância é prova de que o progresso, baseado no crescimento sem desenvolvimento, é uma miragem enganosa.

Há um íntimo nexo entre desigualdade e violência, na medida em que é sempre a legitimação de relações assimétricas que faz com que várias formas de coerção sejam consideradas admissíveis.

A *Populorum Progressio*, de São Paulo VI, considera o desenvolvimento bom *se* for compreendido em termos de justiça social e de paz. De idêntico modo, a *Caritas in Veritate*, de Bento XVI, legitima a economia de mercado *se*

---

[15] Cf. E. Bazzanella, *Oltre la decrescita. Il tapis roulant e la società dei consumi*, Trieste, Abiblio, 2011, p. 97-110.

for vista como bem-estar para todos. Contudo, a ideia de que o desenvolvimento possa incorporar a justiça social, ao tentar moralizar a economia, tem-se revelado, de certa forma, ingênua. O crescimento do Produto Interno Bruto (PIB) *per capita*, embora um fato inegável, nem sempre indica respeito pelos direitos humanos fundamentais. Reduzir a vida de uma pessoa à quantidade correspondente de PIB aniquila a diferença entre o progresso material e o progresso moral: o bem mistura-se com o útil, o ser é identificado com o ter.

A partir do momento em que a economia se tornou ciência, ou seja, desde que sua medida se tornou o valor de lucro objetivo, tem havido um distanciamento gradual de quaisquer preocupações éticas. O utilitarismo alimenta-se da ideia de que a maximização do interesse próprio não deveria provocar nenhum receio, mesmo ao custo de espezinhar os direitos dos outros.[16]

No Magistério de Francisco, percebe-se uma diferença em comparação com a abordagem de seus predecessores. Já não é questão de *moralizar* a economia, de tornar o capitalismo mais compassivo e "cuidadoso", de pedir que caiam mais migalhas da mesa do homem rico (Lc 16,19-31), e, em seguida, de legitimar e "abençoar" tacitamente sua lógica inata de sacrifício. Não basta evitar que o mercado seja guiado negativamente (CiV 33) e assegurar que o lucro seja guiado por fins bons (CiV 21). Tampouco é suficiente fazer

---

[16] Cf. F. Totaro, I rischi dell'economismo buono. Una critica etico-filosofica, in A. Da Re (org.), *Etica e forme di vita*, Roma, V&P, 2009, p. 203-215.

TODOS IRMÃOS E IRMÃS

um apelo genérico por responsabilidade corporativa (CiV 38; 46) ou simplesmente atenuar os excessos do "paradigma tecnocrático".

Em vez disso, é necessário opor-se ou contrariar a tendência concupiscente ou a propensão ao egoísmo – a concupiscência é "a inclinação do ser humano a fechar-se na imanência do próprio eu, do seu grupo, dos seus interesses mesquinhos" (FT 166), que subjaz a determinada lógica socioeconômica e a suas opções práticas. "Trata-se simplesmente de redefinir o progresso" (LS 194), de mudar completamente o referencial (FT 179) e a maneira de ver o mundo, bem como de repensar radicalmente o modelo econômico – "caso contrário, estaríamos enfrentando apenas os sintomas" (LS 9). Somente "uma economia integrada em um projeto político, social, cultural e popular que vise ao bem comum" (FT 179) pode escapar aos ditames destrutivos da economia tecnocrática (FT 175). Não seria realmente digno da humanidade se o desenvolvimento não respeitasse e não promovesse os direitos humanos, os direitos pessoais e sociais, econômicos e políticos, incluindo-se os direitos das nações e dos povos (LS 93; FT 173).

Reducionismo antropológico e direitos humanos: a dignidade da pessoa como fronteira do futuro

O desencantamento, o mais recente resultado da modernidade, tem produzido profunda decepção com seu mito da onipotência do progresso. Desafortunadamente, esse desapontamento ainda não tem levado a uma diminuição da presunção, mas sim a uma "indiferença acomodada, fria e globalizada" (FT 30), que conduz a um cinismo cego em relação às necessidades dos outros. A tecnologia está avançando exponencialmente, mas não se pode falar de "progresso" se ampla porção da humanidade paga o preço e permanece excluída dele. Essa ideia distorcida de crescimento desumaniza nossa coexistência social. Uma aferição enganosa da pobreza – que emprega parâmetros que nem sempre são capazes de monitorar a realidade de maneira factual e confiável – tenta tranquilizar-nos minimizando os efeitos da pobreza ou camuflando-os por trás de uma aura de aceitabilidade.[17]

O modelo econômico impulsionado pelo lucro é apoiado ideologicamente por vários reducionismos antropológicos. Isso leva não somente a menos justiça no âmbito material, tal como a falta de acesso às necessidades básicas, mas solapa inclusive a universalidade dos direitos humanos (FT 22). A dignidade humana não está garantida a todos: a escravidão ainda existe hoje em muitas nações; a condição das mulheres está longe de ser igual à dos homens; a muitas crianças é negado o direito a uma infância; o tráfico humano fornece às organizações criminosas constante suprimento de pessoas a serem empregadas em atividades ilícitas, tais como a exploração do trabalho ou o flagelo do tráfico sexual. Reduzidas a objetos, tais pessoas são despidas de sua dignidade original como criaturas feitas à imagem e semelhança de Deus.

---

[17] Cf. G. Rist, *L'Économie ordinaire entre songes et mensonges*, Paris, Presses de Sciences Po, 2010.

Todos irmãos e irmãs

Regimes populistas e defensores do liberalismo econômico estão se revelando cada vez mais habilidosos em desviar a atenção pública para o fenômeno da migração. A má utilização da informação e dos dados têm demonstrado, em muitos casos, ser uma estratégia vencedora para obter facilmente o apoio público. No entanto, tais leituras incorretas da realidade, generosamente temperadas com demagogia, falsamente retratam o fenômeno da migração como uma invasão indevida e enganosamente projetam cenários catastróficos como provável consequência de uma aceitação tolerante de recém-chegados.

A sensação de medo e de frustração que tais narrativas criam no público é deliberadamente intensificada. Apelando para "pressentimentos" e "reações instintivas" e brincando com emoções negativas, tais como a exasperação e a raiva, a reconstrução dos fatos deixa de fora aqueles que são diretamente responsáveis pelos sistemas econômicos que baseiam a opulência do Ocidente no empobrecimento de países em desenvolvimento. A ocultação das causas reais que estão na raiz dos fluxos migratórios é uma prestidigitação a serviço da economia global e de seus interesses.

A partir do uso inadequado da informação, emerge uma forma inadequada de lidar com a questão tanto da parte da política, com suas promessas e propostas, quanto do público, com seus medos e reações instintivas. O excesso de informação não leva a maior conhecimento da realidade, "a acumulação esmagadora de informações que nos inundam não significa maior sabedoria" (FT 50).

Os argumentos populistas propõem duas soluções para os problemas associados à migração: limitar a ajuda aos países pobres e impor medidas de austeridade.[18] Tal engenharia política parte de um ponto de vista abstrato e negligencia os fatos reais do sofrimento e do drama das pessoas forçadas a migrar (FT 37). Isso acontece quando se observa o mundo através do buraco da fechadura de interesses especiais: olha-se para os demais de maneira limitada e unidirecional.

Se a política, às vezes, é culpada de excesso de racionalidade, a forma pela qual a opinião pública lida com o problema da migração comete o erro oposto: falta-lhe racionalidade, deixando-se guiar meramente pelo instinto (FT 41).

O Papa Francisco convida os países europeus a recuperar aquelas ferramentas e recursos que já lhes pertencem em virtude da história e da tradição, a fim de reafirmarem a dignidade da pessoa humana. A Europa é, de fato, o berço do humanismo, e sua herança cultural contém os valores necessários para defender e preservar a centralidade da pessoa humana como sujeito de direitos e de responsabilidades. Com base nessa herança é que a política deve empenhar-se em fazer a mediação entre cidadãos europeus e migrantes, a fim de que a proteção dos direitos de alguns não comprometa a proteção dos direitos dos outros (FT 40). Citando Bento XVI, a *Fratelli Tutti* afirma que se deve fazer

---

[18] Cf. I. Bifarini, *I coloni dell'austerity. Africa, neoliberismo e migrazioni di massa*, Roma, Youcanprint, 2018; cf. L. Mola, Profili di compatibilità delle misure di austerità con la Carta dei diritti fondamentali dell'Unione europea, in G. Adinolfi e M. Vellano (org.), *La crisi del debito sovrano degli stati dell'area euro. Profili giuridici*, Torino, G. Giappichelli Ed., 2013, p. 81-104.

TODOS IRMÃOS E IRMÃS

também um trabalho para garantir às pessoas "o direito a não emigrar, isto é, a ter condições de permanecer na própria terra" (FT 38).

O Papa Francisco pede aos cidadãos da Europa que ultrapassem o instinto natural de autodefesa, a fim de integrar dentro de si mesmos "uma abertura criativa aos outros" (FT 41). Ele lembra aos católicos que a fé cristã é irreconciliável com atitudes que firam a dignidade humana, tais como a recusa em acolher outras pessoas ou em consentir a marginalização dos migrantes, estigmatizando-os como "excluídos" (FT 39). Com o propósito de superar quaisquer atitudes defensivas ditadas pelo medo, é necessário ser "racionais", ou seja, exercer a qualidade tipicamente humana da inteligência que conduz a pessoa a ler os fatos e a dominar os impulsos. Para os que creem, isso significa assumir para si mesmos a racionalidade do *Logos* encarnado, pois é o amor que nos situa acima do nível animal e permite-nos compreender as verdadeiras razões dos outros.

5. EXAMINAR O PRESENTE: PERMITIR QUE A PALAVRA DE DEUS NOS ILUMINE (*FRATELLI TUTTI*, CAP. 2)

Ouvir a Palavra de Deus é essencial para julgar evangelicamente a história contemporânea e encontrar soluções para os desafios de hoje.

O Papa Francisco dedica o segundo capítulo de *Fratelli Tutti* à parábola do Bom Samaritano (Lc 10,25-37), sustentando que é necessário fazer uma pausa e meditar, "procurar uma luz" no Evangelho, "antes de propor algumas linhas de ação" (FT 56).[1]

---

[1] Nesse procedimento, reconhecemos um exemplo concreto do *método indutivo*: observar a realidade, discernir os fatos à luz da Palavra de Deus, e agir de forma a unir a fé e a vida.

Depois de analisar a situação atual (FT, cap. 1), essa passagem lucana ilumina o presente e convida-nos a mudar nossa maneira de olhar a realidade na qual estamos imersos. Acima de tudo, é uma oportunidade para refletir sobre o difuso "analfabetismo do cuidado" que aflige a sociedade contemporânea, que é caracterizada pela indiferença para com o vizinho e por um tipo de desinteresse inconsciente pelas necessidades e fragilidades dos outros.

Confrontar-nos com as exigências do Evangelho torna possível reintroduzir a esperança e recuperar a aspiração à plenitude que mora no coração humano, abrindo-o e criando espaço para a presença do Outro e dos demais (FT 54-55). Uma forma diferente de "sentir" e de "perceber" os outros se apodera de nós, um modo no qual o amor de Cristo nos dá novos olhos para ver e reconhecer – no estranho com quem nos deparamos pelo caminho – um irmão ou uma irmã a serem acolhidos, apoiados e erguidos.

Uma parábola para todos:
a Palavra de Deus transcende todas as fronteiras

Desde as primeiras linhas de *Fratelli Tutti*, o Santo Padre deixa claro seu forte desejo de dirigir-se a todas as pessoas sem distinção, independentemente de qualquer diferença de religião ou cultura. No segundo capítulo da Encíclica, a escolha da passagem lucana parece ter essa mesma intenção: a parábola do Evangelho figura como uma narrativa que é aberta a todos, isto é, capaz de falar a toda pessoa de boa vontade e a qualquer um que se deixe interpelar por ela.

TODOS IRMÃOS E IRMÃS

Vale a pena explicitar o que as linhas iniciais do segundo capítulo parecem sugerir: a parábola é a Palavra de Deus e, como tal, transcende quaisquer limites confessionais. Ela fala a todas as pessoas, até mesmo a quem quer que se ponha diante dela sem reconhecê-la e acolhê-la como Evangelho, incluindo alguém que lida com ela como um texto literário qualquer ou uma história edificante.

Contudo, ao situar a parábola no pano de fundo do Antigo Testamento (FT 57-60), a Encíclica parece contextualizar essa alegação de um destinatário universal na perspectiva de uma compreensão geral do acontecimento da Revelação. De fato, há uma ênfase em como, na Bíblia, o amor de Deus se torna manifesto de acordo com uma intenção especificamente pedagógica: Deus revela seu amor progressivamente, como um dinamismo que vai do particular ao universal. Esse movimento, esse desejo de Deus de chegar a toda pessoa, é inerente ao *fato* mesmo da autocomunicação de Deus; seu amor é inclusivo porque chega "a todos" (1Ts 3,12).

Por conseguinte, expandir o próprio coração de modo a não excluir o estranho, "para abraçar o estrangeiro" (FT 61), é, da parte de Deus, o ápice ou o cume da "expressão pessoal" de Deus em Cristo e, da parte da humanidade, a resposta da fé com a qual o discípulo entra no mistério da restituição, da devolução de tudo: "Tudo, portanto, quanto desejais que os outros vos façam, fazei-o, vós também, a eles" (Mt 7,12).

No processo pelo qual a fé abrange a realidade do presente, o Papa enfatiza a importância dos sentimentos ou da esfera emocional, particularmente o poder de lembrar. Na Bíblia, Deus recomenda ao povo de Israel que não esqueça que eles foram "escravos" e "estrangeiros", porque recordar o próprio passado torna a pessoa capaz de sentir empatia para com os que se encontram vivendo a mesma condição miserável (Ex 22,20).

A lógica da fé haure forças das qualidades da memória e da empatia na alma humana; se não nos identificamos com o sofrimento dos outros, se não reconhecemos em suas aflições a dor que lembramos nós mesmos ter experimentado, então a fé permanece um exercício mental desencarnado.

Entretanto, quando nos identificamos com a dor dos outros, descobrimos que há uma "lei fundamental de nosso ser" (FT 66): nossa existência está inseparavelmente ligada à dos outros. O que realmente nos "plenifica" como seres humanos é o amor (FT 68), porque é inerente ao nosso próprio ser buscar o bem. Recuperar a dimensão intrinsecamente relacional de nossa natureza humana revela que nela existe uma ordem (*ordo*): fomos criados para encontrar nos outros nossa própria realização. Encontrar o outro é um momento constitutivo do processo pelo qual nos tornamos indivíduos e somos quem e o que somos, mesmo quando isso inclui o fardo de envolver-nos em uma "luta interior" (FT 69).

O compromisso de construir um mundo mais justo, com uma ordem social e política mais justa e mais inclusiva, não é uma decisão a ser sobreposta à nossa natureza como um construto cultural, mas já está inscrito nas profundezas do ser humano.

Redescobrir a verdade original de termos sido criados "à imagem e semelhança de Deus" (Gn 1,26) significa compreender-nos novamente à luz de um Deus que é substancialmente amor em relação. Isso implica fazer uma escolha existencial básica, que transcende o simples fato de "fazer algo" pelos outros, porque ela vai além de uma concepção utilitarista e funcionalista da vida e do que é especificamente humano, mas dispõe a pessoa a "ser alguém" para os outros, na medida em que agir em favor do próximo jamais pode ser separado da vontade de entrar em um relacionamento pessoal de proximidade e de solidariedade (FT 67).

Uma parábola de "percepção": conversão de nosso modo de olhar e de ver

A interpretação que o Santo Padre faz da parábola do Evangelho do Bom Samaritano difere da exegese praticamente "clássica" da passagem, a qual se tem inclinado a ressaltar a atitude exemplar do samaritano e, em seguida, encorajar os ouvintes a identificar-se com ele. De fato, tal interpretação – centrada no versículo "viu, e moveu-se de compaixão" (Lc 10,33) – incentiva o leitor ou o ouvinte a ser inspirado pela figura do samaritano e a agir imitando seus sentimentos de compaixão e o seu cuidado.

Contudo, essa forma de interpretação da parábola não sublinha sua verdadeira natureza, que tenciona encorajar não simplesmente um comportamento mais "moral", mas a conversão de nosso modo de perceber o outro. Por essa razão, poderíamos chamá-la de uma parábola de *percepção*, no sentido de que, antes de quaisquer possíveis gestos e reações de caridade, Jesus pede-nos para transfigurar o olhar e a visão com que enxergarmos nosso próximo, a começar por uma mudança radical do coração.

A parábola não busca tornar-nos melhor, mas convida-nos a sermos "novos", a deixarmo-nos tocar pela dor do outro de maneira tão profunda, que somos completamente transformados por ela e, conseguintemente, incapazes de ser os mesmos de antes.[2] O Senhor aponta para a conversão (*metanoia*) de nossa percepção na questão que ele dirige a seus interlocutores: "Na tua opinião – perguntou Jesus –, qual dos três foi o próximo do homem que caiu nas mãos dos assaltantes?" (Lc 10,36).

Transferir da vítima dos salteadores para o samaritano a categoria de "próximo" permite a Jesus mostrar-nos como o encontro com alguém que está sofrendo tem um efeito transformador naqueles que se deixam tocar pelo drama pessoal do sofredor e se envolvem com ele. Sob esse aspecto, perceber a outra pessoa como irmão e irmã não é jamais consequência de uma intenção ou "voluntarismo" imposto a nós mesmos pela imitação e que, "de fora", induz-nos a agir de determinada maneira, mas sempre acontece "a partir de dentro", ou seja, por virtude do amor de Deus que nos dispõe a sermos verdadeiramente irmãos e irmãs, e não somente a agirmos como tais.

---

[2] João Paulo II, na *Sollicitudo Rei Socialis*, já declarara que reconhecer a dignidade da pessoa humana transforma em caridade a solidariedade para com nosso próximo. Nesse sentido, é mais do que "um sentimento de compaixão vaga ou de enternecimento superficial pelos males sofridos por tantas pessoas próximas ou distantes. Pelo contrário, é a determinação firme e perseverante de se empenhar pelo bem comum; ou seja, pelo bem de todos e de cada um, porque todos nós somos verdadeiramente responsáveis por todos" (SrS 38).

Todos irmãos e irmãs

Uma leitura sapiencial ou sob a ótica da sabedoria da parábola lucana oferece pontos dignos de reflexão e ajuda a fazer as perguntas corretas, a questionar-se de maneira pessoal. O objetivo é encorajar os leitores ou ouvintes a deixarem-se tocar (FT 64; 72), não permanecerem indiferentes, mas reconhecerem-se como protagonistas e agentes naqueles processos que dão origem ao ser irmãos e irmãs em sociedade.

A parábola oferece o cenário para os pontos que o Papa deseja comunicar. Embora a humanidade tenha assinalado grandes conquistas e alcançado metas que eram inimagináveis há um século, ainda não aprendemos a linguagem do estar próximo do outro. Podemos ser capazes de cuidado à nossa maneira, na dimensão "privada" das relações familiares ou no círculo restrito das pessoas que conhecemos, mas estamos longe de ter feito disso uma atitude social de amplo alcance. Delegar o "cuidado" a setores especializados da sociedade leva-nos a pensar que se trata de uma responsabilidade que não nos diz respeito diretamente e que há outros que foram designados para tarefas ou obrigações específicas, porque foram favorecidos com competências e papéis específicos. Contudo, aprender o alfabeto do cuidado é indispensável para realizar-nos como pessoas, visto que a reciprocidade é uma dimensão constitutiva da natureza humana.[3]

---

[3] Esse ponto está claramente expresso em uma passagem da *Gaudium et Spes*: "A natureza social do homem torna claro que o progresso da pessoa humana e o desenvolvimento da própria sociedade estão em mútua dependência. Com efeito, a pessoa humana, uma vez que, por sua natureza, necessita absolutamente da vida social, é e deve ser o

Não devemos delegar a outros a tarefa de realizar a mudança, mas, antes, é preciso que sejamos seus intérpretes ativos. Assim, a *Fratelli Tutti* denuncia a instalação de uma relação causal entre a difusa atitude de indiferença no âmbito individual e a perpetração de várias formas de injustiça na esfera social. A conversão das estruturas sociais começa "a partir da base"; ela acontece na decisão de dar nossa colaboração em espírito de "corresponsabilidade" (FT 78, 77).

Um estranho no caminho: estimulado a abandonar o descompromisso

O hábito individual de "seguir adiante, pelo outro lado" tem consequências diretas na vida das outras pessoas, mas, principalmente, significa não valorizar a importância de quem quer que esteja caído, ferido e humilhado – seja uma pessoa humana, seja uma nação, seja o meio ambiente. Por meio das figuras do sacerdote e do levita, a *Fratelli Tutti* estigmatiza a generalizada atitude de desinteresse para com as necessidades dos outros e a facilidade com que outras preocupações são postas à frente deles, sendo consideradas mais urgentes e importantes (FT 64).

Há muitas formas e meios de justificação que podem ser usados para alguém desculpar a própria insensibilidade,

---

princípio, o sujeito e o fim de todas as instituições sociais. Não sendo, portanto, a vida social algo de adventício ao homem, este cresce segundo todas as suas qualidades e torna-se capaz de responder à própria vocação, graças ao contato com os demais, ao mútuo serviço e ao diálogo com seus irmãos" (GS 25).

desde a minimização da seriedade do próprio comportamento até a culpabilização da vítima. Desmascarar tais escusas falsas é indispensável não somente para mudar a própria postura moral, mas também para abrir caminhos de solidariedade partilhada (FT 85).

O Papa Francisco indica o samaritano que se detém para oferecer ajuda como uma alternativa ao descompromisso. Diferentemente das outras personagens, que mantêm distância, o samaritano opta por deixar de lado seus próprios planos a fim de dar prioridade ao homem ferido. Interessar-se pelo sofrimento do próximo, permitir a si mesmo envolver-se pessoalmente, realizar atos de cuidado, gratuidade, generosidade e solidariedade – tudo isso é, de fato, possível. Significa, antes de tudo, reconhecer o outro como digno de receber atenção e de ser incluído em nossa vida cotidiana. O samaritano, afinal, fez de si mesmo um dom para o outro de maneira concreta: "Dedicou-lhe seu tempo" (FT 63).

A atitude de indiferença atesta um analfabetismo emocional generalizado. Acostumamo-nos a desviar o olhar sempre que uma situação não nos envolve diretamente (FT 64). Sem dúvida, não apenas não assumimos os fardos e as dificuldades dramáticas dos outros, mas sentimos certa contrariedade diante da inconveniência que eles representam, "porque não queremos perder tempo por culpa dos problemas alheios" (FT 65).

Da habilidade de reconhecer as necessidades dos outros depende a escolha de "fazer-se presente a quem precisa de ajuda" (FT 81) e de definir caminhos que orientem a economia, a política, a vida social e as religiões rumo à inclusão. A *Fratelli Tutti* conclama a que experiências de colaboração emerjam entre indivíduos, instituições, religiões e nações. O samaritano não fez tudo sozinho, mas envolveu outras pessoas em suas ações, tornando-se válido exemplo no âmbito pessoal e também modelo social e civil, porque "nos convida a fazer ressurgir a nossa vocação de cidadãos do próprio país e do mundo inteiro, construtores de um novo vínculo social" (FT 66).

De igual modo, as escolhas feitas no campo da política internacional – levando ajuda aos Estados feridos, inertes à margem da estrada da modernidade – abrem uma possível nova direção do planejamento econômico e social orientado para a promoção da humanidade e para a integração, especialmente dos que "caíram" (FT 77).[4]

A inclusão não negligencia nenhum aspecto da realidade e presta atenção à criação. À luz do *Cântico das Criaturas*, de São Francisco, até mesmo a criação deve ser pensada como *irmã* (FT 2). Assim, integrar a criação no regulamento dos acordos sociais se torna expressão da ação cristã que reflete a lógica de nossa fé e o estilo da pertença recíproca que caracteriza os discípulos do Senhor Jesus.

"Juntos", subtrair-nos à lógica do violento: economia e solidariedade

Tal como declara a frase latina *tertium non datur* [não há um terceiro (caso)], não há, de fato, nenhuma "terceira via" ou outra opção. Ou sujamo-nos as mãos, como o fez o samaritano, ou assumimos o lado dos viandantes indiferentes, que

---

[4]   Cf. B. Sorge, *Brevi lezioni di dottrina sociale*, Brescia, Queriniana, 2017, p. 50-53.

TODOS IRMÃOS E IRMÃS

acham mais conveniente passar ao largo (FT 69). Por outras palavras, a parábola do Bom Samaritano parece oferecer somente uma alternativa, contrastando dois tipos de pessoas: as que se detêm e as que passam ao largo mais rapidamente. O encontro com o sofrimento dos outros é revelador, é apocalíptico, porque desvela a verdade de quem somos (FT 70).

A parábola do Bom Samaritano é aplicável não apenas a experiências individuais da vida, mas tem muito a dizer acerca da política e da sociedade civil. Há uma opção fundamental atinente às escolhas sociais. Existem nações que, como os salteadores descritos por Jesus, saqueiam outros países, deixando-os por terra, prostrados e ensanguentados. Outras nações, em seguida, seguem seu próprio caminho, como se nada do que está acontecendo no mundo lhes diga respeito de alguma forma.

A indiferença do padre e do levita parece descrever a atitude de países que "olham para o outro lado", desviando o olhar (FT 73), concentrando-se em sua própria economia, aderindo mais ou menos tacitamente à inexorável lógica do "darwinismo econômico". Há um íntimo conluio no mal: os assaltantes que saqueiam, muitas vezes agem como os passantes indiferentes – concentram-se unicamente em seus próprios interesses. De igual modo, há aqueles que exploram, e há os que aceitam existir dentro de sistemas de exploração. É pura hipocrisia condenar, em princípio, a economia do lucro, e, em seguida, aceitar implicitamente suas regras, consentindo em entrar no jogo (FT 75).

Não é questão de atribuir culpa ou de condenar os que são culpados de tais malfeitos, porque não é difícil identificar o responsável sem nenhuma sombra de dúvida; "São coisas do nosso conhecimento" (FT 72). A parábola não visa à incriminação de ninguém, mas ao despertar da consciência e da conscientização.

Escapar à lógica do violento significa, em primeiro lugar, cultivar um "puro e simples desejo" gratuito (FT 77) de ir em auxílio dos que estão prostrados, de estender a mão àquelas nações que hoje são forçadas a sucumbir às leis do mercado global. Também significa abandonar todo infantilismo que recusa a responsabilidade pelas escolhas feitas em razão de um egocentrismo nacionalista, ou que as justifica à luz de um conveniente determinismo histórico.

Ajudar os outros é pressupor que há um "nós" comum que excede nossas particularidades e que aceita como critério de discernimento a ideia de que "o todo é maior do que a parte" (FT 78; cf. EG 235). Nessa direção é que se podem desencadear processos de transformação, e ações podem ser realizadas no caminho da "reparação e da reconciliação" (FT 78), curando-se os excessos de uma sociedade enferma, lançando-se os fundamentos de um sentido comunitário que pode resolver as contradições da sociedade. Nesse aspecto, a indiferença não é contrariada por iniciativas individuais, mas pelo "trabalho em equipe", pela união de forças e pelo agrupamento de recursos.

Isso significa renunciar ao estilo autorreferencial que amiúde ergue muros e barreiras, disfarçando-os com justificativas históricas e culturais, e, ao contrário, estar presente e tornar-se hospitaleiro, permitindo que nosso senso de responsabilidade redefina-nos como "próximo" dos outros.

Se a leitura da parábola do Bom Samaritano aponta o caminho para um relacionamento fraterno-sororal para todos, revelando em nossa natureza comum o fundamento de uma moralidade universal, "para os cristãos, as palavras de Jesus têm ainda outra dimensão, transcendente" (FT 85). O que é especificamente cristão é precisamente o fato de reconhecer a face do Cristo em cada irmão e irmã abandonados e excluídos e acreditar "que Cristo derramou o seu sangue por todos e cada um, pelo que ninguém fica fora do seu amor universal" (FT 85).

O Papa Francisco não teme admitir certa relutância da parte da Igreja em assumir essa lógica da não violência e abraçar o que é especificamente cristão: reconhecer Cristo em cada irmão e irmão abandonado e excluído (FT 85). Até mesmo a lerdeza histórica em chegar a uma condenação franca da escravidão revela a falta de consciência crítica e a dificuldade de encaminhar-se para a direção correta. Hoje, porém, já não temos desculpas. A fé jamais pode justificar atitudes xenofóbicas ou qualquer tipo de discriminação. Pelo contrário, Francisco espera que a catequese e a pregação assumirão e incorporarão a "dimensão fraterna da espiritualidade" (FT 86), de modo a reafirmar a inalienável dignidade de cada pessoa humana.

6. CRIAR UM MUNDO ABERTO: DISCERNIR E JULGAR (*FRATELLI TUTTI*, CAP. 3-4)

Depois de ter esboçado o quadro de um mundo fechado em si mesmo, e tendo buscando na Palavra de Deus um horizonte de sentido, de modo a sair do impasse no qual nos encontramos paralisados, os capítulos terceiro e quarto da *Fratelli Tutti* pretendem questionar o presente a fim de direcionar uma ação concreta para uma sociedade solidária de irmãos e irmãs.

Determinados temas fundamentais da doutrina social da Igreja – como os direitos inalienáveis da pessoa humana, o princípio da solidariedade e a destinação universal dos bens – são tratados dentro da moldura de uma nova compreensão ético-moral da caridade. De modo particular, as referências à ontologia tomista e ao existencialismo francês se tornam a opção hermenêutica mediante a qual o Papa

Francisco explora o tema do amor como dom, com a intenção de contrapor-se ao cinismo ético-pragmático que brota de uma visão niilista da existência humana[1] e à qual a cultura consumista e do descarte recorre fortemente.

Os desafios, escreve o Papa Francisco, movem-nos e forçam-nos "a assumir novas perspectivas e produzir novas reações" (FT 128). A fim de ter êxito nesse esforço – assumir o amor como o critério lógico, hermenêutico e prático que molda e estrutura tanto os relacionamentos quanto as instituições – significa identificar estratégias que nos motivem a buscar o melhor para a vida do outro (FT 94).

O dinamismo da graça: o amor de Cristo que nos une ao próximo

O primeiro passo a ser dado com o fito de reagir ao "vírus" da indiferença é restaurar o valor da vida. O terceiro

---

[1] O Papa Francisco vislumbra o caminho de todos irmãos e irmãs, e da amizade social, como a única alternativa possível ao desencanto que nos conduz mais profundamente para a "ilusão global" que nos engana. O colapso da ideologia consumista "deixará muitos à mercê da náusea e do vazio" (FT 36). A escolha mesma dos termos – *náusea* e *vazio* – não parece absolutamente acidental. Pelo contrário, constitui uma nítida referência ao pensamento do filósofo existencialista J. P. Sartre e ao seu romance *A náusea*. A *Fratelli Tutti* compara o pensamento de Sartre com o de Gabriel Marcel – duas visões de mundo e da condição humana radicalmente diferentes e irreconciliáveis. Por exemplo, há um enorme fosso entre a concepção de liberdade de Sartre como a "nulidade do ser" humano e a escolha incondicionada, e a compreensão de liberdade de Marcel como "receptividade criativa" que está aberta ao relacionamento essencial com Deus (Cf. L. Aloi, *Ontologia e dramma. Gabriel Marcel e Jean-Paul Sartre a confronto*, Milano, Albo Versorio, 2014).

capítulo de *Fratelli Tutti* impulsiona "para além" do recinto fechado produzido pelo individualismo, chegando a reconhecer a beleza da existência humana como uma rede de relacionamentos verdadeiros e autênticos (FT 87). Isso é feito mediante o esboço de um pequeno tratado de antropologia teológica, com o foco na experiência da graça como "caridade que Deus infunde" (FT 91).

As linhas iniciais são suficientes para delinear um quadro de sentido com implicações muito densas. Se a referência à *Gaudium et Spes* 24 e à citação de Gabriel Marcel (FT 87) alude a uma descrição do ser humano como um mistério que se realiza na abertura e no diálogo com os outros, a citação de Karol Wojtyla (FT 88) reporta-se à noção escolástica da graça como "uma dádiva indevida acrescentada à natureza" (*donum Dei naturae indebitum et superadditum*)".[2] A graça de Cristo é sempre "relacional" porque cria "um dinamismo de abertura e união para com outras pessoas" (FT 91). Deus infunde caridade, amor para a realização ou perfeição da natureza humana – já desejada e criada por Deus como sendo ontologicamente disposta ao "Tu" divino –, para que os seres humanos possam empregar, mediante o exercício de sua liberdade,[3] todo o po-

---

[2] Na *Summa Theologiae*, Santo Tomás apresenta a graça como uma infusão de uma luz especial, divina, ordenada ao conhecimento de objetos que transcendem nossos meios naturais, e que é um acréscimo à "iluminação natural" (Cf. Tomás de Aquino, *Summa Theologiae* I-II, q.109, a.1; *De veritate*, q.8, a.7). Para uma visão geral da questão, cf. E. Gilson, *The Spirit of Medieval Philosophy* (Notre Dame, University of Notre Dame Press, 1991).

[3] A citação tirada de Karl Rahner completa esse quadro, composto por várias fontes idôneas, referindo-se à liberdade como um aspecto determinante da pessoa humana. Efetivamente, Rahner afirma que, no

tencial para o bem que eles foram feitos capazes de receber. O amor é o que logra passar da potencialidade à realidade do ser. Por conseguinte, faz-nos existir e subsistir. Ao mesmo tempo, é o que permite criar a autenticidade do "nós" a partir da autocentramento, porque o amor torna possível reconhecer o outro como o "Tu" que completa e dá sentido.[4]

Portanto, o amor é a única força capaz de tecer laços "hospitaleiros"[5] e de gerar uma sociedade aberta à integração (FT 88-90). Referindo-se a uma expressão de Santo Tomás de Aquino, o Papa explica que o amor de Cristo é o movimento que dirige ao bem e leva-nos a voltar nossa atenção para o nosso

---

exercício da liberdade, a pessoa humana inevitavelmente finda por revelar quem ele ou ela é, percebendo-se como ser transcendente. A liberdade é a experiência mais original na qual os seres humanos podem dar-se conta da própria subjetividade – transcendentalmente e *a priori* – como um dom que lhes foi confiado e que intrinsecamente apela para sua responsabilidade (Cf. K. Rahner, Esperienza dello Spirito Santo, in *Nuovi Saggi. Dio e Rivelazione*, Roma, Edizioni Paoline, 1980, v. 7, p. 277-308). Para uma discussão aprofundada da liberdade transcendental em Rahner, cf. G. Salatiello, *Tempo e Vita eterna. Karl Rahner e l'apertura del pensiero*, Roma, E.P.U.G., 2006, p. 51-58; cf. H. D. Egan, The Mystical Theology of Karl Rahner, *The Way* 52, n. 2 (2013): 43-62.

[4] O amor é a única dinâmica capaz de expandir o sentido da vida. O amor é um êxodo que nos permite sair de nós mesmos e ser libertados da tirania de nossas próprias necessidades egoístas. O amor é um êxtase que leva a "um acrescentamento de ser" (FT 88) nos relacionamentos.

[5] *Fratelli Tutti* cita a *Regra* de São Bento (FT 90), que ensina que a hospitalidade é a atitude de acolher o próximo que leva a transcender a si mesmo, porque é o sinal de um coração que é transformado pela presença amorosa de Deus (Cf. Benedictus Casinensis, in S. Pricoco [org.], *La Regola di san Benedetto e le regole dei Padri*, Milano, Mondadori, 1995, cap. LIII, p. 233-236).

TODOS IRMÃOS E IRMÃS

próximo, considerando-o precioso, buscando o melhor para sua vida. O amor implica algo mais do que uma série de ações beneficentes (FT 94), na medida em que leva a "ser bom" e não apenas a "fazer boas coisas" (FT 95). O amor encoraja-nos a superar a moralidade utilitarista, na qual a busca do bem se refere primariamente a si mesmo e não ao outro. O amor, ao contrário, conserva a ação moral gratuita e livre de priorizar o próprio interesse privado (FT 102).

A inclinação para o bem do outro é o que o Papa Francisco chama de "abertura" (FT 95). Não é apenas geográfica, mas especialmente existencial; é a capacidade de alargar a própria esfera de interesses, de modo a alcançar aqueles que costumeiramente não estariam dentro dela (FT 97). Por outras palavras, é a disposição do coração que encoraja o envolvimento e a participação dos outros, especialmente dos "exilados ocultos" – todos aqueles que vivem em uma prolongada condição de precariedade na sociedade, como se fossem perpetuamente forasteiros ou estrangeiros (FT 98).

Nesse contexto, surge um princípio geral de validade que o Papa Francisco já mencionou em seu comentário sobre a parábola do Bom Samaritano (FT 71): o critério do amor que transcende os limites do si mesmo aplica-se tanto ao indivíduo quanto a toda uma nação (FT 96). Da moralidade individual, passamos à ética social,[6] do particular ao

---

[6] A parte conclusiva do capítulo explica que esse movimento do nível individual para o nível social – para a ética do "nós" – concerne também ao relacionamento entre países. O Papa Francisco novamente nos pede que reflitamos sobre uma "ética das relações internacionais" (LS 51; FT 136) e "uma ética global de solidariedade e de cooperação" (FT 127).

universal, sem, com isso, criar nenhuma categoria de descontinuidade ou, por fim, endossar uma divisão entre "público" e "privado" que, na verdade, legitima uma "moralidade compartimentada".

Em última análise, o Papa não propõe um "universalismo autoritário e abstrato" (FT 100), mas indica como meta a apropriação de uma coexistência social que aspire a colocar em harmonia todos os atores sociais e que não deixe ninguém para trás ou confinado às margens. Essa maneira de pensar acerca da sociedade é inspirada pelo ideal do Evangelho de comunhão universal. Nesse entendimento é que, na *Fratelli Tutti*, essa proposta é apresentada de forma a poder ser partilhada por todos, inclusive por não crentes e por aqueles que pertencem a outras religiões.

Ampliar o sentido do "ser irmãos e irmãs": tornar realmente universais os direitos das pessoas e dos povos

Não há dúvida de que os fundamentos do mundo ocidental, em sua configuração sociopolítica e econômica atual, repousam naqueles ideais iluministas que foram notoriamente resumidos no icônico lema "liberdade, igualdade e fraternidade".[7] Ao estabelecer "todos irmãos e irmãs" como seu foco e tema, a *Fratelli Tutti* não poderia evitar inspirar uma comparação, posto que velada, com a formulação desses

[7] Cf. A. Martinelli; M. Salvati; S. Veca, *Progetto 89. Tre saggi su libertà, uguaglianza, fraternità*, Milano, Il Saggiatore, 2009, p. 34-51.

TODOS IRMÃOS E IRMÃS

princípios, conforme expressos solenemente na *Declaração dos Direitos do Homem e do Cidadão* (1789).[8]

Nesse texto jurídico, rascunhado durante a Revolução Francesa, a *liberdade* é definida como o atributo do cidadão individual "de ser capaz de fazer tudo o que quiser, contanto que não prejudique os outros" (art. 5), como a sublinhar resolutamente o direito do indivíduo à autodeterminação, ou seja, não estar vinculado a obrigações e deveres predeterminados que provenham do fato de ter nascido em determinada classe social.

Igualdade, por outro lado, refere-se principalmente ao sistema legal do Estado, visto que deriva do fato de que a lei – "uma expressão da vontade geral" (art. 6) dos cidadãos – é a mesma para todos, independentemente da posição ou condição social.

Por fim, a *fraternidade* é expressa como o senso de solidariedade que se estabelece entre os cidadãos quando reconhecem que são "livres e iguais" (art. 1). Nesse sentido, a plena soberania é garantida a um povo e a uma nação cujos cidadãos reconhecem a si mesmos como membros iguais (art. 3).

A *Declaração dos Direitos do Homem e do Cidadão* é considerada uma das mais elevadas expressões do reconhecimento da dignidade humana. É um ponto de referência indispensável para a elaboração de vários estatutos e constituições, e para todas as democracias que se têm formado depois da Segunda Guerra Mundial. Não surpreende,

---

[8] *Declaração dos Direitos do Homem e do Cidadão, 1789 e 1793*, Departamento de História, Universidade de Liverpool, 1985.

portanto, que a Declaração Universal dos Direitos Humanos, promulgada pela Assembleia Geral das Nações Unidas em 1948, tenha adotado a *Declaração* de 1789 como modelo e tenha inclusive citado literalmente algumas partes.[9]

A *Fratelli Tutti* parece lançar uma questão: o que palavras como *liberdade, igualdade* e *fraternidade* significam para nós, hoje? Para sermos mais explícitos, que consequências o surgimento de um mercado global tem para a proteção internacional dos direitos humanos, quer de indivíduos, quer de nações? Se considerarmos as grandes atrocidades cometidas contra a dignidade humana que ainda testemunhamos hoje – genocídio, tortura, pena de morte, fundamentalismo, racismo –, podemos realmente afirmar a "universalidade" dos direitos humanos como extensiva igualmente a todas as pessoas?[10] Francisco ressalta que o "respeito às liberdades individuais" e a "prática de certa equidade" (FT 103), posto que sejam condições indispensáveis para a afirmação dos direitos da pessoa e dos povos, não são suficientes para garantir que serão efetivamente usufruídos por todos.

---

[9] Tal como a *Declaração* de 1789, a Declaração da ONU reflete as necessidades do tempo, mas, graças a seus princípios firmes e fundamentais, ao longo das últimas décadas, ela tem sido capaz de vencer batalhas no campo dos direitos humanos. Dever-se-ia notar que as maiores inovações introduzidas em relação à *Declaração* de 1789 são a abolição da escravatura e o reconhecimento dos direitos das mulheres (tais como o direito à autonomia e à maternidade). De igual importância é a recognição dos direitos ao trabalho, à família e à cidadania (Cf. S. Tonolo e G. Pascale [org.], *La Dichiarazione dei diritti umani nel diritto internazionale contemporaneo*, Torino, G. Giappichelli Editore, 2020).

[10] Cf. A. Cassese, *I diritti umani oggi*, Roma-Bari, Edizioni Laterza, 2015.

Do ponto de vista do Papa, é necessário começar por uma fraternidade "conscientemente cultivada" (FT 103), a fim de lançar luz sobre o que são a liberdade e a igualdade e como devem ser compreendidas. Ser irmãos e irmãs é mais do que um sentimento genérico de solidariedade baseado no reconhecimento comum de uma identidade nacional, visto que precede e vai além dos direitos e deveres sobre os quais a coexistência civil está estabelecida. Ser irmãos e irmãs fundamenta-se no reconhecimento da igualdade fundamental de todas as pessoas. Destarte, ser irmãos e irmãs funda-se na lei natural até mesmo antes de ser consignada em qualquer lei da sociedade.

Sob esse enfoque, a igualdade não pode ser afirmada somente em princípio, como conceito abstrato.[11] Em vez disso, a igualdade deve ser o resultado de um "cultivo consciente e pedagógico da fraternidade" (FT 104). Isso exige educação para reconhecer o outro como semelhante e igual, e também a evidente expressão de uma vontade política e de um esforço combinado de todos os que são responsáveis pela educação e pela formação. Do contrário, qualquer ideia de igualdade baseada exclusivamente na lei positiva, a partir da definição da pessoa como cidadão (*homo societatis*), cria "mundos fechados" e trata as relações humanas como um contrato entre "sócios" de um negócio (FT 104).

Sem que sejamos irmãos e irmãs, o exercício da liberdade se encolhe e se reduz à autonomia, uma fraca expressão da liberdade. A diferença entre ser irmãos e irmãs, e qualquer

---

[11] Esse esclarecimento no início do capítulo 4 (FT 128) serve como base para tudo o que se segue sobre o tema da imigração.

outra forma de associação, é assinalada pela disposição para romper com a dupla ilusão de que pensar somente em si mesmo é mais vantajoso e que o bem comum é construído sobre a base do interesse pessoal. Interpretar o ser irmãos e irmãs, e a igualdade dando prioridade às liberdades individuais, ameaça a universalidade dos direitos. Vale o mesmo para a liberdade absoluta e inquestionável do mercado, ou seja, o direito de empreender não pode ser anteposto à dignidade dos pobres ou acima do meio ambiente (FT 122). A conclusão a que chega o Papa é clara: "O individualismo não nos torna mais livres, mais iguais, mais irmãos" (FT 105).

Um "reconhecimento basilar": o inalienável direito ao desenvolvimento humano integral

Para Francisco, quando é questão do sentido de palavras como *liberdade, igualdade* e *fraternidade*, o cerne do assunto jaz em um "reconhecimento basilar" (FT 106): atribuir valor e dignidade à pessoa humana, independentemente de quaisquer fatores históricos, geográficos, culturais ou políticos. A isso se segue outra declaração que praticamente se torna uma profecia: se todo ser humano não for reconhecido como tendo um direito fundamental e inalienável ao seu desenvolvimento integral, então "não há futuro para a fraternidade nem para a sobrevivência da humanidade" (FT 107). Qualquer limitação desse direito, bem como toda tentativa de vincular seu exercício a determinadas condições – por exemplo, uma determinação pessoal para "afirmar-se e defender a si mesmo" –, deve ser considerada uma violação.

TODOS IRMÃOS E IRMÃS

O direito ao desenvolvimento humano não pode estar subordinado a nenhum cálculo de eficiência, a nenhuma alegação de utilidade social, que finda por justificar a opção para deixar para trás os mais fracos ou menos talentosos (FT 108). Pelo contrário, os direitos da pessoa jamais devem ser interpretados de forma que retire o indivíduo do "eu" social – do contrário, os direitos humanos dissolvem-se em várias contradições ou aporias insolúveis. Por exemplo, uma ênfase excessiva na liberdade individual, que amiúde termina por acionar uma espiral descendente de conflito e violência (FT 111), é perniciosamente reducionista. Com essa ampla premissa de querer alargar o sentido do ser irmãos e irmãs, e constatando a necessidade de uma interpretação apropriada dos direitos humanos, o Papa revisita, de maneira original, dois tópicos relevantes da doutrina social da Igreja: o princípio da solidariedade (FT 114-115) e o direito à propriedade privada (FT 118-120).

Considerando o *princípio da solidariedade*, o Papa Francisco convoca as mais importantes agências de educação e de formação – famílias, escolas, paróquias, centros culturais, programas recreativos e assim por diante – a devotar-se ao "cultivo consciente e pedagógico da fraternidade" (FT 104). Em meio às crises correntes na educação, transmitir os valores da liberdade, do respeito mútuo, da partilha e da inclusão é, quiçá, a principal forma de solidariedade que se exige. Restaurar a corrente que transmite o valor da pessoa é uma forma de responsabilidade social e moral.

Educar novas gerações desde a mais tenra idade a serem irmãos e irmãs ajuda-as a compreender que a solidariedade

171

é um modo de situar-se no tempo e na vida. É a disposição para sentir a proximidade do outro a ponto de "sofrê-la". Viver compassivamente é mais do que fazer um gesto de assistência, ou o mero fato de fazer uma boa ação, porque envolve o coração na situação da outra pessoa. Ir de encontro à "cultura do descarte" é também uma forma de solidariedade social, porque demonstra uma consciência moral que é sensível à nossa casa comum e ao futuro da humanidade (FT 117).[12]

Referente ao *direito à propriedade privada*, o Papa Francisco enfatiza que ele deriva do princípio do destino universal dos bens criados (FT 120). O Papa ressalta como isso já foi expresso de modo claro e direto pelos Padres da Igreja: se alguém carece do que ele ou ela necessita é porque alguém mais se está apropriando indevidamente desse bem (FT 199). Em continuidade com o Magistério de Paulo VI e de João Paulo II, Francisco afirma que o direito à propriedade privada não é absoluto. Deve ser considerado "secundário" e "derivado" da destinação universal dos bens. "A par do direito de propriedade privada, sempre existe o princípio mais importante e antecedente da subordinação de toda a propriedade privada ao destino universal dos bens da terra e, consequentemente, o direito de todos ao seu uso" (FT 120; 123).

---

[12] Várias formas de ideologia ameaçam a solidariedade, porque ela sempre leva à luta contra a pobreza e suas diversas causas ou raízes. Contudo, colocar-nos a serviço dos outros nos protege de tais distorções, visto que servir ao próximo significa servir não a ideias, mas a pessoas vivas (FT 115).

TODOS IRMÃOS E IRMÃS

Se ancorarmos o direito à propriedade privada, bem como os direitos dos cidadãos do Estado, na convicção de que os bens da terra pertencem a todos, então compreenderemos que "cada país é também do estrangeiro" e que o que a terra oferece em determinado lugar não pode ser negado "a uma pessoa necessitada que provenha de outro lugar" (FT 124). Se o critério do amor que transcende os limites do si mesmo for aplicado ao direito à propriedade privada e a seus direitos conexos, então essa maneira de ver as coisas terá repercussões no funcionamento de um Estado e nas relações internacionais. De fato, toda nação é responsável pelo desenvolvimento de outros países e pela promoção integral daqueles aos quais é negado o direito à subsistência material e ao progresso, mesmo fora de suas próprias fronteiras (FT 125). O convite a superar o bilateralismo entre países com economias avançadas e países com economias emergentes é um sincero apelo por solidariedade, "interdependência e corresponsabilidade" (FT 127), de modo que todos possam ter o que é necessário para viver decente e dignamente.

Discernir os problemas globais de hoje de acordo com o critério da caridade e do amor significa estimular e acompanhar processos, não impondo determinadas abordagens. Para isso, é necessário mudar a perspectiva e inverter o próprio ponto de vista, de modo a olhar a liberdade individual sob a ótica do ser irmãos e irmãs, com um partilhado sentido do "nós", e, ao considerar a propriedade privada, reconhecer o direito primordial de todos de ter acesso aos bens naturais e aos recursos da terra.

Um coração aberto para o mundo: imigração como oportunidade de enriquecimento e intercâmbio

O quarto capítulo de *Fratelli Tutti* está intimamente ligado ao capítulo anterior, implementando-o e aprofundando-o. Depois de afirmar que o reconhecimento da dignidade de todo ser humano é o fundamento do ser irmãos e irmãs universalmente, o Papa Francisco conclama uma análise cuidadosa de todas as implicações concretas de fazer tal reivindicação. Se verdadeiramente corroborarmos a igualdade de todas as pessoas, então devemos tratar dos problemas mais complexos de nossos tempos – tais como o da imigração –, assumindo esse princípio não na abstração, mas com realismo.

Se a igualdade é "não ficar pela abstração, mas se tornar verdade encarnada e concreta" (FT 128),[13] então o mundo se torna um lugar aberto ao intercâmbio entre países, e "não importa se alguém nasceu aqui ou vive fora dos confins do seu próprio país" (FT 125), porque o direito de todo ser humano de plena realização como pessoa deve também incluir "o direito que tem todo ser humano de encontrar um lugar onde possa não apenas satisfazer as necessidades básicas dele e da sua família" (FT 129). Enquanto não for possível garantir a todos

---

[13] O princípio da igualdade não é um conceito abstrato, mas "se encarna" se seguir a lógica da Palavra encarnada, o concreto universal. Em Deus, o critério do amor que transcende os limites do si mesmo não é abstrato, mas se torna um *fato* no evento da Encarnação. Na união hipostática das naturezas humana e divina de Cristo, o amor superabundante se encarna, torna-se solidariedade concreta e irrevogável com a humanidade.

o direito de *não* emigrar, se assim escolherem (FT 38), então respeitar a dignidade humana e assegurar o desenvolvimento integral de migrantes exigem corresponsabilidade[14] entre os países mais desenvolvidos, de modo que "os limites de fronteiras" sejam superados.

Contudo, o Papa Francisco afirma que não basta simplesmente "acolher"; devemos também trabalhar para "proteger, promover e integrar" (FT 129). Isso significa que, a partir da concepção de uma sociedade na qual o estrangeiro é discriminado, devemos passar a compreender a coexistência social como garantia de "plena cidadania" (FT 131) para todos. Em vez de "impor do alto programas assistenciais" (FT 129), a questão é oferecer possibilidades concretas e práticas para a integração: concessão de vistos, corredores humanitários, acesso à educação e aos serviços essenciais, proteção dos menores, liberdade religiosa, reunificação da família, e assim por diante (FT 130).

Acolher a fim de integrar viabiliza alcançar sínteses novas e mais ricas, visto que toda permuta na qual o outro não é eliminado ou rebaixado em sua identidade tornar-se fonte para a comunidade civil, com nova força vital que revitaliza o mundo que "cresce e enche-se de nova beleza" (FT 148). Os exemplos dos Estados Unidos e da Argentina e, de modo mais geral, o encontro entre o Ocidente e o Oriente, mostram como é bom pensar dessa maneira (FT 133-136).

---

[14] O Papa defende um tipo de *governo* que vá muito além das medidas emergenciais; que coordene a cooperação entre Estados em matéria de imigração, estabelecendo uma legislação abrangente que possibilite o planejamento de curto e de longo prazo.

Na seção conclusiva deste quarto capítulo, vemos que, quando articula conceitos complexos, Francisco prefere juntar entre si termos opostos, palavras com "uma tensão inata" (FT 142).[15] Assim, o Papa sublinha a polaridade "inseparável e igualmente vital" (FT 142) entre a globalização e a localidade. Para lograr a "abertura para um mundo" (FT 151) no qual ninguém seja forçado a sucumbir à lógica do mais forte, há duas armadilhas a serem evitadas: formas de massificação que nivelam as diferenças e fechamentos que estreitam as mentalidades. Voltar nosso olhar para o global é indispensável, se não quisermos permanecer confinados em nosso próprio quintal, erguendo cercas que findam por encurralar-nos. Em sentido contrário, o global não deve tragar o que é próprio das realidades locais, a saber, a vida doméstica e familiar na qual todas as experiências de subsidiariedade de fato acontecem.

Um último par de termos opostos é relacionado analogicamente com os vocábulos anteriores, dando-lhe maior profundidade: o relacionamento entre o universal e o particular, remetendo ao existente entre diálogo e identidade.

Proteger a diversidade, a pluralidade de culturas e de identidades é o critério para sermos irmãos e irmãs que aspiramos

---

[15] Francisco admira o pensamento de Romano Guardini, e sua *L'opposizione polare* [A oposição polar] é um dos textos importantes dos anos de formação do Papa. O Papa Francisco conseguiu a façanha de manter juntas realidades, experiências e sensibilidades opostas, em tensão criativa, um traço característico de sua reflexão pessoal e pastoral (Cf. R. Guardini, *L'opposizione polare: saggio per una filosofia del concreto vivente*, Brescia, Morcelliana, 1997; M. Borghesi, *Jorge Mario Bergoglio. Una biografia intellettuale*, Milano, Jaca Book, 2017; S. Zucal, Romano Guardini maestro di Papa Francesco, *Vita e Pensiero* 99, n. 6 [2016]: 47-54).

à universalidade que não é nem abstrata (FT 143) nem se impõe de forma a dominar e a aniquilar a diversidade (FT 144). Ser verdadeiramente irmãos e irmãs não homogeneíza, mas permite a pessoa permanecer ela mesma, juntamente com as demais. Do contrário, uma "falsa abertura ao universal" (FT 145) "acaba por privar o mundo da variedade das suas cores, da sua beleza e, em última análise, da sua humanidade" (FT 100).

Essa passagem do particular ao universal, do local ao global se dá como um diálogo entre todos, respeitando-se a identidade de cada pessoa, um diálogo que é cordial e sincero,[16] conforme o Papa Francisco o chama, um diálogo no qual todos os envolvidos estão abertos à busca do bem do outro.

---

[16] O adjetivo *cordiale* aparece diversas vezes na Encíclica (FT 87; 146; 195; 274; 283), embora não na tradução inglesa. *Cordiale* indica uma forma de relacionar-se com o outro de maneira espontânea, aberta a sentimentos de amizade, em que se toma a peito o bem do outro. No capítulo anterior, Francisco expressa essa busca sincera da promoção e do desenvolvimento dos outros como *benevolentia*, como um forte desejo e atração por tudo o que é bom e que oferece a plenitude da vida (FT 112). Isso esclarece mais a saudável polaridade estabelecida entre ser globalmente irmãos e irmãs, e a amizade social. Ser irmãos e irmãs busca o bem universal e recorre ao diálogo entre nações, caracterizado por uma atitude de benevolência para com os outros, como meio ou instrumento próprio. A amizade social age dentro de determinada sociedade para buscar o bem específico e proteger sua própria identidade. [Para maior precisão: no texto da Encíclica, a palavra *cordiale* só aparece nos números 146, 149 e 152; a palavra *sincero* aparece nos números 87, 250, 274, 277, 283 (N.T.).]

7. CONSTRUIR UM MUNDO MELHOR E MAIS ABERTO (*FRATELLI TUTTI*, CAP. 5-7)

A interconexão e a interdependência entre os temas tratados nos capítulos 5, 6 e 7 de *Fratelli Tutti* torna essa parte da Encíclica uma unidade coesa com uma multifacetada ou poliédrica variedade de perspectivas e de pontos de referência.

Política, diálogo e paz são os tópicos principais. Sem jamais se sobreporem ou misturarem-se, eles convergem para oferecer uma descrição cuidadosa de nosso tempo atual e esboçam o complicado futuro para o qual olhar. O fito do Papa Francisco é submeter algumas das candentes questões de hoje ao teste de uma análise urgente e realista, retirando-as do solo movediço do julgamento indeciso ou da indiferença conveniente.

O exame de Francisco reafirma e reintroduz os princípios da doutrina social da Igreja em vista de desdobramentos ulteriores. Em diversas ocasiões, o Papa enfatiza a urgência que o motiva a dizer as coisas tal como são e dirigir-se francamente aos que são diretamente responsáveis.

O que conecta suas reflexões sobre o tema da política (cap. 5) e as que concernem à paz (cap. 7) é o tema do diálogo (cap. 6), decisivo para ele, praticamente como a ressaltar a importância e a capacidade de construir um mundo melhor, mais justo e mais equitativo.

Para cultivar relacionamentos de permuta honesta e de amizade em uma sociedade pluralista, é necessário esforçar-se pela tolerância e praticar a escuta recíproca. Assim, o diálogo torna-se o espaço que se abre entre as pessoas, no qual elas podem encontrar-se de um modo que nem suas diferenças são ocultadas nem sua unicidade é reduzida.

No diálogo, a política confronta-se com as contradições que se fomentaram no tecido social e direciona-as para a partilha, em um ato de equilíbrio constante entre o conflito e a cooperação, entre a hospitalidade e a hostilidade.

A paz, não simplesmente como ausência de guerra, mas como planejamento aberto ao bem comum, torna-se a meta de todo político honesto e de toda pessoa de boa vontade.

A "boa política": lutar pelos sublimes ideais da ética social

O papel da política é de importância fundamental para a consecução de nosso ser irmãos e irmãs, da amizade social entre nós.[1] O Papa Francisco procede a um aprofundamento desse tema no capítulo 5 de *Fratelli Tutti*, expressando seu ponto de vista desde as primeiras linhas: quando a política é fiel à sua própria "vocação", ela sempre se coloca a serviço do bem comum (FT 154). Do contrário, degenera-se em exercício distorcido da autoridade, trai sua nobre aspiração de ser o bom "governo do povo" (FT 157). Isso acontece, por exemplo, quando ela cede à tentação do populismo[2] ou às seduções do neoliberalismo. Do ponto de vista do Papa Francisco, a política deve ser avaliada em relação aos pobres; o modo como a política trata aqueles grupos que na sociedade são vulneráveis e estão em situação de perigo é o que revela se ela é "boa" ou "destrutiva". Essa convicção reprova não apenas o populismo, mas também o neoliberalismo. Ambas são formas de má política: o populismo porque usa o desprezo pelos pobres como ferramenta demagógica para criar um sentimento do "nós" que é alimentado pela exclusão, e o neoliberalismo porque os interesses econômicos de uns

---

[1] O Papa Francisco tratou do tema da "boa política" na *Evangelii Gaudium* 222-233, apresentando-a como uma "sublime vocação" e "uma das formas mais preciosas da caridade" (EG 205). Aqui, emergem quatro princípios que permitem à política estar à altura de sua tarefa: tensão ética, secularidade, o bem comum e um espírito de serviço (Cf. B. Sorge, Per una "buona politica", in M. Pennisi e G. LaVanco [org.], *La Política buona*, Milano, Franco Angeli Editore, 2016, p. 13-19).

[2] O Papa observa que a tendência que tem emergido durante algum tempo é a de considerar o populismo como uma "chave" válida para interpretar os acontecimentos políticos atuais (FT 157). Essa tendência é, em última instância, "uma das polaridades da sociedade dividida" (FT 156), a ponto de se classificar tudo na sociedade como "populista" ou não.

poucos são inescrupulosamente priorizados em detrimento das condições vitais de populações inteiras.

A política é chamada a renovar-se, a recuperar sua boa fama e a evitar cair nessas armadilhas midiáticas nas quais ela frequentemente tropeça quando busca um consenso superficial (FT 161). Em troca, deveria lutar por chamar novamente a atenção da opinião pública para as questões relevantes, dar prioridade aos problemas nos quais está em jogo o futuro da humanidade. Contudo, isso não será possível a menos que a política recupere seus elevados ideais da ética social, sem a qual é difícil planejar no longo prazo. Se, de um lado, essas palavras ecoam a teologia argentina do povo,[3] de outro, devemos observar sua profunda continuidade com a doutrina social da Igreja, especialmente com sua busca permanente de uma "utopia social" que vê valores transcendentes inspirados pelo Cristianismo como uma garantia das liberdades e dos direitos civis.[4]

O Papa Francisco convida-nos a concentrar nossa atenção no conceito de "povo", porque acredita que a política rejuvenescer-se-ia caso se detivesse mais frequentemente a refletir sobre essa noção e lhe desse a devida importância. De fato, se essa categoria fosse redescoberta no debate

---

[3] Cf. S. Politi, *Teología del pueblo. Una propuesta argentina a la teología latino-americana. 1967-1975*, Buenos Aires, Castañeda, 1992.

[4] Isso repercute a intuição de Dom Luigi Sturzo de um *popularismo* que começa das bases, da defesa dos direitos dos agricultores e da luta contra o flagelo do tráfico de mão de obra, e constitui uma alternativa válida e um antídoto para o populismo (Cf. L. Sturzo, *Politica e morale*, Bologna, Zanichelli, 1972; cf. A. Di Giovanni, *L'attualità di Luigi Sturzo, pensatore sociale e politico*, Milano, Massimo, 1987).

político atual, alargaria os horizontes de um encontro entre lados que muitas vezes simplesmente defendem seus próprios interesses. O conceito de "povo" deve ser compreendido adequadamente como unidade pluralista, em oposição a qualquer interpretação tacanha que restringe seu significado a uma "mera soma de interesses individuais" (FT 105).

Francisco esclarece que "povo" não deve ser entendido nem como uma "categoria lógica", muito menos como uma "categoria mística", mas, antes, como uma "categoria mítica" (FT 158). O que define um povo como uma coletividade – como um sujeito comunitária do qual flui uma identidade ético-cultural – é mais facilmente expresso e evocado simbolicamente[5] do que recorrendo a conceitos racionalistas e positivistas.

O substantivo *povo* carrega consigo um "valor adicional" que não pode ser nem quantificado nem circunscrito. Abrange vários elementos característicos: "capital humano", que é a série de laços que formam a rede sociocultural de uma nação; "bens imateriais", tais como costumes e tradições; a herança de valores partilhados por um grupo de pessoas e a identificação de metas comuns que se devem ter em mente quando se fazem escolhas.[6] Para essas nações, o

---

[5] A compreensão que o Papa tem da noção de povo ressoa profundamente o pensamento do filósofo francês Paul Ricoeur. Ricoeur afirmava que as culturas nacionais possuem um cerne ético-mítico: *ético* porque implica valores; e *mítico* porque esses são expressos de forma simbólica (Cf. P. Ricoeur, Civilisation universelle et cultures nationales, in P. Ricoeur, *Histoire et Vérité*, Paris, du Seuil, 1955, p. 286-300).

[6] Curiosamente, o território geográfico não é necessariamente um critério para se identificar um povo. Se pensarmos a respeito de quantos conflitos étnicos, por vezes dramáticos e sangrentos, surgem de

conceito de "povo" parece uma categoria "aberta", no sentido de que se refere à vida de seres humanos e à possibilidade de fazer brotar "uma nova síntese" (FT 160) na qual aquilo que inicialmente é visto como diferente e estrangeiro é, em seguida, incluído e integrado, levando à superação de desigualdades ou de injustiças.

Consequentemente, o adjetivo *popular* evita toda possível abstração, visto que se refere ao que está concretamente ligado à identidade de um "povo-nação",[7] e abre-se a uma alternativa viável para a política: a experiência vivida de cada povo situa-se entre o individualismo liberal e o populismo xenófobo. Tal experiência consiste em comunidades entremeadas de pessoas que partilham projetos comuns, sonhos, desejos de crescimento e momentos de solidariedade concreta.

querelas relacionadas a reivindicações e ocupação de terras, deveria ficar claro que a pertença a determinado território não é um direito exclusivo. De fato, vários povos ou grupos étnicos podem ter suas raízes na mesma região ou porção do mundo. Nosso ser irmãos e irmãs significa estabelecer relacionamentos de coexistência pacífica entre povos, entre identidades e culturas diferentes. Optar pela paz, de fato, "não é apostar no sincretismo ou na absorção de um no outro, mas na resolução em um plano superior que conserva em si as preciosas potencialidades das polaridades em contraste" (EG 228).

[7] Cada povo-nação é definido por uma cultura comum, que é sempre o resultado de uma história comum na qual está enraizado, mas que também aponta para um bem comum partilhado. Tenha-se presente que, para Francisco, os "pobres e simples" são os guardiães da memória histórica e da identidade cultural de um povo (cf. EM 48; EG 124). As aspirações deles por justiça muitas vezes são expressas em manifestações de piedade popular. Essa é a "sabedoria popular" a que o Papa Francisco amiúde se refere em seus discursos e que ele considera "o melhor ponto de partida para curar e ver-se livre" do que ameaça o tecido social (EG 68-69; 126).

TODOS IRMÃOS E IRMÃS

O Papa Francisco indaga a respeito do problema do trabalho, visto que é o meio de garantir uma vida decente e de assegurar a corresponsabilidade no aumento do bem-estar social. Ele indica o trabalho como a meta primária da "boa política". Uma vez que o trabalho representa uma "dimensão essencial da vida social" (FT 162), o melhor caminho para ajudar os que se encontram desfavorecidos é permitir-lhes espaço para a iniciativa, acesso ao mercado e oportunidade de usar suas próprias habilidades e meios.

Assim, o adjetivo *popular* é explicado à luz da complexa realidade do trabalho, visto que a maior forma de desigualdade social consiste em ser despojados dos meios que são indispensáveis para o desenvolvimento do próprio potencial. Essa é a razão por que o conceito de "povo" encontra forte resistência do ponto de vista econômico neoliberal, cujas pressuposições teóricas estão ancoradas no individualismo e, portanto, em uma concepção de sociedade como "mera soma de interesses que coexistem" (FT 163). A crítica de Francisco ao "paradigma tecnocrático" (FT 166) não se limita a denunciar seu arcabouço conceitual errôneo, ou a salientar seus efeitos nocivos, mas ela também confronta a natureza concupiscente ou "ávida" desse paradigma. A tendência inata a fechar-se egoisticamente em si mesmo parece oposta a qualquer coexistência social possivelmente imaginável na qual a caridade se torne a força propulsora por trás de "um caminho eficaz de transformação da história que exige incorporar tudo" (FT 164).

Hoje em dia, a política está marcada por uma perda do "senso de responsabilidade" (LS 25) e pela ilusão de que a tecnologia será capaz de tudo consertar (LS 109). Ao questionar nossas atitudes concupiscentes, o Papa indica a idolatria do dinheiro e suas armadilhas e artifícios. O neoliberalismo não é apenas uma teoria, mas também se apresenta como um credo. Sua estrutura dogmática se revela quando postula que o mercado é capaz de resolver crises mediante suas próprias leis e regras, ou quando invoca a mágica teoria do "derrame" ou do "gotejamento" (FT 168), como panaceia para todas as disparidades sociais.

No entanto, soluções técnicas estão fadadas ao malogro se a vida social não for vista sob outra ótica, de modo a refundar seus valores, suas metas, seus meios. Se a economia não é repensada tendo como fundamento propostas concretas de solidariedade, então toda solução da pobreza está destinada a revelar-se incapaz de mudar a ordem social e a situação vigente.

A crise desencadeada pela pandemia da Covid-19 mostrou serem ilusórias as especulações anteriores, visto que o mercado livre mostrou-se inapto para oferecer soluções no âmbito global. Pelo contrário, a pandemia desnudou toda a fraqueza das estratégias políticas baseadas em teorias econômicas, e não no reconhecimento da dignidade humana. A pandemia representa um "evento" do qual toda boa política deveria sair modificada, revelando-se competente para fazer escolhas que não seguem exclusivamente os ditames do mercado, ou respondem somente às frenéticas expectativas da eficiência, mas que coloca no centro o valor da pessoa (FT 168).

Semelhantemente, vemos a importância dos movimentos populares que fazem surgir formas alternativas de economia e de produção comunitária. Tais movimentos vão além da ideia de "uma política *para* os pobres" para uma política "*com* os pobres" e "*dos* pobres" (FT 169), a fim de permitir que se tornem protagonistas e agentes na transformação social.[8] Quando a caridade e a confiança começam a fazer parte da prática econômica, torna-se possível abandonar certa propensão a políticas de bem-estar social de cima para baixo. Em vez disso, experiências que se juntam "a partir de baixo" podem florescer e gerar formas criativas de economia popular.

A caridade como a "alma" da política: agir em âmbito global

Em vez de distribuir riqueza, deveríamos pensar acerca da "efetiva distribuição do poder, sobretudo político, econômico, militar e tecnológico" (FT 171). Como seria bom estabelecer um organismo internacional governado por lei e com poderes para penalizar os que usam os meios econômicos para estabelecer formas ocultas de neocolonialismo. Da mesma maneira, quão bom seria estabelecer organizações internacionais com a autoridade de assegurar o bem comum em âmbito global e de trabalhar em direção ao conseguimento de metas prementes, tais como a erradicação da fome, o fim do tráfico humano e a proteção do meio ambiente.

---

[8] M. Czerny; P. Foglizzo, The Strength of the Excluded: World Meeting of Popular Movements at the Vatican, *Thinking Faith* (*on-line* journal of the Jesuits in Britain), 29 de janeiro de 2015; The World Can Be Seen More Clearly from the Peripheries, *Thinking Faith*, 2022.

Há, também, uma necessidade urgente de repensar as Nações Unidas, ampliando as bases para a participação, a fim de evitar que as nações economicamente avançadas se apropriem de toda a autoridade (FT 173).[9] A política deve mostrar-se apta a adotar uma visão ampla, promovendo o multilateralismo (FT 144), fortalecendo os meios para resolver pacificamente os conflitos (FT 174), repensando os sistemas jurídicos com base na cooperação internacional, e identificando objetivos que vão além dos próprios interesses de determinado povo (FT 177).

À falta de coordenação e a várias outras deficiências na comunidade internacional, o Papa Francisco contrasta positivamente a ação de tantos grupos e organizações na sociedade civil que colocam em prática o princípio da subsidiariedade de novas maneiras. Isso oferece alguma segurança a inteiras populações em condições precárias. Existe algo de heroico na tentativa deles de defender os direitos humanos contra costumes e mentalidades abusivos – muitas vezes exacerbados ao dar prioridade à economia em desfavor da política. Aqui está uma das razões para termos esperança no futuro de nossa humanidade.

Entretanto, uma economia sem política é incapaz de superar as crises; uma política que simplesmente se submete aos

---

[9] Na *Sollicitudo Rei Socialis*, João Paulo II afirma que, hoje, a humanidade enfrenta "uma fase nova e mais difícil do seu desenvolvimento autêntico; hoje tem necessidade de um grau superior de ordenação em âmbito internacional, ao serviço das sociedades, das economias e das culturas do mundo inteiro" (SrS 43). A respeito da reavaliação da Organização das Nações Unidas, cf. João Paulo II, *Discurso de Sua Santidade o Papa João Paulo II à 50ª Assembleia Geral das Nações Unidas*, Nova York, 5 de outubro de 1995, 14.

TODOS IRMÃOS E IRMÃS

ditames da economia é cega. Ambas devem comprometer-se, mediante mútuo acordo, em desenvolver uma abordagem integral e em buscar boas práticas, combatendo a corrupção, o abuso de poder e o descumprimento da lei. Planejar juntos é olhar para o futuro, inspirados conjuntamente para buscar o bem comum, pois é dever de justiça considerar seriamente o legado que deixaremos nas mãos das futuras gerações (FT 178).

O Papa Francisco torna a dizer que a política realiza sua própria vocação quando busca o bem comum. Ele acrescenta que a aspiração política à boa governança da ordem social deveria impulsá-la a buscar a caridade como a "alma" (FT 180) de sua maneira de proceder (*modus operandi*).

Se "'pessoa' e 'povo' são termos correlativos" (FT 182), "o amor social"[10] e a "caridade política"[11] são dois lados da

---

[10] A noção de "amor social" é emprestada da *Redemptor Hominis* (RH 15). Essa passagem da Encíclica de João Paulo II analisa o progresso tecnológico e científico como um "sinal dos tempos" que caracteriza nossa era. João Paulo II enfatiza a natureza ambivalente desse progresso: é uma expressão do talento humano, mas pode tornar-se uma ameaça com consequências catastróficas na medida em que for vista como um fim em si mesmo. Com o propósito de evitar a periclitante autodestruição da raça humana, devemos perguntar-nos a respeito das reais vantagens do progresso tecnocientífico. O critério para o discernimento é precisamente o do amor social. O progresso tecnocientífico beneficia a todos? Torna a vida humana "mais humana"? Ou se torna uma arma nas mãos de uns poucos escolhidos a fim de dominar os outros, sem se levarem em conta as possíveis consequências de seu uso? (Cf. G. Tanzella-Nitti, Pensare la tecnologia in prospettiva teologica: esiste un umanesimo scientifico?, in P. Barrotta G. O. Longo [org.], *Scienza, tecnologia e valori morali: quale futuro? Studi in onore di Francesco Barone*, Roma, M. Negrottim Armando Editore, 2011, p. 201-220; 155).

[11] Na Encíclica *Caritas in Veritate*, Bento XVI retomou a expressão "caridade política" em conexão com o conceito inédito do "caminho institucional da caridade": "Todo o cristão é chamado a esta caridade,

mesma moeda. Na esfera interpessoal, a valorização do outro e o compromisso de construir uma sociedade melhor correspondem ao que a política realiza na ordem civil. Por meio de sua inerente adjacência à verdade, a caridade evita o sensacionalismo, a sintonia com o emocional e sempre sugere uma abertura universal aos problemas. O amor social é o caminho mais seguro para conseguir o desenvolvimento de todos, porque é sempre criativo e capaz de abrir um caminho à frente, mesmo onde parece não haver solução para os problemas (FT 183). Além disso, o amor social capacita passar da iniciativa pessoal à ação conjunta (FT 185). A política que é animada pela caridade consegue tornar-se "universal" e difundir-se pelo tecido social. O exemplo usado para ilustrar a caridade na política é iluminador: "Alguém ajuda um idoso a atravessar um rio, e isto é caridade primorosa; mas o político constrói-lhe uma ponte, e isto também é caridade" (FT 186).

Na última parte do capítulo 5, Francisco dirige-se diretamente aos políticos em um comovido apelo às suas consciências. Diz-lhes que só é possível superar os desafios da pobreza e da exclusão, eliminar a fome e garantir a todos o direito inalienável à alimentação (FT 189), mediante o compromisso pessoal, "arregaçando-se as mangas" e honrando uma opção preferencial pelos pobres que desencoraje qualquer "pragmatismo sem alma" (FT 187). Isso exige respeito pelo indivíduo e a firme convicção da inerente dignidade

---

conforme a sua vocação e segundo as possibilidades que tem de incidência na pólis. Este é o caminho institucional – podemos mesmo dizer político – da caridade, não menos qualificado e incisivo do que o é a caridade que vai diretamente ao encontro do próximo, fora das mediações institucionais da pólis" (CiV 7).

prévia de cada pessoa (FT 191). A política deve fomentar uma sociedade diversificada e proteger a variedade de "vozes" que a compõem (FT 190). Para tal fim, é necessário difundir uma cultura de tolerância e de coexistência pacífica. Dar atenção e cuidado aos pequeninos, aos fracos e aos marginalizados é permitir-se "tornar-se afetuoso" e profundamente comovido por suas experiências dramáticas. Ser sensível às feridas dos outros não é sinal de fragilidade, mas de imensa força interior (FT 194). Entrar para a política não a fim de angariar poder para si, mas com o fito da promoção humana, é uma maneira de semear esperança. Quando verdadeiramente desejamos incrementar as condições de vida dos outros, estamos querendo intervir sem preocupar-nos com resultados imediatos, confiando em que outros, um dia, colherão os benefícios (FT 196). Dessa perspectiva, governar é uma maneira de servir que se abre ao mistério da fecundidade. Quando nos esquecemos da imagem projetada para fora, das sondagens e da opinião pública, somos capazes de concentrar-nos somente no bem que pode ser feito, dando início a processos de mudança e de transformação que estão enraizados no presente com o propósito de alimentar a confiança no futuro (FT 197).

Diálogo e amizade sociais: ir ao encontro do outro com respeito, a fim de, juntos, buscarem a verdade

Nas últimas décadas, a reflexão teológica redescobriu a importância do diálogo para uma expressão mais madura e completa da fé.[12] O Vaticano II já havia lançado a base para tal desenvolvimento ao enfatizar a importância do "diálogo" para se compreender o evento histórico-salvífico da Revelação divina. Sem dúvida, a Constituição dogmática *Dei Verbum* reconhece o "diálogo" como uma categoria teológica basilar quando afirma que Deus "na riqueza do seu amor fala aos homens como a amigos e convive com eles, para os convidar e admitir à comunhão com ele" (DV 2).

Paulo VI também atribuiu importância especial ao diálogo, identificando a palavra como o meio mais adequado para expressar a consciência renovada da Igreja de como tornar-se presente no mundo. Instituída por Cristo como uma realidade intrinsecamente *dialógica*, a Igreja é enviada a proclamar o Evangelho a todos os povos. Na Encíclica *Ecclesiam Suam,* o Papa Paulo VI afirmou que precisamente com base no *diálogo* é que se pode definir a *missão* da Igreja no mundo de hoje e, consequentemente, os dois termos estão de tal modo intimamente relacionados que podem ser compreendidos como sinônimos:

---

[12] As implicações de uma forma dialógica de pensar têm sido exploradas principalmente no campo da teologia trinitária, não somente em prol da hermenêutica correta da forma cristológica da Revelação, mas também em face das questões pastorais atuais na Igreja e dos problemas éticos na sociedade. A partir da verdade do Deus Uno e Trino, na qual a alteridade é o fruto do amor substancial, o "diálogo" emerge como evento espiritual, cultural e social que é capaz de desenvolver uma antropologia que é, por sua vez, dialógica (Cf. L. Sandonà, *Dialogica: per un pensare teologico tra sintassi trinitaria e questione del pratico*, Roma, Città Nuova, 2019).

Se a Igreja, como dizíamos, tem consciência do que o Senhor quer que ela seja, surge nela uma plenitude única e a necessidade de efusão, adverte claramente uma missão que a transcende e um anúncio que deve espalhar. É o dever da evangelização, é o mandato missionário, é o dever de apostolado. A este interior impulso da caridade, que tende a fazer-se dom exterior, daremos o nome, hoje comum, de diálogo. A Igreja deve entrar em diálogo com o mundo em que vive. A Igreja faz-se palavra, faz-se mensagem, faz-se colóquio (ES 37-38).

Tomando-se como base os ensinamentos do Vaticano II e de Paulo VI, fica evidente que o diálogo é não apenas uma dimensão fundamental da experiência humana e cristã, mas também constitui um carisma especial para ajudar a Igreja em seu compromisso de fomentar a unidade entre as pessoas e nosso ser todos irmãos e irmãs.[13]

Contudo, mesmo com essa reapropriação da "abordagem dialógica" em contextos eclesiais, não é raro que os defensores do diálogo como elemento importante nas escolhas políticas, econômicas e sociais, ou na coexistência civil, sejam censurados como sonhadores ingênuos. É quase como se o próprio fato de lidar com os desafios de hoje, propondo e promovendo uma abordagem dialógica, revelasse um tipo de "prática de boas ações" e "pacificação" que são completamente inadequadas para apreender a realidade humana e os fenômenos contemporâneos.

Provavelmente, esse preconceito é devido à maneira pela qual o significado de diálogo foi compreendido erroneamente

---

[13] Cf. P. Rossano, Il concetto e i presupposti del dialogo, in P. Roassano, *Dialogo e annuncio cristiano. L'incontro con le grandi religioni*, Cinisello Balsamo, Edizioni Paoline, 1993, p. 13-26.

no passado, tendo sido reduzido ao último recurso quando tudo o mais havia falhado. Somente quando tudo parece irremediavelmente perdido (*in extremis*), quando nenhuma solução pode eventualmente ser encontrada, emerge, de fato, a tentativa da abordagem dialógica como meio de controle de danos e de "salvar o que ainda pode ser salvo".

A *Fratelli Tutti* adota uma abordagem diferente, falando de diálogo com propostas saudáveis e realistas. Em vez de ser um último recurso, uma tentativa de reparar os estragos e de tentar reconciliar os lados, o diálogo é proposto como um processo gerativo e "preventivo" que pode descortinar horizontes que vão muito além da mera concessão. Longe de ser apenas uma "escotilha de fuga" emergencial, o diálogo concerne a ambos os lados envolvidos, impelindo-os a rever suas próprias prioridades e a identificar o caminho alternativo para um futuro sustentável. Reduzir o valor do diálogo a um mero "remédio" diminui seu pleno poder e eficácia.[14] O diálogo é uma ferramenta indispensável para reunir vários agentes sociais, e é também um ponto de encontro para diversas identidades culturais (FT 199). A ausência de diálogo sempre traz consequências funestas, piorando os conflitos internos dentro de uma nação, por exemplo, e exacerbando as tensões entre as pessoas (FT 202).

A visão que o Papa Francisco tem de diálogo não é motivada pelo único objetivo de proclamar explicitamente o Evangelho. Pelo contrário, a perspectiva do Papa segue a lógica que Jesus revelou na parábola do fermento na massa (Mt 13,33). O diálogo

---

[14] Cf. A. Fabris, *RelAzione. Una filosofia performativa*, Brescia, Morcelliana, 2016, p. 175-180.

visa fazer emergir, a partir de dentro, o entretecimento de relacionamentos e vínculos entre pessoas e povos. Conforme São Paulo VI afirmou, é a atitude "de quem se esforça por introduzir continuamente, no viver humano, a mensagem de que é depositário" (ES 80). Por outras palavras, trata-se de enriquecer nossa gramática como seres humanos com a sintaxe do diálogo que Cristo revelou ao mundo ao mostrar-lhe o rosto do Pai.[15]

É esse encontro entre o *Logos* eterno e a lógica humana que nos mostra, principalmente, o que o diálogo não é. Amiúde confunde-se o diálogo com uma frenética "troca" de opiniões, desprovida de todo desejo sincero de compreender as razões e as intenções mais profundas do outro. Nessa compreensão equivocada do diálogo, a escuta não é experimentada como construtiva, como uma forma de abrir-se à verdade do interlocutor. Em vez disso, a escuta reduz-se a esquadrinhar as palavras pronunciadas pelo oponente a fim de encontrar munição para tornar mais convincente o próprio argumento. A recusa sistemática a prestar atenção à lógica dos outros enrijece nossas próprias posições e bloqueia o diálogo em um impasse.

Os meios de comunicação fervilham desses tipos de permutas infrutíferas de opiniões, que eles disfarçam de diálogo. Na realidade, eles sobrepõem monólogos na presença do outro lado. Esse estilo tornou-se predominante não apenas na internet, em que a agressão e o ódio se escondem por trás da comunicação impessoal oferecida pelas mídias sociais, mas

---

[15] Cf. P. Coda, Nella logica del Dio unico che è Trinità, in L. Becchetti, P. Coda e L. Sandonà (org.), *Dialogo dunque sono: come prendersi cura del mondo*, Roma, Città Nuova, 2019, p. 45-63.

também no debate político, em que a habilidade de triunfar sobre o oponente tornou-se mais importante do que as ideias que querem ser expressas.

Os políticos têm recorrido a timbres agressivos, à linguagem pejorativa e à manipulação da informação, muitas vezes para justificar suas escolhas, mesmo à custa da demonização dos que pensam diferentemente deles (FT 201). Quando falta disposição para empenhar-se no diálogo, o confronto degenera-se em conflito entre facções e interesses opostos, e visa somente obter vantagem. O melhor que se pode esperar é alcançar um acordo na partilha do poder, evitando quanto possível que os outros fiquem com "a maior fatia".

Para construirmos juntos, precisamos aprender a arte do diálogo. Isso significa acolher os pontos de vista do outro e esforçar-se para compreender seus posicionamentos, sem eliminar, de saída, a possibilidade de encontrar algo de bom ou de sensato. A tolerância emerge do contínuo exercício de comparar ideias diferentes, de reconhecer a diferença como um trunfo a ser salvaguardado e não contraposto. Não há diálogo verdadeiro se a pessoa não estiver disposta a oferecer aos demais a devida consideração, legitimando sua identidade e sua maneira diferente de pensar e de viver (FT 203). As diferenças podem desencadear em nós emoções primitivas, disparando resistência e rejeição, além de mecanismos de defesa específicos: "negar" o outro ou deliciar-se com a oportunidade de opor-se ao outros e/ou com prazer cínico, excluí-lo e proscrevê-lo.[16]

---

[16] Cf. M. Aime, *Una bella differenza. Alla scoperta della diversità del mondo*, Torino, Einaudi, 2016.

TODOS IRMÃOS E IRMÃS

Começando nos anos da década de noventa, o problema do relativismo entrou em muitos dos documentos do Magistério de João Paulo II, especialmente no que concerne às questões éticas. Bento XVI enfatizou posteriormente a necessidade de demonstrar as diferenças teóricas e práticas do relativismo de modo mais sistemático, a fim de indicar uma via alternativa para a fé cristã. Ele tratou o relativismo como um fenômeno isolado, sem especificar suas várias manifestações, ou usando adjetivos para descrevê-lo (por exemplo, cultural, moral, ético, religioso, político). Em uma mensagem dirigida aos jovens, Bento explicou os efeitos danosos do relativismo da seguinte maneira: "O relativismo difundido, segundo o qual tudo equivale e não existe verdade alguma, nem qualquer ponto de referência absoluto, não gera a verdadeira liberdade, mas instabilidade, desorientação, conformismo às modas do momento".[17] Assim, a crítica do relativismo é vista como parte da dialética com a sociedade secularizada, que é incriminada em razão da remoção das dimensões metafísica, ética, espiritual e escatológica, como consequência do advento da modernidade.

O diálogo preserva-nos de cair em generalizações simplistas, pois não há somente um jeito de ver a realidade e de descobrir seu sentido. Atualmente, por exemplo, corremos esse risco, quando pensamos que o progresso científico é a única narrativa significativa e confiável para o mundo de hoje. Uma abordagem integral da vida, porém, exige que as várias ciências interajam entre si, partilhando as lições que

---

[17] Cf. Bento XVI, *Mensagem do Papa Bento XVI para a XXVI Jornada Mundial da Juventude (2011)*, 6 de agosto de 2010.

cada perspectiva sobre a realidade pode oferecer às demais disciplinas (FT 204).

Durante muito tempo, a fragmentação do conhecimento foi apoiada pelo relativismo,[18] e, em nome da tolerância mútua, a verdade objetiva ou princípios universalmente válidos foram negados. Contudo, não se obteve nenhuma vantagem real com tal abordagem, que apenas enfraqueceu nosso conhecimento e construiu "muros cartesianos" que têm findado por isolar vários campos da pesquisa e desconectá-los uns dos outros (FT 206).

Devemos reconhecer que, enquanto os fatos, em sua interpretação, podem ser mal compreendidos ou intencionalmente manipulados, há verdades que não mudam e que transcendem o tempo (FT 208). Contrariamente ao que se afirma usualmente, a razão humana não é "fraca", mas tem a força necessária dentro de si para descobrir esses princípios universais e esses valores imutáveis aos quais ela está naturalmente predisposta. Uma dessas verdades fundamentais e inalienáveis é a dignidade da pessoa humana (FT 207), que protege os seres humanos das convicções que arbitrariamente fluem e refluem ao longo da história. A mesma verdade liberta a humanidade de modismos fugazes e de ideologias persuasivas que ameaçam dobrar e romper o ser humano de

---

[18] Cf. J. Ratzinger, Salvezza e storia, in *Storia e dogma*, Milano, Jaca Book, 1971, p. 93-110; cf. J. Ratzinger, Ragione e fede. Scambio reciproco per un'etica comune, in J. Habermas e J. Ratzinger, *Ragione e fede in dialogo*, Venezia, Marsilio, 2005, p. 65-81; cf. J. Ratzinger, Fede, religione e cultura, in *Fede, Verità, Tolleranza. Il Cristianesimo e le religioni del mondo*, Siena, Edizioni Cantagalli, 2003, p. 57-82; cf. J. Ratzinger, Relativismo, problema della fede, *Il Regno-Documenti* 784, n. 1 (1997): 51-56.

Todos irmãos e irmãs

acordo com certas agendas e interesses. O relativismo inclui o risco de que os mais fortes imponham o que é considerado verdadeiro, e que a justiça simplesmente espelhe as ideias dominantes (FT 210). Por outro lado, a moralidade básica afirma a existência de leis e de normas que são válidas para todos os seres humanos, à parte quaisquer tipos de contingências. "Ser o dono do mundo ou o último 'miserável' sobre a face da terra não faz diferença alguma: perante as exigências morais, todos somos absolutamente iguais" (FT 209). Isso significa buscar juntos a verdade, conhecendo-a em sua objetividade, indo além de qualquer "consenso ocasional" (FT 211), e superar todo tipo de apropriação política da verdade que a limita a um único ponto de vista (FT 206).

O fomento de uma saudável "cultura do encontro" é pré--requisito para alcançar um pacto social no qual a ninguém são negados direitos e oportunidades (FT 215-221). O Papa Francisco recomenda a amabilidade como atitude de respeito e como uma resolução de não magoar os outros (FT 223). Interagir uns com os outros, sem relativizar as próprias opiniões ou as dos outros, é o caminho mais imediato para transformar as relações sociais e deitar o fundamento para uma coexistência harmoniosa que seja fecunda para todos (FT 224).

Caminhos rumo a novo encontro: construtores e artesãos da paz

O capítulo 7 de *Fratelli Tutti* trata do problema da paz e das grandes mudanças na gestão de conflitos internacionais produzidos pelo advento da globalização e do progresso tecnocientífico.

Vale a pena lembrar que, até a segunda metade do século XX, o Magistério da Igreja mostrava pouco interesse pela questão da paz. Foi somente depois da Segunda Guerra Mundial, em face das chagas infligidas à humanidade pelo conflito, que o Magistério sentiu necessidade de estudar mais profundamente o assunto.[19]

A Encíclica *Pacem in Terris*, de João XXIII, e a Constituição pastoral *Gaudium et Spes* trazem o testemunho mais autorizado do desenvolvimento significativo que se deu na consciência teológica da Igreja a respeito do tema da paz na sequência da II Guerra Mundial. A paz já não era considerada unicamente uma meta escatológica da recapitulação final em Cristo, mas uma realidade dentro da história e uma tarefa que a família humana é chamada a realizar aqui e agora no presente.[20]

À luz do ensinamento do Concílio e da renovada sensibilidade do Magistério, *Fratelli Tutti* vê a pacificação como um dever de proclamar o Evangelho e de realizar o plano de Deus para a humanidade de uma maneira que ainda não é *definitiva*, mas muito *real* à medida que nos

---

[19] O tema da paz foi originalmente considerado como uma questão moral, já em resposta à questão da legitimidade da guerra, já como parte da reflexão dogmática sobre os novíssimos, ou seja, a morte, o julgamento, o inferno e o céu (Cf. E. Chiavacci, Pace, in G. Barbaglio, G. Bof e S. Dianich [org.], *Teologia*, Cinisello Balsamo, Edizioni San Paolo, 2002, p. 1.048-1.064; 164).

[20] Cf. J. Joblin, L'actualité de l'enseignement de *Gaudium et spes* sur la paix, in F. Biffi (org.), *La pace: sfida all'Università Cattolica, Atti del Simposio fra le Università ecclesiastiche e gli Istituti di Studi Superiori di Roma, Roma (3-6 Dicembre 1986)*, Roma, Herder-FIUC, 1988, p. 596-599; cf. M. Dagras, La dynamique de l'encyclique, in R. Coste, M. Dagras e G. Mathon (org.), *Paix sur la terre. Actualité d'une encyclique*, Paris, Centurion, 1992, p. 19-38.

TODOS IRMÃOS E IRMÃS

esforçamos constantemente rumo à meta final. A história da humanidade e a história da salvação não têm medidas de grandeza incompatíveis; a primeira é uma parte integral da última. A *Gaudium et Spes* fala da paz no capítulo V da II Parte. Contudo, o fundamento de uma teologia da paz é encontrado na I Parte, especificamente na afirmação de que "o Senhor é o fim da história humana" (GS 45). Em contraste com qualquer noção privada de paz, a *Gaudium et Spes* explica que a paz é uma responsabilidade que cabe a toda a família humana, chamada a tornar-se a "família de Deus" (GS 40). O convite do Papa Francisco a *sermos todos irmãos e irmãs* está fundamentado nesta convicção: toda a humanidade deve direcionar a história rumo à realização da paz. Esse escopo é para todos, posto que adquire particular importância para os cristãos, uma vez que significa mostrar ao mundo a obra salvífica de Cristo.

O Papa Francisco indica dois níveis diferentes de realização de nosso empenho pela paz. Há o nível *político*, que é a prerrogativa das instituições à medida que trabalham mediante a arte da negociação. Em seguida, há o nível *pessoal*, que é cada pessoa de boa vontade oferecendo sua contribuição a fim de aumentar a cultura da coexistência social pacífica. A paz é o resultado de esforços harmonizados em ambos os níveis, visto que os tratados de paz – embora indispensáveis – não podem lograr seu intento sem a contribuição das comunidades civis e sem a transformação das relações sociais que acontece por meio do envolvimento direto e cotidiano da pessoas comuns.[21]

---

[21] Paulo VI sublinhou a importância de contribuir pessoal e coletivamente para a construção da paz na sociedade civil: "Se a opinião pública se eleva

A paz pressupõe que essas duas instâncias inter-relacionadas – a política e a pessoal – convirjam para realizar a meta comum de construir juntos um futuro sem guerra.

Parafraseando uma máxima famosa de Tertuliano,[22] podemos afirmar que "fazedores da paz não nascem feitos, mas se tornam assim". A razão é que, construir um mundo pacífico, é o resultado de uma jornada de conversão que opera em vários níveis para disciplinar nossa tendência humana inata a dominar os mais fracos. Esse *tornar-se*, como o de Tertuliano, é onde se deve descobrir um "ascetismo" ou disciplina que se oriente para a paz entre religiões, nações e pessoas.

Enquanto a política desenvolve uma "arquitetura" de paz, forcejando para reunir estruturas normativas e construir acordos internacionais, a rede de relacionamentos pacíficos é entretecida por pessoas comuns e constitui um "artesanato ou manufatura" de paz (FT 231).

Ao recorrer a essas duas imagens – "arquitetura" e "manufatura" –, sendo que a última remete às artes aplicadas, o

---

destarte a coeficiente determinante do destino dos povos, o destino da paz também depende de cada um de nós. Efetivamente, cada um de nós faz parte do corpo civil operante sobre a base de um sistema democrático, o qual, revestindo várias formas e em diversa medida, caracteriza hoje a vida das nações modernamente organizadas. Era isso, portanto, que queríamos dizer: a paz é possível, se cada um de nós a quiser; por outras palavras, se cada um de nós amar a paz, educar e formar a própria mentalidade para a paz, defender a paz e trabalhar pela paz. Cada um de nós deve ouvir na própria consciência o obrigatório apelo: 'A paz também depende de ti'" (*Mensagem de Sua Santidade o Papa Paulo VI para a Celebração do VII Dia Mundial da Paz*, 1º de janeiro de 1974).

[22] Cf. Tertullian, *Apology, Ante-Nicene Fathers*, v. 3., trad. S. Thelwall, org. Roberts, J. Donaldson e A. Cleveland Coxe (Buffalo, NY, Christian Literature Publishing Co., 1885), XVIII.

Papa Francisco formula com clareza o tema da paz e propõe seu caminho futuro de uma maneira que ressoa com a "estética teológica". Construir a paz é *philokalia*, ou seja, amar e percorrer um caminho de beleza.[23]

A paz é *bela* porque contrasta com a fealdade do egoísmo e do individualismo, e é fruto de um esforço comum que precisa de empenho e de dedicação.[24] À luz da fé cristã, a paz não é o produto de um esforço heroico da parte do indivíduo, mas um evento de comunhão. A paz é um reflexo da "vida circular" (*perichoresis*) da Trindade, o ágape entecido do Pai, do Filho e do Espírito Santo. Esse amor trinitário é não somente a origem do ato da criação, mas também constitui seu fim último. A paz é a profecia de um mundo redimido, uma antecipação da

---

[23] Ascetismo, do verbo grego *áskēin* – que significa "praticar" ou "exercitar-se" –, significa ação repetida em um esforço para adquirir uma habilidade. Na literatura grega antiga, esse verbo era usado para indicar o trabalho artístico. O ascetismo é o esforço necessário para que o belo possa assumir forma. A escolha dos termos "arquitetura" e "artesanato" para indicar o esforço de construir um mundo pacífico aponta para o ascetismo de paz, no qual o esforço feito no presente é orientado a oferecer às gerações futuras um mundo mais verdadeiro, melhor e mais bonito (Cf. E. Bianchi, *Lessico della vita interiore. Le parole della spiritualità*, Milano, Rizzoli, 2004).

[24] Se a beleza é uma experiência de uma ressonância especial com a criação e com nossos semelhantes seres humanos, na qual – conforme diria Hans Urs von Balthasar – nos é dada a possibilidade de perceber a forma cristológica, e que tem o efeito de expandir e de estender nosso mundo interior, então a paz é bela porque nos permite conquistar partes de nós mesmos que só podem ser expressas na vivência de nossa profunda interconexão de uma maneira livre de impulsos egoístas e violentos para com os outros (Cf. C. Barone, "L'esistenza dei Santi è teologia vissuta": Dogmatica e Spiritualità nell'apologetica teologica di Hans Urs von Balthasar, *Synaxis* 37, n. 2 (2019): 133-153).

humanidade reunida na Jerusalém celeste. Ao mesmo tempo, a paz é um "sinal dos tempos" que fala da presença do Reino de Deus já em ação na história contemporânea, visto que dá testemunho da salvação que se desdobra em nossa história.

O Papa Francisco extrai três qualidades da revelação bíblica, as quais descrevem a paz como a criação de um estilo comunitário que envolve a pessoa humana no relacionamento com Deus, com a criação e com seus semelhantes: verdade, justiça e perdão.[25] A ausência de qualquer um desses atributos solapa o próprio significado da paz e o senso de *totalidade* pelo qual ela se esforça nas relações sociais e por todo o mundo.[26] A verdade, a justiça e a misericórdia são

---

[25] No Antigo Testamento, a paz (*shalom*) é bênção, repouso, glória, riqueza e vida. Por outras palavras, a paz expressa uma realidade que o povo de Israel já experimenta e testemunha na história, cuja plena realização é objeto de esperança escatológica (Ex 57,19-21). O relacionamento que Deus estabelece com o povo escolhido constitui uma aliança de paz (Ez 37,26). Ela está frequentemente associada à realização do plano salvífico de Deus como *justiça* (Ex 32,16-18; Lv 26,1-13; Pr 12,20) e como *verdade* acerca da pessoa (Sl 84,11-12). Dado que o pecado obstaculiza o estabelecimento do Reino de Deus (Jr 6,13-14), Israel experimenta a paz como *perdão* dos pecados e reconciliação com Deus. No Novo Testamento, a paz (*eiréné*) é o dom pessoal do Senhor Ressuscitado à comunidade dos que acreditam (Lc 24,36; Jo 20,19.21.26), a qual foi prometida por Jesus durante o tempo de seu ministério público como bem-aventurança para os que creem nele (Lc 10,5s). Nas Cartas de São Paulo, a paz é o próprio Cristo (Ef 2,14-18), como salvação que é alcançada mediante a reconciliação com o Pai, o que acontece por meio da justificação pela fé (Rm 5,1) (Cf. J.-Y. Lacoste, Pace, in J.-Y. Lacoste, *Dizionario Critico di Teologia*, org. P. Coda, Roma, Borla/Città Nuova, 2005, p. 958-960; cf. G. Barbaglio, *Pace e violenza nella Bibbia*, Bologna, Edizioni Dehoniane, 2011).

[26] A palavra hebraica *shalom* vem de uma raiz que designa o fato de estar intacto, completo. Alude à conclusão de uma tarefa, tal como a

TODOS IRMÃOS E IRMÃS

coessenciais à paz, e cada uma delas "impede que as restantes sejam adulteradas" (FT 227).[27]

Começar com a verdade "nua e crua" (FT 226) significa iniciar um processo que restaure e cure as feridas provocadas por conflitos e guerras (FT 225). Esses caminhos sempre implicam o exercício de "uma memória penitencial, capaz de assumir o passado para libertar o futuro" (FT 226).[28] Somente com base na verdade histórica, a partir de uma análise honesta dos fatos, é que pode haver compreensão mútua e um compromisso com o bem comum que está aberto à busca de soluções reais e de novas sínteses.[29] É um dever

---

construção de uma casa (1Rs 9,25), ou ao fato de restaurar uma realidade à sua condição de integridade primordial, tal como pagar a dívida de um credor (Ex 21,34), ou ao cumprimento de um voto (Sl 50,14). Por conseguinte, a paz bíblica não é apenas o efeito de um tratado ou de um "pacto" que põe fim a um "período de guerra" (Eclo 3,8; Ap 6,3). Pelo contrário, a paz bíblica indica o estado cotidiano de bem-estar que os seres humanos obtêm de uma vida em harmonia consigo mesmos, com Deus e com os outros.

[27] O Cardeal Martini demonstrou como a verdade, a justiça e o perdão têm sido apresentados como elementos coessenciais da paz no Magistério papal depois do Concílio Vaticano II, especialmente mediante as mensagens anuais para o Dia Mundial da Paz (Cf. C. M. Martini, Pace, in *Dizionario di Dottrina Sociale della Chiesa. Scienze sociali e Magistero*, Milano, Vita e Pensiero, 2004, p. 94-107).

[28] A propósito da necessidade de purificar nossa memória mediante o perdão e a reconciliação a fim de reler os fatos do passado através de lentes novas (Cf. João Paulo II, "Diálogo entre as culturas para uma civilização do amor e da paz", *Mensagem para a Celebração do XXXIV Dia Mundial da Paz*, 1º de janeiro de 2001).

[29] São João Paulo II indicou a verdade como o fundamento da paz, afirmando que, para lutar contra o mal no mundo, devemos esclarecer os fatos: "Exige-se a restauração da verdade, se não se quer que as pessoas individualmente, os grupos e as nações se ponham a duvidar da paz e a

de justiça, mas também um direito das vítimas, trazer à luz a gênese de um conflito, explicar suas causas e narrar o que realmente aconteceu. Lançar luz sobre acontecimentos, sem omitir ou manipular quaisquer fatos, e reconhecer os erros cometidos por cada uma das partes envolvidas, é uma forma de honrar os que caíram e de sanar as feridas do passado. A verdade é um antídoto para a vingança e uma barreira ao ódio que alimenta mais ódio.

A paz "não é apenas ausência de guerras" (FT 233), mas o estabelecimento de relações de amizade social em que a dignidade da pessoa humana seja reconhecida e garantida. Por essa razão, a paz exige justiça e clama por uma opção preferencial pelos pobres.[30] Sem justiça e sem a garantia

---

consentir em novas violências" (João Paulo II, "A verdade, força da paz", *Mensagem para a Celebração do XIII Dia Mundial da Paz*, 1º de janeiro de 1980, 3).

[30] A conexão entre a paz e a pobreza foi delineada pelo Papa João Paulo II: "Vai-se também afirmando no mundo, com uma gravidade sempre maior, uma *outra séria ameaça à paz*: muitas pessoas, mais, inteiras populações vivem hoje em *condições de extrema pobreza*. A disparidade entre ricos e pobres tornou-se mais evidente, mesmo nas regiões economicamente mais desenvolvidas. *Trata-se de um problema que se impõe à consciência da humanidade*, visto que as condições em que se encontra um grande número de pessoas são tais que ofendem sua dignidade natural e comprometem, consequentemente, o autêntico e harmônico progresso da comunidade mundial. Essa realidade emerge em toda a sua gravidade em numerosos países do mundo: tanto na Europa como na África, Ásia e América. Em várias regiões, muitos são os desafios sociais e econômicos com que os crentes e homens de boa vontade se devem enfrentar. Pobreza e miséria, diferenças sociais e injustiças até às vezes legalizadas, conflitos fratricidas e regimes opressores interpelam a consciência de inteiras populações por toda a parte do mundo" (João Paulo II, "Se queres a paz, vai ao encontro dos

TODOS IRMÃOS E IRMÃS

de que os marginalizados realmente sejam protagonistas de sua própria vida, nenhuma paz social pode realmente consolidar-se (FT 234). Sem dúvida, as disparidades sociais constituem um terreno fértil para a proliferação de guerras (FT 235). O que amiúde causa instabilidade social é a falta de condições necessárias para assegurar aos "descartados" o acesso integral ao desenvolvimento humano. Isso muitas vezes está na origem de inúmeras atitudes antissociais, e é o cenário para sentimentos de frustração e de raiva, que podem disparar reações repentinas e violentas.[31]

O Papa Francisco pergunta-se sobre que sentido podemos dar à palavra *reconciliação*, e observa que muitas pessoas evitam usá-la porque estão convencidas de que o conflito é parte integrante do funcionamento da sociedade (FT 236). Eles preferem conservar apenas uma aparência de paz, mesmo à custa de ocultar problemas e de endossar tacitamente a perpetração

---

pobres", *Mensagem para a Celebração do XXVI Dia Mundial da Paz*, 1º de janeiro de 1993, 1).

[31] De uma perspectiva moral, São Paulo VI ligava o tema da paz ao do desenvolvimento humano na *Populorum Progressio*, a ponto de afirmar que o desenvolvimento é o novo nome da paz (PP 76-87). São João Paulo II, por sua vez, na *Sollicitudo Rei Socialis*, enfatizou a importância da solidariedade como "o caminho para a paz e, ao mesmo tempo, para o desenvolvimento" (SrS 39). Referindo-se ao ensinamento de seus predecessores, o Papa Francisco reitera que a dignidade inata e inviolável da pessoa humana é não apenas um alicerce firme para a construção de uma paz duradoura, mas é igualmente o princípio orientador que possibilita as escolhas políticas para evitar a instabilidade, a rebelião e a violência (Paulo VI, "A promoção dos Direitos Humanos, caminho para a paz", *Mensagem para a Celebração do II Dia Mundial da Paz*, 1º de janeiro de 1969; João Paulo II, "No respeito dos Direitos Humanos, o segredo da verdadeira paz", *Mensagem para a Celebração do XXXII Dia Mundial da Paz*, 1º de janeiro de 1999).

da injustiça. Em seguida, tiram vantagem das aparências para evitar renunciar a suas posições de poder e de lucro.[32]

Contudo, há situações diante das quais não podemos fechar os olhos, assim como há conflitos inevitáveis. Em ambos os casos, é necessário assumir uma posição. Devemos renunciar às vantagens que podem advir do não envolvimento e priorizar a opção de opor-nos a todo tipo de opressão. A verdadeira reconciliação não se esquiva do conflito e do confronto, mas enfrenta-os, extraindo do diálogo a determinação necessária para superar o conflito de modo transparente e irrepreensível (FT 244).

---

[32] A respeito da reconsideração dos modelos econômicos e do imperativo de combinar a globalização de mercados com a solidariedade, João Paulo II afirmou: "Mas, para isso, é necessário realizar uma inversão de perspectiva: em tudo há de prevalecer, não o bem particular duma comunidade política, étnica ou cultural, mas o bem da humanidade. A prossecução do bem comum duma comunidade política particular não pode estar em contraste com *o bem comum da humanidade inteira*, expresso no reconhecimento e no respeito dos direitos humanos sancionados pela Declaração Universal dos Direitos do Homem, de 1948. Por isso, há que superar as concepções e práticas, frequentemente condicionadas e determinadas por fortes interesses econômicos, que subordinam, ao dado absolutizado da nação e do Estado, qualquer outro valor. Nessa perspectiva, as divisões e diferenças políticas, culturais e institucionais, em que se articula e organiza a humanidade, são legítimas na medida em que se harmonizem com a pertença à família humana e consequentes exigências éticas e jurídicas. Chegou talvez o momento de uma *nova e profunda reflexão sobre o sentido da economia e dos seus fins*. A esse respeito, torna-se urgente reconsiderar a própria concepção do bem-estar, para que não fique dominada estritamente por uma perspectiva utilitarista, deixando um espaço completamente marginal e excedente para valores como a solidariedade e o altruísmo" (João Paulo II, "Paz na terra aos homens, que Deus ama", *Mensagem para a Celebração do XXXIII Dia Mundial da Paz*, 1º de janeiro de 2000, 6 e 15).

TODOS IRMÃOS E IRMÃS

Os processos iniciais de reconciliação exigem tempo e paciência. Requer-se respeito pela memória das vítimas e, sem cair em uma espiral de vingança, renúncia a retaliações (FT 251). É essencial que a firme decisão de opor-se à injustiça não seja motivada pelo ódio ou por desejos de vingança.[33] Tampouco deveria resultar em retribuição com a esperança de obter alguma reparação (FT 242; 252). A paz é alcançada mediante a superação do mal pelo bem, pois a verdadeira demonstração de força consiste em renunciar à vingança (FT 243; 251).

Recordando um dos quatro princípios expressos na *Evangelii Gaudium*, o Papa Francisco reafirma que "a unidade é superior ao conflito" (EG 228). Ao mesmo tempo, o perdão é sempre uma questão profundamente pessoal e não pode ser

---

[33] João Paulo II indicou que o perdão é uma condição essencial para o exercício da justiça que é orientado para a paz: "Por isso, a verdadeira paz é fruto da justiça, virtude moral e garantia legal que vela sobre o pleno respeito de direitos e deveres e a equitativa distribuição de benefícios e encargos. Mas, como a justiça humana é sempre frágil e imperfeita, porque exposta como tal às limitações e aos egoísmos pessoais e de grupo, ela deve ser exercida e de certa maneira completada com *o perdão que cura as feridas e restabelece em profundidade as relações humanas transtornadas*. Isso vale tanto para as tensões entre os indivíduos como para as que se verificam em âmbito mais alargado e mesmo as internacionais. O perdão não se opõe de modo algum à justiça, porque não consiste em diferir as legítimas exigências de reparação da ordem violada; mas visa, sobretudo, àquela plenitude de justiça que gera a tranquilidade da ordem, a qual é bem mais do que uma frágil e provisória cessação das hostilidades, porque consiste na cura em profundidade das feridas que sangram nos corações. Para tal cura, ambas, justiça e perdão, são essenciais" (João Paulo II, "Não há paz sem justiça, não já justiça sem perdão", *Mensagem para a Celebração do XXXV Dia Mundial da Paz*, 1º de janeiro de 2002, 3).

imposto de cima para baixo. A meta da unidade que conduz à paz, à solução de conflitos, demanda tolerância e reclama abster-se de julgar os que pelejam para encontrar o caminho do perdão (FT 246). Seja como for, buscar a unidade para além do conflito não é jamais o mesmo que esquecer; não significa apagar ou negar o passado (FT 250). Pelo contrário, os horrores cometidos pela humanidade, tais como o Holocausto ou as bombas atômicas jogadas sobre Hiroshima e Nagasaki (FT 247-248), devem permanecer vivos em nossa memória histórica coletiva. Não se deve permitir que as novas gerações cresçam na ignorância ou indiferença em relação ao que aconteceu às vítimas dos conflitos globais. Seria grave erro anestesiar nossa memória e distanciar-nos dos acontecimentos provocados pela maldade humana. A fim de evitar repetir as tragédias do passado, é necessário salvaguardar nossa consciência coletiva, mantendo-a vigilante e pronta para reagir à vontade de dominar e de subjugar (FT 249).

Juntamente com as memórias do passado que nos envergonham da violência cometida por pessoas contra seus semelhantes, também precisamos transmitir o testemunho daqueles que, tendo conseguido superar o mal que sofreram, recuperam sua dignidade e continuam a perdoar, mostrando solidariedade e agindo como irmãos e irmãs. Se o perdão deve ser recebido à luz do mistério de Deus, como expressão real do amor divino, então é possível perdoar até mesmo a alguém que não mostra sinais de arrependimento ou é relutante em pedir perdão (FT 250). O perdão é uma escolha responsável; inclui a determinação de romper o círculo vicioso da vingança, na firme convicção de que infligir sofrimento adicional aos responsáveis por crimes passados

TODOS IRMÃOS E IRMÃS

não repara o dano infligido às suas vítimas (FT 251). Isso não significa que eles deveriam ficar impunes, mas apenas que a justiça deveria ser exercida por amor à justiça, e não como meio de dar rédea solta à raiva (FT 252).

Duas "respostas falsas": guerra e pena de morte

A paz deve ser sempre alcançada mediante a plena proteção da vida e da firme condenação de toda forma de vingança, tal como a guerra e a pena de morte, que negam o valor inerente da vida. Elas são realmente "respostas falsas" (FT 255) aos problemas que alegam resolver. O único efeito que produzem é gerar novas tensões e dilacerar ainda mais o tecido social.

No que diz respeito à guerra, é uma ilusão pensar que ela poderia ser uma resposta válida quando do surgimento de um conflito. Na maioria dos casos, intenções criminosas e esconsos motivos sórdidos, tais como ambições de dominar, abusos de poder e preconceitos raciais, espreitam por trás das pretensas razões invocadas para justificar a guerra como uma opção eficaz ou inevitável (FT 256). O Papa Francisco ressalta as maléficas consequências que inevitavelmente acompanham a opção pela guerra: "A guerra é a negação de todos os direitos e uma agressão dramática ao meio ambiente" (FT 257). Destarte, a guerra é um risco existencial que deveria ser evitado a todo custo por causa do dano que provoca ao desenvolvimento humano e à criação.

O registro histórico mostra como a aplicação da Carta das Nações Unidas tem-se revelado, ao longo de décadas, uma ferramenta eficaz na gestão de crises internacionais. Contudo, não se pode negar que, em determinadas circunstâncias, a decisão arbitrária de não aplicar suas normas vinculantes tem servido para mascarar interesses particulares, com considerável prejuízo para o bem comum do mundo. É deplorável e mesquinho recorrer à guerra, aventando necessidades humanitárias como desculpa, e manipular a informação a fim de dissimular como legítima a decisão de ser violento.

Não há nenhuma justificativa para a guerra; tampouco jamais é lícito apresentá-la como uma solução "justa",[34] como ação preventiva ou defensiva, como se fosse elevada a

---

[34] Conforme mencionado anteriormente, na reflexão teológica prévia ao século XX, o tema da paz era examinado somente em relação à realidade da guerra. Enquanto nos dias primevos do Cristianismo, a proibição de matar era absoluta, mesmo contra um agressor injusto, na era de Constantino desenvolveu-se uma abordagem casuística, na qual a possibilidade de uma "guerra justa" era vista como legítima. Por exemplo, nos escritos de Santo Ambrósio e de Santo Agostinho, a guerra era vista como um instrumento de defesa dos povos, enquanto o ideal bíblico da paz é progressivamente discernido por meio de lentes escatológicas. A ideia da guerra com o fito de promover o Cristianismo chegou ao primeiro plano, e tem sido invocada muitas vezes ao longo dos séculos, por exemplo, nas Cruzadas, na evangelização da Europa, na conquista das Américas e, mais recentemente, na luta armada entre católicos e protestantes na Irlanda, ou no embate entre católicos e ortodoxos nos Balcãs. Oficialmente, nenhuma guerra foi declarada injusta por autoridades eclesiásticas. Até mesmo as ardentes advertências do Papa Bento XV contra o começo da Primeira Guerra Mundial descreveram o conflito impendente como "massacre inútil", mas não necessariamente injusto. Nessa perspectiva, as afirmações do Papa Francisco na *Fratelli Tutti* parecem proféticas e inovadoras: "Assim, já não podemos pensar na guerra como solução, porque provavelmente os riscos sempre serão superiores à hipotética utilidade que se lhe atribua. Perante essa realidade, hoje é muito difícil sustentar os critérios racionais amadurecidos noutros séculos para falar de uma possível 'guerra justa'. Nunca mais a guerra!" (FT 258) (Cf. C. Bresciani e L.

TODOS IRMÃOS E IRMÃS

um meio plausível de resolver definitivamente as discórdias (FT 258). Diante da possibilidade de causar sofrimento e morte a populações inteiras, não é permissível apelar para o princípio do "mal menor". Isso é tanto mais verdadeiro em uma época em que as aplicações militares da tecnologia têm produzido armas sofisticadas com inimaginável poder destrutivo em comparação com o passado.

A globalização, pois, significa que os conflitos que acontecem em determinada parte do mundo produzem uma reação em cadeia, com repercussões por todo o planeta. Estamos vivendo em uma "guerra mundial por/aos pedaços" (FT 25; 259). É ingênuo pensar que o que acontece em outro continente não nos diz respeito ou não nos afeta diretamente. Toda guerra deve ser "sentida profundamente" como uma ruína da política e uma derrota para a humanidade, porque "toda guerra deixa o mundo pior do que o encontrou" (FT 261). Por essa razão, é importante que o drama sofrido por civis nos desafie, ligando-nos à dor das vítimas, dos refugiados, dos órfãos e dos mutilados no corpo e na alma, mesmo se muitas vezes são considerados como efeitos inevitáveis ou colaterais dos eventos nos quais se viram envolvidos. Se é verdade que "as realidades são maiores do que as ideias" (EG 231-233), então a realidade da guerra, tal como sofrida pelas vítimas, ultrapassa a ideia de quem quer que a considere vantajosa no curto ou no longo prazo.

Francisco exorta a comunidade internacional a proceder a uma reflexão séria e abrangente a respeito de como

---

Eusebi, *Ha ancora senso parlare di guerra giusta? Le recenti elaborazioni della teologia morale*, Bologna, EDB, 2010).

responder corretamente às realidades do mal que se interpõem no caminho de um mundo pacífico. Isso significa superar todos os argumentos que são essencialmente utilitaristas e que estão substancialmente ligados a uma visão retributiva da justiça que aplica a retaliação como medida punitiva e preventiva.

Se a reação a um crime tem o efeito de prejudicar ou de negar os valores e direitos que a reação tenciona preservar, então o resultado final será simplesmente encorajar a legitimação da violência na sociedade.[35] A prevenção eficaz no longo prazo não depende de táticas contraproducentes de intimidação, tais como sanções ameaçadoras ou o uso de armas nucleares (FT 262). Pelo contrário, a prevenção sustentável apoia-se na capacidade do sistema jurídico de conservar na sociedade um alto nível de consenso social e de respeito pelas normas legais. Nada confirma melhor a autoridade de uma lei que foi infringida do que o fato de o transgressor reconhecer a injustiça que praticou e começar a assumir a responsabilidade pelo que fez. Usar o medo como dispositivo pedagógico e tentar conservar os equilíbrios internacionais de poder com base na intimidação têm alimentado fenômenos devastadores, tais como o terrorismo, e têm corroído a confiança entre as nações. Por conseguinte, o Papa Francisco dirige essa judiciosa e ousada proposta a todos os países: renúncia ao poder

---

[35] A essência das leis deve estar ordenada ao bem comum. Os legisladores ou os sistemas legislativos que se veem em conflito com os interesses fundamentais de uma comunidade ou da pessoa humana perdem efetivamente toda validade: já não são direito (*ius*), antes, degeneram em abuso (*foeda iniuria*) – como o afirmou veementemente São João XXIII na *Pacem in Terris* 30.

TODOS IRMÃOS E IRMÃS

nuclear,[36] renúncia a armas de destruição em massa e uso de enormes montantes de dinheiro comumente investidos no setor militar para criar um "fundo global" para resolver o problema da fome e promover o desenvolvimento dos países mais pobres (FT 262).

Desse modo, se confiarmos em reagir ao mal consistentemente com o bem – empenho assumidamente exigente –, então esse princípio orientador deve ser estendido não somente a países, mas a todas as pessoas criminosas. Nesse sentido, como São João Paulo II já havia declarado, a pena de morte como resposta justa ou legal a determinados crimes graves dos quais um indivíduo pode ser culpado deveria ser considerada "inadequada no plano moral e já não é necessária no plano penal" (FT 263).

Ao citar passagens escriturísticas e textos patrísticos (FT 264-265), a *Fratelli Tutti* recupera uma visão mais consoante à mensagem cristã. A pena imposta a alguém que tem cometido crimes hediondos não deve obedecer a uma lógica vindicativa,[37] prestando-se ao medo e ao ressentimento, mas

---

[36] Seguindo as pegadas de seus predecessores, o Papa Francisco reiteradamente indicou o caminho do desarmamento. Durante sua jornada apostólica no Japão, o Papa iterou: "Desejo reiterar, com convicção, que o uso da energia atômica para fins de guerra é, hoje mais do que nunca, um crime não só contra o homem e a sua dignidade, mas também contra toda a possibilidade de futuro na nossa casa comum" (Papa Francisco, *Mensagem durante o Encontro em prol da Paz no Memorial da Paz de Hiroshima*, 24 de novembro de 2019).

[37] A relação entre a doutrina cristã e a lei criminal se desenvolveu, ao longo dos séculos, com base em um flagrante mal-entendido, ou seja, o de considerar o modelo retributivo de justiça como conforme à verdade do Evangelho. Isso tem levado a um significativo condicionamento recíproco. Por outro lado, a prática penal dos Estados tem

deve ser concebida "como parte de um processo de cura e reinserção na sociedade" (FT 266). Dado que nem mesmo os que são culpados de assassinato perdem sua inalienável dignidade de seres humanos, inclusive nesses casos a punição deve buscar uma justiça que cure e restaure.[38]

infligido punições de acordo com critérios retributivos que se baseavam em pressuposições teológicas e religiosas como fator cultural legitimador. Em contrapartida, a teologia extraiu elementos dos sistemas penais que têm influenciado suas reflexões sobre os campos jurídico e moral. Uma leitura exegética mais acurada dos textos bíblicos demonstra que não é possível derivar deles determinados conceitos de punição que estão baseados na ideia de justiça retributiva. Ao contrário, o oposto é que é verdadeiro, ou seja, que a concepção retributiva de justiça tem alterado nossa percepção do autêntico conceito de justiça que emerge da Bíblia e de todo o evento da Revelação (Cf. L. Eusebi, Diritto penale, in *Dizionario di Dottrina Sociale della Chiesa*, p. 251-261).

[38] A interpretação teológica do mistério da morte de Cristo na cruz sob uma ótica centrada no pecado focaliza o pecado humano como a causa da Encarnação mediante a categoria da "satisfação", da "substituição vicária" ou da "expiação penal" – como é o caso na obra de Santo Anselmo de Cantábria, *Cur deus homo*. Durante séculos, essa perspectiva centralizada no pecado condicionou o conceito de punição que foi elaborado pela reflexão jurídico-moral da Igreja Católica, obscurecendo a percepção do verdadeiro pivô da fé cristã. Contudo, a redenção não é realizada por causa dos sofrimentos suportados por Cristo a fim de aplacar um Deus irado e, assim, pagar "o preço" do pecado humano. Pelo contrário, a redenção é alcançada pela oferta total do Cristo, na medida em que ele se entregou ao Pai na totalidade de sua existência terrena, como o Verbo Encarnado. Não é o sofrimento em si, mas antes a caridade é que é reparadora, da qual a morte na cruz é a máxima expressão. Do contrário, permanecemos em uma perspectiva jurídica mundana, que consideraria lícito reagir ao mal com o mal, atribuindo valor redentor ao mal em vez de creditá-lo ao amor. O mistério salvífico da morte de Jesus na cruz revela a própria natureza de Deus como amor que é derramado incondicionalmente mesmo em face do pecado humano. Desse modo, a justiça de Deus é expressa em

TODOS IRMÃOS E IRMÃS

O Papa Francisco insiste no que já dissera sobre a pena de morte no rescrito de 2018, aprovando uma nova versão do n. 2267 do *Catecismo da Igreja Católica*: "A pena de morte é inadmissível, porque atenta contra a inviolabilidade e dignidade da pessoa".[39]

Essa mudança é um desenvolvimento significativo da doutrina e faz voltar o foco para sua posição ética em favor da vida humana, à luz do Evangelho e em continuidade com o Magistério dos papas do século XX.[40]

Jesus como a efusão do amor perante o mal (Cf. N. Albanesi, *Cur deus homo: la logica della redenzione. Studio sulla teoria della soddisfazione di S. Anselmo arcivescovo di Canterbury*, PUG, 2002, p. 14-80; cf. G. Canobio e P. Coda [org.], *La teologia del XX secolo: un bilancio.2. Prospettive sistematiche*, Roma, Città Nuova, 2003, v. 2, p. 64-72; 184).

[39] Cf. Francisco, *New Revision of Number 2267 of the* Catechism of the Catholic Church *on the Death Penalty – Rescriptum "ex Audentia SS.mi"*, 2 de agosto de 2018.

[40] Perante o totalitarismo moderno, os Papas Pio XI e Pio XII afirmaram a centralidade e o valor da pessoa humana. O Concílio Vaticano II confirma essa posição na *Gaudium et Spes* ao declarar: "A pessoa humana [...] é e deve ser o princípio, o sujeito e o fim de todas as instituições sociais" (GS 25). Isso deita o fundamento para contrapor o primeiro argumento tradicional em favor da pena de morte, no qual o infrator era considerado uma parte doente do corpo social e, portanto, passível de "cirurgia" ou de sacrifício, caso colocasse em risco o bem da comunidade. Essa noção baseava-se em uma passagem bem conhecida da *Summa Theologiae* de Santo Tomás de Aquino (*S. Th.*, II-II, q. 64, a.2). O Cardeal Luis Ladaria, sj, prefeito da Congregação para a Doutrina da Fé, comentou que o novo texto do *Catecismo* respeitante à pena de morte "situa-se em continuidade com o Magistério precedente, ao mesmo tempo que apresenta um desenvolvimento coerente com a doutrina católica". Percorremos um longo caminho: do memorável texto da Comissão Social da Conferência dos Bispos da França contra a pena de morte, em 1978, aos ensinamentos dos últimos papas. Basta pensar, por exemplo, na Exortação *Africae Munus*,

Sem dúvida, o ensinamento tradicional da Igreja, sucintamente expresso na formulação anterior do *Catecismo*, não excluía o recurso à pena de morte quando esta era o único caminho pérvio para defender eficazmente vidas humanas contra o injusto agressor. Contudo, pressupondo-se que a verdadeira identidade e a plena responsabilidade da parte culpada haviam sido averiguadas, até mesmo o texto do *Catecismo* anterior atenuava a legitimidade da aplicação da pena de morte, observando que as condições que outrora a tornaram admissível "são praticamente inexistentes" hoje.[41] O busílis da questão é o modo pelo qual definimos e interpretamos a noção de "legítima autodefesa", compreendida como uma ação oposta e proporcionada a um comportamento agressivo em curso.[42]

---

de Bento XVI, cuja condenação da pena de morte reflete a consciência eclesial da fé amadurecida à luz do Vaticano II (AM 83) (Cf. Congregação para a Doutrina da Fé, *Carta da Congregação da Doutrina da Fé aos bispos sobre a nova redação do n. 2.267 do* Catecismo da Igreja Católica *sobre a pena de morte* [1º de agosto de 2018]; cf. Bento XVI, Exortação apostólica pós-sinodal *Africae Munus*, 19 de novembro de 2011, 83; cf. C. Dounot, Une solution de continuité doctrinale. Peine de mort et enseignement de l'Église, *Catholica* 141 [2018]: 46-73).

[41] Em 1997, a edição original do *Catecismo*, que havia sido publicada pela primeira vez cinco anos antes, foi revisada para incorporar as palavras de João Paulo II na *Evangelium Vitae* (n. 56), em que o pontífice afirmava a inexistência prática das condições que poderiam, teoricamente, legitimar o recurso à pena de morte hoje.

[42] Há essencialmente três condições para a "legítima autodefesa". A primeira é expressa pela máxima *moderamen inculpatae tutelae* [moderação da legítima defesa], isto é, desde que o recurso à força seja um remédio extremo. Isso significa que meios não violentos e menos violentos de dissuasão e de defesa devem ter sido considerados e empregados em primeiro lugar, tendo-se mostrado impraticáveis ou ineficazes. A

TODOS IRMÃOS E IRMÃS

A intervenção penal do Estado com frequência tem sido emoldurada em uma perspectiva "relativa", em conformidade com as necessidades contingentes de salvaguardar o bem comum. Em consequência, o conceito de "legítima autodefesa" foi absorvido pelo de "defesa social". O risco é um exercício indevido da defesa social baseado no que é tradicionalmente permitido no caso da legítima autodefesa. Isso provoca uma sobreposição entre o conceito de prevenção e o de legítima autodefesa. Portanto, de um lado, pode-se deduzir que a "defesa social" jamais foi aplicável na prática, visto que as sentenças judiciais não são uma forma de "legítima autodefesa". Por outro lado, restou um espaço aberto para questionar uma suposta inevitabilidade, em determinados casos, do recurso à pena de morte com o fito de defender contra o crime a sociedade. Francisco observa como tais posições são utilizadas para endossar, em alguns países, e até os dias de hoje, o costume de "recorrer a prisões preventivas, a reclusões sem julgamento" (FT 266), ou pior, para justificar "execuções extrajudiciais ou extralegais" (FT 267). Sem dúvida, regimes ditatoriais e totalitários invocam o conceito de "defesa social" recorrendo à pena de morte como ferramenta para suprimir dissidentes políticos, oponentes e minorias religiosas e culturais (FT 268).

---

segunda condição é que a violência do agressor seja atual e contínua, não hipotética, presumida ou potencial. A terceira condição é que a violência defensiva deve ser proporcional, não pode ser maior ou causar mais dano do que a violência agressiva. A segunda condição afirma a ilicitude da violência preventiva, enquanto a terceira condição invoca a inadmissibilidade de recurso à violência vindicativa (Cf. C. Schönborn, *Scegli la vita. La morale cristiana secondo il Catechismo della Chiesa cattolica*, Milano, Jaca Book, 2000, p. 126-128).

Portanto, o erro está a montante, por assim dizer, no fato de que o próprio conceito de "legítima autodefesa" refere-se à concepção retributiva de justiça, caracterizada pela ideia de proporcionalidade e reparação da culpa em vez do *perdão*.

Desse modo, a posição católica sobre a questão da inviolabilidade da vida humana adquire maior coerência interna, visto que já não é admissível, em hipótese alguma, querer intencionalmente a morte de alguém, mesmo que a pessoa seja um inimigo na guerra ou um criminoso legitimamente considerado culpado. Não se pode legitimar a violência com base no mal recebido. Não se pode dizer que reagir ao mal com o mal é permissível porque o outro foi quem começou.

A nova e importante contribuição do Papa Francisco para esse tema é a afirmação da inadmissibilidade da pena de morte em si e *per se*, sem nenhuma restrição, e, consequentemente, o firme empenho para sua abolição no mundo inteiro.

8. A IGREJA E AS RELIGIÕES A SERVIÇO DA VOCAÇÃO UNIVERSAL A SER IRMÃOS E IRMÃS (*FRATELLI TUTTI*, CAP. 8)

A *Fratelli Tutti* é principalmente um apelo à humanidade para que recupere a dimensão comunitária da vida, e da vida em comum na sociedade civil. Nesse esforço de reunir o "nós" universal que habita nossa casa comum, o capítulo 8 da Encíclica faz *um apelo dentro de um apelo*, ou seja, o Papa Francisco convida as religiões a contribuir decisivamente para a defesa da justiça social e para a construção do nosso ser universalmente irmãos e irmãs (FT 271).

O que foi descrito no começo da *Fratelli Tutti* como um *sonho* no rico sentido bíblico (FT 4) agora entrevê uma "sinodalidade" interconfessional. Isso seria caminhar juntos como pessoas que creem, sem perder a própria identidade religiosa, mas concentrando-nos em uma meta comum, a de unir forças, de sorte que a unidade sobrepuje a divisão, o amor triunfe do ódio e a paz vença a guerra.

Nessa seção final da Encíclica, todos os temas desenvolvidos nos capítulos precedentes convergem para um mesmo ponto. Um novo estilo de Magistério parece assumir forma. Conforme frisou São Paulo VI, à Igreja "não lhe basta uma atitude de conservantismo" (ES 37). Por outras palavras, não é suficiente repetir a doutrina que tem sido codificada pela Tradição; ao contrário, é forçoso situar a verdade eterna na história contemporânea, tornar fecundo o presente com uma visão vitalizadora do futuro. Da "nova visão" ou do sonho de Francisco (FT 6) emerge uma tensão utópica capaz de remodelar[1] o próprio ministério petrino como serviço à unidade que ultrapassa os confins da Igreja Católica e se estende para a humanidade.[2]

---

[1] Na *Evangelii Gaudium*, o Papa Francisco esboçou a necessidade e a urgência de considerar "uma conversão do papado" (EG 32).

[2] São Paulo VI havia expressado a convicção de que o diálogo deveria caracterizar e reconfigurar o ministério apostólico dos sucessores de Pedro (ES 69). Em sua Encíclica *Ut Unum Sint*, São João Paulo II, ecoando o desejo de muitos cristãos pertencentes tanto às "Igrejas irmãs" ortodoxas quanto às confissões luteranas, também indicou as razões para reconsiderar o exercício do ministério petrino tendo em vista uma unidade ecumênica: "Como Bispo de Roma, sei bem – e confirmei-o na presente Carta encíclica – que a comunhão plena e visível de todas as comunidades, nas quais em virtude da fidelidade de Deus habita o seu Espírito, é o desejo ardente de Cristo. Estou convicto de ter a esse propósito uma responsabilidade particular, sobretudo quando constato a aspiração ecumênica da maior parte das comunidades cristãs e quando ouço a solicitação que me é dirigida para encontrar uma forma de exercício do primado que, sem renunciar de modo algum ao que é essencial a sua missão, se abra a uma situação nova" (UuS 95).

TODOS IRMÃOS E IRMÃS

Transmitir a substância viva do Evangelho, portanto, exige não apenas consolidar a capacidade de examinar criticamente as condições e possibilidades atuais de "passar adiante a tradição" (*paradosis*), mas significa igualmente incrementar sua capacidade de estabelecer comunicação, ou seja, permitir que a atitude dialógica de fé e a força de atração exercida pela proclamação do Evangelho vão além da preocupação com ter reconhecida a autoridade da Igreja sobre as outras religiões. Uma mudança paradigmática pode ser encontrada entecida na eclesiologia desenvolvida no Vaticano II. Repensar a Igreja como evento de comunhão implica internamente (*ad intra*) a harmonização de modelos transculturais diferentes em uma escuta mais atenta do sentido de fé dos fiéis (*sensus fidei fidelium*); pressupõe exteriormente (*ad extra*) a disposição de voltar-se para o mundo, renunciando a uma postura excessivamente crítica, em uma abertura para um encontro igualitário, que começa com um respeito verdadeiro pela diversidade dos outros, vistos não como uma ameaça contra a qual se proteger, mas como dom que reflete a verdade projetada pelo mistério de Deus.

Diálogo inter-religioso e nosso todos ser irmãos e irmãs: a importância da Declaração *Nostra Aetate*

Os argumentos desenvolvidos no capítulo 8 de *Fratelli Tutti* são uma prova de fogo da Declaração *Nostra Aetate*, com a qual o Vaticano II começou a especificar a natureza das relações entre a Igreja Católica e as religiões não cristãs.[3]

---

[3] O texto final da Declaração *Nostra Aetate* foi aprovado no dia 28 de outubro de 1965, durante o pontificado de São Paulo VI. O esboço

A *Nostra Aetate* fundamenta nossa compreensão cristã do relacionamento entre a Igreja Católica e outras religiões, o que todas as pessoas e povos têm em comum de duas maneiras: nossa origem comum em Deus e nosso destino comum para Deus, de acordo com o plano divino da salvação para a humanidade.[4] Em suma, a autoconsciência cristã é chamada a manter em coesão, em tensão dinâmica, esses dois elementos constitutivos de sua identidade. De um lado, a certeza de que em Jesus é dada a revelação plena e definitiva de Deus, e, por conseguinte, ele é "o único mediador entre Deus e os seres humanos" (1Tm 2,5). De outro, a certeza de que Deus quer que todas as pessoas sejam salvas (1Tm 2,4) e, por essa razão, torna-se-lhes presente de mil maneiras (LG 16; GS 22), não apenas a indivíduos que implícita

---

inicial, elaborado em 1961, chamado *Decretum de Judaeis*, concentrava-se no relacionamento entre a Igreja Católica e a religião judaica. A principal dificuldade a ser superada era a antiga acusação de deicídio que havia sido levantada contra o povo judeu. A decisão dos padres conciliares de libertar o povo judeu da acusação de ter condenado Jesus Cristo à tortura da cruz e de carregar a culpa de sua morte inocente assinalou um passo fundamental na luta contra o antissemitismo e o racismo, a respeito dos quais o próprio Papa Pio XI também se expressara. Isso não obstante, a declaração assumiu uma forma muito diferente quando comparada ao esboço inicial, expandindo seu alcance ao exame do problema das relações entre a Igreja Católica e as religiões não cristãs de modo mais abrangente. Até mesmo mais do que em relação ao Judaísmo, a Declaração foi um desenvolvimento positivo respeitante ao Islão. Com efeito, pela primeira vez na história do Magistério da Igreja, o Islão foi tomado em consideração como objeto de atenção e, em razão de sua herança abraâmica comum, foi descrito em sua relação com o Cristianismo (Cf. R. De Mattei, *Il Concilio Vaticano II. Una storia mai scritta*, Torino, Lindau, 2019, p. 485-490).

[4] Cf. C. Geffré, La vérité du Christianisme à l'âge du pluralisme religieux, *Angelicum* 74 (1997): 171-191.

TODOS IRMÃOS E IRMÃS

e subjetivamente respondem às inspirações da graça, mas – como João Paulo II insistiria posteriormente na *Redemptoris Missio* – a nações inteiras, a culturas e a tradições religiosas (RM 28).[5]

A fim de conservar unidas essas polaridades, sem que elas se anulem mutuamente, o Vaticano II convida-nos a fixar o olhar no autoesvaziamento (*kenosis*) de Jesus Cristo. O mistério de sua morte e ressurreição, no qual se manifesta a forma singular da ação de Deus em prol da humanidade, é o critério necessário e decisivo de julgamento e de verdade que ilumina o sentido soteriológico das religiões no caminho que conduz à salvação.[6]

Com a *Nostra Aetate*, portanto, os padres conciliares pronunciaram-se em favor de uma avaliação substancialmente positiva das religiões, e concluíram que elas "refletem não raramente um raio da verdade que ilumina todos

---

[5] Cf. P. Trianni, *Nostra Aetate: alle radici del dialogo interreligioso*, Città del Vaticano, Lateran University Press, 2016.

[6] A Declaração da Congregação para a Doutrina da Fé *Dominus Iesus*, começando pela convicção de que a vontade salvífica universal de Deus é oferecida e realizada uma vez por todas no Mistério Pascal de Cristo, reitera que "a teologia hoje, meditando na presença de outras experiências religiosas e no seu significado no plano salvífico de Deus, é convidada a explorar se e como também figuras e elementos positivos de outras religiões reentram no plano divino de salvação" (DI 14). Em sua Carta apostólica *Novo Millennio Ineunte*, São João Paulo II também conclamou a uma renovada reflexão teológica que seja consistente com os ensinamentos do Concílio. Afirmou: "Não é raro o Espírito de Deus, que 'sopra onde quer' (Jo 3,8), suscitar na experiência humana universal, não obstante as suas múltiplas contradições, sinais da sua presença, que ajudam os próprios discípulos de Cristo a compreenderem mais profundamente a mensagem de que são portadores" (NmI 56).

os homens" (NA 2). Posto que a prudência ainda tenha levado os padres a preferir uma formulação negativa, essa declaração foi uma ruptura e marcou um ponto de virada na autocompreensão da Igreja. Pela primeira vez, de modo explícito e autorizado, foi reconhecida a possibilidade de salvação fora de suas fronteiras visíveis.[7]

O Concílio deixou claro seu intento pastoral quando propôs o diálogo como necessário acima de tudo para a própria Igreja. O diálogo permite-lhe apreciar os valores que emergem em outras religiões, a partir de sua orientação tácita para Cristo mediante a misteriosa ação do Espírito Santo (RM 29). Essa necessidade de diálogo foi mais uma vez expressa na compreensão do Concílio de que a orientação dos povos para a realização de todos serem irmãos e irmãs é parte integral da missão confiada à Igreja pelo Senhor Ressuscitado. Se a natureza essencial da identidade cristã reside em nosso relacionamento com Cristo – que é a

---

[7]   A *Lumen Gentium* afirma que "a mediação única do Redentor não exclui, antes suscita nas criaturas cooperações diversas, que participam dessa única fonte" (LG 62). Conseguintemente, a Igreja é o meio necessário para a salvação de todos, mesmo dos que não creem em Cristo. Entretanto, a perspectiva inaugurada por *Nostra Aetate* não se limita a examinar a questão da salvação dos não cristãos, mas pondera, em um nível teórico e prático, a importância muito mais ampla das várias religiões do mundo dentro do plano de Deus para a humanidade (Cf. J. Dupuis, *Verso una teologia cristiana del pluralismo religioso*, Brescia, Queriniana, 1997, p. 173-180; cf. P. Rossano, Lo Spirito Santo nelle religioni e nelle culture non cristiane, in id., *Dialogo e annunciocristiano. L'Incontro con le grandi religioni*, Cinisello Balsamo, Edizioni Paoline, p. 85-97; cf. F. Gaiffi, Il pluralismo religioso nella riflessione teologica recente: un'appendice bibliografica, in A. Fabris e M. Gronchi [org.], *Il pluralismo religioso. Una prospettiva interdisciplinare*, Cinisello Balsamo, San Paolo, 1998, p. 203-226).

TODOS IRMÃOS E IRMÃS

forma da revelação do Deus Uno e Trino –, no ato mesmo de acolhermos os outros e a eles nos doarmos, então o diálogo inter-religioso brota daquela mesma necessidade de proclamar o Evangelho.[8]

Vale a pena insistir sobre esse último ponto, porque quando o Concílio Vaticano II tornou-se consciente de que as nações e os povos estavam tão perto uns dos outros, que o diálogo entre a Igreja Católica e outras religiões se havia tornado uma necessidade real, ele começou uma cuidadosa reflexão sobre o assunto, abrindo uma perspectiva que era historicamente sem precedentes. Longe de apresentar o diálogo de maneira funcional, como inevitável, embora oportuno, os padres conciliares viram o fundamento do diálogo na comunhão de amor entre as três Pessoas da Trindade. Essa base teológica, sublinhada pelo Concílio, abriu uma visão renovada de nosso ser todos irmãos e irmãs (NA 5).

O diálogo inter-religioso e a proclamação do Evangelho não são contraditórios, mas aspectos da única missão evangelizadora da Igreja (RM 20). Sem dúvida, esses dois elementos devem preservar seu vínculo íntimo e, ao mesmo tempo, sua singularidade, de modo que não sejam nem confundidos, nem considerados equivalentes, nem utilizados por outros motivos.

Resta esclarecer *como* realizar essa missão e *de que modo* interpretar a tarefa de mostrar aos demais o caminho a seguir. Deveria haver algum departamento com certa autoridade? É suficiente que as religiões se relacionem com a

---

[8]   Cf. P. Coda, Religioni (teologia delle), in P. Coda (org.), *Dizionario Critico di Teologia*, Roma, Borla/Città Nuova, 2005, p. 1.122-1.127.

Igreja Católica e, assim, pressuponham sua excelência? Ou é absolutamente desnecessário que elas a reconheçam?

A *Fratelli Tutti* exorta-nos a repensar o verdadeiro sentido da mediação salvífica da Igreja. Isso não acontece pela reivindicação de um papel de proeminência ou de liderança sobre as outras religiões.[9] De preferência, a Igreja situa-se a serviço delas, como "o sinal e o instrumento da íntima união com Deus e da unidade de todo o gênero humano" (LG 1). O diálogo inter-religioso pressupõe a firme decisão de ir ao encontro de nossos interlocutores com estima e respeito, sem nenhuma dissimulação ou pretensão de primazia. Reconhecemo-nos como *semelhantes* e situamo-nos no mesmo nível como *irmãos e irmãs* uns para os outros. Se, nessa conjuntura histórica, desejarmos falar de um papel de *guia*, então esta consistirá na disposição a chamar as outras religiões para o diálogo, começando processos, criando oportunidades para o encontro, e apoiando a progressiva jornada de amadurecimento que possibilita a todos se encontrarem como semelhantes.

---

[9] Na discussão teológica sobre o diálogo entre as religiões, têm sido apresentadas três perspectivas, tanto dentro quanto fora da Igreja. A primeira é eclesiocêntrica ou até mesmo exclusivista – segundo o bem conhecido adágio "Fora da Igreja não há salvação" (*Salus extra ecclesiam non est*) –, tendendo a negar qualquer valor às religiões não cristãs. Esta concepção agora está ultrapassada. A segunda perspectiva é cristocêntrica ou inclusivista, buscando salientar a ação de Cristo em outras religiões. Essa visão é ainda relevante e inclui diversas variantes. A terceira perspectiva é teocêntrica ou pluralista, visando reconhecer o valor teológico e objetivo de cada religião, baseando-se na convicção de que Deus fala de diversos modos e em vários lugares (Cf. E. Echevarria, The Salvation of Non-Christians? Reflections on Vatican II's *Gaudium et Spes* 22, *Lumen Gentium* 16, Gerald O'Collins, sj, e St. John Paul II, *Angelicum* 94, n. 1 [2017]: 93-142).

Compreendida dessa maneira, a tarefa de orientar os outros implica, para a Igreja Católica, um desejo de abrir-se, de renunciar a quaisquer pretensões de um status assimétrico ou especial, bem como de assumir uma atitude humilde, sincera e discreta. O que acarreta uma decisão de não se considerar superior aos demais e, também, uma determinação de empenhar-se no diálogo à custa de começar em desvantagem – isto é, sem necessariamente exigir reciprocidade. De fato, embora a reciprocidade seja desejável, não é uma condição necessária para o diálogo no sentido cristão, visto que o Cristo morreu por todos (2Cor 5,15), doando-se até mesmo por seus inimigos (Mt 5,44-45). A tensão dinâmica rumo à comunhão e ao mútuo reconhecimento não deve vacilar quando a reciprocação está comprometida ou é até mesmo negada.

A dignidade humana e a razão autônoma: a necessidade de recuperar o fundamento transcendente do ser humano

Em *Nostra Aetate*, o Concílio escolheu refletir sobre as religiões, concentrando o olhar sobre o "inteiro gênero humano" (NA 1), enfatizando em primeiro lugar sua singularidade em comparação com o restante da criação, assim como sua constante busca por sentido e direção. Os padres conciliares observaram que, desde tempos imemoriais, os seres humanos têm buscado responder "aos enigmas da condição humana" (NA 1). Desde os tempos mais remotos, a presença ininterrupta de um "profundo sentido religioso" atesta "certa percepção daquela força oculta" (NA 2) que pervaga a natureza e nela atua.

Os padres conciliares também enfatizaram como essa inclinação inata para expressar-se em crenças religiosas ainda tem sido desenvolvida e refinada em relação ao progresso das civilizações. Como expressão histórica e cultural, a religião também mostra o contínuo esforço da humanidade para responder às questões existenciais "com noções mais apuradas e uma linguagem mais elaborada" (NA 2).

O Concílio salienta, assim, a radical e ineludível "questão ontológica" da existência que habita o coração humano, compelindo-nos a fazer perguntas sobre a origem e o fim de nossa vida, acerca dos primeiros e dos últimos princípios que respondem por tudo o que existe. A *Nostra Aetate* indica que esse é o horizonte fundamental e fundacional de toda religião.

Com esse ponto de vista, o Concílio retomou a herança agostiniana do coração inquieto (*inquietum cor*)[10] como uma marca que a mão criadora de Deus imprimiu na pessoa humana, assim como a tradição escolástica, que reconheceu os seres humanos como habitados por um desejo natural de ver a Deus (*naturale desiderium videndi Deum*).[11] Na base desse questionamento, todo ser humano percebe, embora nem sempre com clareza, a presença de Alguém que o questiona e o chama a prestar contas do generoso dom da existência.

Como afirma a *Gaudium et Spes*: "A consciência é o centro mais secreto e o santuário do homem, no qual se encontra a sós com Deus, cuja voz se faz ouvir na intimidade do seu ser" (GS 16). Dito de outra forma, a consciência é onde acontece a revelação original de Deus, onde toda pessoa pode chegar a

---

[10] Agostinho de Hipona, *Confissões*, XI, 2, 3.

[11] Cf. Tomás de Aquino, *Summa Theologiae*, I, q.12, a.1.

saber que foi feita para relacionar-se com um Outro e, assim, é essencialmente chamada à responsabilidade.[12]

O horizonte aberto pela *Fratelli Tutti* encontra suas raízes na *Nostra Aetate* e evidencia o elemento que é comum entre todas as religiões: o reconhecimento "filial" de que, como seres humanos, somos criaturas chamadas a transcender-nos a nós próprios e ao universo físico em nosso relacionamento com Deus. Fundamentadas nessa convicção antropológica primária, todas as religiões reconhecem essencialmente "o valor de cada pessoa humana" (FT 271).

Para o Papa Francisco, a contribuição original da religião para a cultura hodierna é precisamente a abertura inerente à transcendência. Sem dúvida, lembrar às pessoas de nosso tempo que sua natureza está intrinsecamente orientada para o Absoluto, que chama para além da esfera das realidades meramente materiais, é um serviço insubstituível ao mundo. Reconhecer-nos como criaturas perante Deus, e como filhos e filhas destinados a serem plenificados pelo amor no relacionamento ao qual Deus nos convida, pode apoiar e apressar o conseguimento da paz entre as nações e a busca da verdadeira igualdade entre os seres humanos.

A razão, por si só, conforme podemos perceber em uma análise mais cuidadosa, mostrou-se capaz de afirmar a igualdade entre os seres humanos, mas também revelou-se insuficiente para justificar o fundamento de nosso ser todos irmãos e irmãs (FT 272).

---

[12] Cf. G. Scattolin, Spiritualità in dialogo o la spiritualità come terreno comune di dialogo interreligioso, *Divus Thomas* 110, n. 3 (2007): 190-221.

O Iluminismo asseverou solenemente a primazia da subjetividade. Assim fazendo, afirmou que a razão é autônoma em relação à religião e a qualquer outra forma de autoridade institucional relacionada a ela. No campo da ética, isso significa que o sujeito individual pode determinar o que é normativo, visto que unicamente a razão é considerada capaz de discernir o bem a ser buscado e de estabelecer leis que sejam adequadas para regular o comportamento humano.[13] Mesmo quando considera a comunidade como um sujeito, a normatividade ética está ancorada na racionalidade que é comum a todos os seres humanos, estabelecendo, assim, leis universalmente válidas. Contudo, visto que é a subjetividade – quer individual, quer grupal – que serve como fundamento para a ética, qualquer relacionamento autêntico com o outro está comprometido desde o início. Isso limita as realidades a que a normatividade poderia potencialmente ser aplicada, deixando-a suscetível a aplicações arbitrárias e autorreferenciais.[14]

As religiões, em contrapartida, pressupõem a existência de uma Verdade eterna que é a base da normatividade ética, sem a qual a humanidade não pode chegar nem à verdade acerca de si mesma, nem mesmo garantir a objetividade do que é bom. Citando a *Centesimus Annus*, o Papa Francisco relembra que, quando a referência à verdade transcendente é negada, "não há qualquer princípio seguro que garanta

---

[13] Cf. V. Possenti, Alle sorgenti dell'etica. Il problema dell'autonomia morale, *Rivista di Filosofia Neo-Scolastica* 78, n. 3 (1986): 449-481.

[14] Cf. M. C. Donadío Maggi de Gandolfi, Crisis de la razón humana y su restauración en la cultura contemporánea, *Divus Thomas* 121, n. 3 (2018): 156-166.

relações justas entre os homens" (CA 44; FT 272). Nesse sentido, os regimes totalitários do século XX eram uma expressão do que pode acontecer quando a humanidade se abandona à razão "autossuficiente"; os resultados dramáticos e inusitadamente violentos testemunhados durante o último século decorreram de uma rejeição do fundamento transcendente da dignidade da pessoa humana.

Esse é o motivo por que o Papa Francisco está convencido de que "tornar Deus presente é um bem para as nossas sociedades" (FT 274). Mediante sua contribuição única, as religiões oferecem uma descrição da pessoa humana como o "outro" que nos resgata dos riscos representados por reducionismos de vários tipos. Desse modo, o diálogo inter-religioso "não se faz apenas por diplomacia, amabilidade ou tolerância" (FT 271), mas porque partilhar experiências espirituais, buscar abertamente a verdade e cooperar em obras de caridade pode transmitir valores espirituais e morais, princípios e ideais à sociedade civil que, doutra sorte, estariam faltando.

Igreja, religiões e comunidade política: a importância pública do "tesouro de experiências" das religiões

Hoje, como seres humanos, precisamos questionar-nos a respeito do sentido de nossa existência e voltar a entrar em contato com nossa dimensão interior que nos questiona a respeito do sentido da vida. Essa urgente necessidade aponta para a importância do diálogo inter-religioso para nossa era presente. A cultura contemporânea marginalizou as questões religiosas, considerando-as maioritariamente irrelevantes, ou até mesmo tentando eliminá-las do horizonte do entendimento humano, substituindo-as por uma noção de progresso que implica uma inevitável emancipação em relação a Deus.[15]

Por esse motivo, o Papa Francisco vê que uma das causas mais importantes para a crise de nosso mundo moderno é "uma consciência anestesiada e o afastamento dos valores religiosos" (FT 275).

As religiões opõem-se a essa tendência niilista, oferecendo uma alternativa às teorias antropológicas que negam o fundamento transcendente do ser humano. Ao questionar a ideia de que os seres humanos só podem realizar-se ao distanciar-se de qualquer realidade religiosa, as religiões entram em diálogo crítico com a cultura dominante, que segue o Iluminismo e a linha secularista.[16]

O Papa Francisco observa com decepção que "no debate público, só tenham voz os poderosos e os 'cientistas'. Deve haver um lugar para a reflexão que provém de um fundo religioso que recolhe séculos de experiência e sabedoria" (FT 275). Com muita frequência se esquece que os textos religiosos clássicos podem oferecer sentido relevante para cada era, porque estimulam a consciência e o pensamento na medida em que transmitem "princípios profundamente humanistas" (EG 256).

---

[15] Cf. P. Dominici, La modernità complessa tra istanze di emancipazione e derive dell'individualismo: la comunicazione per il "legame sociale", *Studi di sociologia* 52, n. 3 (2014): 281-304.

[16] Cf. H. Joas, *Valori, società, religione*, org. U. Perone, Rosenberg e Sellier, Torino, 2014, p. 61-86.

TODOS IRMÃOS E IRMÃS

O racionalismo predominante de nosso tempo, enraizado no "predomínio do individualismo e das filosofias materialistas" (FT 275), tem desacreditado a religião, considerando que o que ela tem a oferecer à humanidade é bitolado e deliberadamente confuso.

Há os que acreditam que o relativismo, o ceticismo e o agnosticismo constituem a abordagem mais apropriada para a democracia, e que os que acreditam em uma verdade objetiva devem ser considerados inaptos para a vida política, porque não aceitam que a verdade depende das decisões da maioria.[17]

Entretanto, deslegitimar a mensagem da religião não é apenas um jeito de esquivar-se do confronto, impondo uma ditadura dos valores mundanos e materiais, mas é igualmente uma forma de enfraquecer a vida social, porque, se não há nenhuma verdade definitiva, então a ação política pode facilmente ser usada em favor do poder.[18]

O Papa Francisco, por sua vez, alega que a Igreja tem um papel público e participa ativamente na construção de um mundo mais justo de irmãos e irmãs (FT 276). A partir da convicção de que nenhuma área concernente ao ser

---

[17] Seria pernicioso presumir que há algum tipo de aliança entre a democracia e o relativismo ético (cf. *Veritatis Splendor* 101), assim como seria ruinoso pensar que "o ordenamento jurídico de uma sociedade haveria de limitar-se a registrar e acolher as convicções da maioria" e que os ordenamentos jurídicos "deveriam ser construídos apenas sobre aquilo que a própria maioria reconhece e vive como moral" (*Evangelium Vitae* 69) (Cf. F. Cannone, La democrazia nel pensiero di Giovanni Paolo II, *Angelicum* 85, n. 2 [2008]: 557-600).

[18] Cf. A. Lobato, Gli ostacoli all'incontro con Dio nella cultura odierna, *Angelicum* 70, n. 2 (1993): 169-206.

humano pode ser considerada estranha aos interesses da Igreja, convém que ela intervenha em âmbitos que não são imediatamente religiosos (GS 1).[19] Nem sequer a ciência e a política podem ser consideradas autônomas e "absolutas" em relação à avaliação ética e moral das escolhas que tencionam fazer. A propósito dessas importantes considerações éticas, a Igreja e as tradições religiosas em geral devem ser livres para expressar-se sem serem acusadas de imiscuir-se em campos que não lhes dizem respeito.[20]

O Papa Francisco trata da questão do relacionamento da Igreja com a política a fim de reafirmar sua mútua independência e autonomia, e reconhece que essa distinção não implica uma separação, visto que ambas – embora em

---

[19] Cf. R. Pezzimenti, La Dottrina Sociale della Chiesa nel quadro del pensiero sociale e politico moderno, *Angelicum* 70, n. 2 (1993): 169-206.

[20] Na *Centesimus Annus*, São João Paulo II pronunciou-se contra uma interpretação reducente do envolvimento do Magistério da Igreja, afirmando, pelo contrário, que a Igreja, "com efeito, tem a sua palavra a dizer perante determinadas situações humanas, individuais e comunitárias, nacionais e internacionais, para as quais formula uma verdadeira doutrina, um *corpus*, que lhe permite analisar as realidades sociais, pronunciar-se sobre elas e indicar diretrizes para a justa solução dos problemas que daí derivam" (CA 5). Na mesma linha, Bento XVI reiterou que a doutrina social da Igreja é um meio válido para contribuir com "a purificação da razão" (DCE 29): de fato, quando chega a oferecer uma resposta concreta às demandas da justiça, a razão prática sempre corre o risco de uma "cegueira ética, derivada da prevalência do interesse e do poder que a deslumbram" (DCE 28). Aqui é onde "a política e a fé se tocam" (DCE 28): a fé, na medida em que é um verdadeiro encontro com o Deus vivo, pode libertar a razão de sua própria cegueira e ajudar os que estão envolvidos na política a permanecerem lúcidos acerca do que pode ocultar a busca de interesses partidários ou procura do poder em qualquer programa voltado para a consecução da justiça.

TODOS IRMÃOS E IRMÃS

diferentes posições – estão a serviço da vocação pessoal e social da única comunidade humana (GS 76).[21]

Contudo, Francisco destaca que o reconhecimento, na doutrina da Igreja, do princípio da laicidade do Estado[22] não implica que a Igreja precisa "relegar sua própria missão para a esfera do privado" (FT 276).[23] A *Gaudium et Spes* afirmou que

---

[21] Pontifício Conselho "Justiça e Paz", *Compêndio da Doutrina Social da Igreja*, n. 424, p. 230.

[22] O Vaticano II expressou uma avaliação essencialmente positiva da política, reconhecendo já sua necessidade, já sua fundamentação na natureza humana. O Concílio afirmou, por exemplo, que entre os vínculos sociais necessários para o aperfeiçoamento da pessoa humana, alguns correspondem diretamente ao nosso mais íntimo ser, e isso inclui a comunidade política (GS 25). Por essa razão, o Concílio esperava que a cooperação passiva e construtiva seria estabelecida entre a Igreja e a comunidade política, de modo que isso possa ser o mais benéfico possível para o bem de todos os cidadãos, de uma forma apropriada às várias circunstâncias de lugar e de tempo (GS 76). Por conseguinte, os padres conciliares "atualizaram" a posição oficial da Igreja em suas maneiras de conceber seu relacionamento com o Estado, rejeitando quer as ideias modernas de separação total, anticlericalismo agressivo e secularismo discriminatório, quer as que advogam que o Estado assuma uma natureza religiosa ou confessional (Cf. R. Rybka, La laicità dello Stato nella *Gaudium et Spes* e nel *Compendio della Dottrina Sociale della Chiesa*, *Studi/Contributions* 2 [2015]: 42-49).

[23] Em particular, os que são críticos da Igreja veem no exercício da jurisdição eclesiástica uma forma de reafirmar um tipo de poder indireto nos assuntos temporais (*potestas indirecta in temporalibus*) que não só tiraria a Igreja da alçada do Estado, esculpindo espaços para a liberdade institucional, mas que também permitiria à Igreja exercer interferência indevida nas questões do Estado. De acordo com essa maneira de pensar, seria adequado que a liberdade e o poder da Igreja (*libertas-potestas*) fossem exclusivamente relegados à esfera intraeclesial, às questões "privadas" internas da Igreja (Cf. S. Briccola, Il potere della Chiesa in ambito temporale esiste ancora? *Il Politico* 70, n. 1 [2005]: 57-77; cf. V. Ferrone, La libertà religiosa come fondamento storico della laicità, *Contemporanea* 10, n. 4 [2007]: 670-677).

uma defesa dos direitos fundamentais da pessoa humana, sob um ponto de vista moral, embora não diretamente na arena política, faz parte da missão da Igreja (GS 76).

A não ingerência da Igreja em assuntos políticos não significa deixar de expressar seu próprio ponto de vista ou sua preocupação com o desenvolvimento humano integral. De fato, consoante à doutrina da Igreja, a comunidade política é plenamente autônoma e independente em sua organização e gestão, mas não completamente assim quando se trata de valores morais.[24]

Não é suficiente que um sistema seja "democrático" para buscar o bem comum. Antes, é necessário que a dignidade e os valores inalienáveis da pessoa humana sejam efetivamente respeitados.[25] A bondade de um sistema democrático

---

[24] A *Nota Doutrinal sobre algumas questões relativas à participação e ao comportamento dos católicos na vida política*, promulgada em 2002 pela Congregação para a Doutrina da Fé, afirmava: "A promoção segundo a consciência do bem comum da sociedade política nada tem a ver com o 'confessionalismo' ou a intolerância religiosa. Para a doutrina moral católica, a laicidade entendida como autonomia da esfera civil e política da religiosa e eclesiástica – *mas não da moral* – é um valor adquirido e reconhecido pela Igreja, e faz parte do patrimônio da civilização já conseguido". Cf. Congregação para a Doutrina da Fé, *Nota Doutrinal sobre algumas questões relativas à participação e ao comportamento dos católicos na vida política*, 24 de novembro de 2002, 6.

[25] A *Gaudium et Spes* define "bem comum" como "o conjunto das condições da vida social que permitem, tanto aos grupos como a cada membro, alcançar mais plena e facilmente a própria perfeição" (GS 26). Essa definição iniciativa "formal" é posteriormente elaborada em termos mais concretos: "É necessário, portanto, tornar acessíveis ao homem todas as coisas de que necessita para levar uma vida verdadeiramente humana: alimento, vestuário, casa, direito de escolher livremente o estado de vida e de constituir família, direito à educação, ao trabalho, à boa fama, ao

TODOS IRMÃOS E IRMÃS

não depende do respeito a meras legalidades e a regras que lhe asseguram a organização e o funcionamento, mas, antes, do reconhecimento daquelas normas e valores que são mais importantes do que qualquer sistema particular de governo, valores que devem estar refletidos na direção que a política toma respeitante à economia e à coexistência social.[26]

Por essas razões, a Igreja, embora não se engaje em "política partidária", não pode "renunciar à dimensão política da existência" (FT 276) ou eximir-se de participar dela. Ao mesmo tempo, a Igreja aceita que seu papel público seja limitado a intervir no tecido social exclusivamente em atividades de natureza beneficente ou educacional, assumindo a tarefa de "substituição" quando o Estado é insuficiente nessas áreas.[27]

respeito, à conveniente informação, direito de agir segundo as normas da própria consciência, direito à proteção da sua vida e à justa liberdade mesmo em matéria religiosa" (GS 26) (Cf. C. Mellon, Politica [I]: la riflessione del Concilio Vaticano II, *Aggiornamenti Sociali* 12 [2012]: 881-884).

[26] São João Paulo II acrescenta: "Uma autêntica democracia só é possível em um Estado de direito e sobre a base de uma reta concepção da pessoa humana. Aquela exige que se verifiquem as condições necessárias à promoção quer dos indivíduos através da educação e da formação nos verdadeiros ideais, quer da 'subjetividade' da sociedade, mediante a criação de estruturas de participação e corresponsabilidade" (CA 46).

[27] A *Lumen Gentium* atribui aos leigos a tarefa de dedicar-se direta e ordinariamente à política, visto que "é própria e peculiar dos leigos a característica secular" (LG 31). Para os ministros ordenados, por outro lado, a *Lumen Gentium* indica a comunidade eclesial como a esfera na qual eles realizam o ministério pastoral que constitui sua especificidade eclesial (LG 20). Além disso, o Concílio convida homens e mulheres religiosos a dar testemunho de sua vocação específica, antecipando, aqui e agora, a condição futura do Reino de Deus, na qual o poder temporal não terá lugar e se tornará supérfluo (LG 44; PC 1). Efetivamente, o *Código de Direito Canônico* afirma claramente que: "Os clérigos estão proibidos de assumir cargos públicos que importem a

São João Paulo II, na *Sollicitudo Rei Socialis*, afirmou que a Igreja "não propõe sistemas ou programas econômicos e políticos, nem manifesta preferências por uns ou por outros, contanto que a dignidade do homem seja devidamente respeitada e promovida e a ela própria seja deixado o espaço necessário para desempenhar o seu ministério no mundo" (SrS 41).

A perspectiva da fé ajuda a manter viva a consciência das limitações da política e protege contra a tentação de crer que a política, conforme afirma a Encíclica de Bento XVI, *Deus Caritas Est*, seja capaz de "realizar agora aquilo que o governo do mundo por parte de Deus, pelo visto, não consegue: a solução universal de todo o problema" (DCE 36).

O Evangelho é a "fonte" da identidade cristã: o agir da Igreja para defender a liberdade religiosa e promover o diálogo ecumênico

A Igreja não deveria ter medo de reconhecer a misteriosa ação de Deus em outras religiões ou evitar apreciar tudo o que é "verdadeiro e santo" (NA 2) nelas. Quando estamos plenamente conscientes de nossa identidade, é possível entrar

---

participação no exercício do poder civil" (CIC, cân. 285, §3), e determina que "Não tomem parte ativa em partidos políticos ou na direção de associações sindicais, a não ser que, a juízo da autoridade eclesiástica competente, o exija a defesa dos direitos da Igreja ou a promoção do bem comum" (CIC, cân. 287, §2). Desse modo, os ministros da Igreja são desestimulados a tomar da "política partidária", embora tal possibilidade não seja categoricamente excluída. Conforme o Papa Francisco salienta, isso não significa que eles devam distanciar-se das realidades políticas e não se envolver nas formas e meios que concernem à sua missão pastoral.

TODOS IRMÃOS E IRMÃS

em diálogo sem cair em alguma forma de relativismo[28] ou "sincretismo conciliador" (EG 251). Criar oportunidades para encontros entre religiões e começar a colaborar com formas que promovam o bem comum não significa abdicar das próprias convicções ou diluir nosso próprio credo, porque "quanto mais profunda, sólida e rica for uma identidade, mais enriquecerá os outros com a sua contribuição específica" (FT 282).

Por essas razões, os cristãos saem "ao encontro com o mistério sagrado do outro" (FT 277), sabendo que do Evangelho de Jesus Cristo brota nossa certeza da dignidade da pessoa humana e nossa consciência da vocação universal a sermos irmãos e irmãs. Sem dúvida, a Igreja é "católica" porque em todo o tempo e lugar ela reconhece a si mesma como "destinatária" do amor pessoal de Deus em Cristo. Ao mesmo tempo, a Igreja é "enviada" pelo poder do Senhor Ressuscitado para dar origem a "um mundo novo, onde todos sejamos irmãos, onde haja lugar para cada descartado

---

[28] Bento XVI afirmou igualmente: "Para a Igreja, o diálogo entre os membros de diversas religiões constitui um instrumento importante para colaborar com todas as comunidades religiosas para o bem comum. [...] *A estrada indicada não é a do relativismo nem do sincretismo religioso*. De fato, a Igreja 'anuncia, e tem mesmo a obrigação de anunciar incessantemente a Cristo, 'caminho, verdade e vida' (Jo 14,6), em quem os homens encontram a plenitude da vida religiosa e no qual Deus reconciliou consigo mesmo todas as coisas'. Todavia isso não exclui o diálogo e a busca comum da verdade em diversos âmbitos vitais, porque, como diz uma expressão usada frequentemente por Santo Tomás de Aquino, 'toda a verdade, independentemente de quem a diga, provém do Espírito Santo'" (Bento XVI, "Liberdade religiosa, caminho para a paz", *Mensagem para a Celebração do XLIV Dia Mundial da Paz*, 1º de janeiro de 2011, 11).

das nossas sociedades, onde resplandeçam a justiça e a paz" (FT 278).[29]

Permanecendo firmemente enraizada em sua própria identidade, a Igreja pode enfrentar mais dois desafios que o ser irmãos e irmãs e a busca da paz apresentam: defender a liberdade religiosa e promover o ecumenismo.

A liberdade religiosa é um direito fundamental que está fundamentado na dignidade da pessoa humana, cuja natureza transcendente precede e excede qualquer reconhecimento por parte do sistema jurídico de uma sociedade ou da lei positiva.[30]

O mundo de hoje se caracteriza pelo pluralismo cultural e, ao mesmo tempo, acha difícil reconhecer os direitos humanos por toda parte. Contudo, estes são politicamente fundamentais e socialmente relevantes. Para afirmar esses direitos, não basta a ausência de políticas opressoras e repressoras. O direito de manifestar a própria fé, tanto

---

[29] É interessante observar como, na *Fratelli Tutti* 278, a referência a Virgem Maria é reconduzida ao contexto do discurso sobre a identidade "católica", quase como se sublinhasse como a devoção a Mãe de Deus tem sempre estado entre seus elementos característicos. O Papa Francisco vê no dom da Virgem Maria um sinal eloquente da vontade de Deus de reunir toda a humanidade a fim de que todos os homens e mulheres possam viver em comunhão com Deus e uns com os outros. Aliás, ao morrer na cruz, Cristo não só nos revelou a face do Pai, mas ele também nos confiou aos cuidados de uma Mãe. Como discípulos de Jesus, descobrimos que somos irmãos e irmãs em virtude da paternidade de Deus, mas também somos convidados a percorrer o caminho de todos irmãos e irmãs com o apoio da maternidade de Maria.

[30] Cf. F. Viola, I diritti umani alla prova del diritto naturale, *Persona y Derecho* 23, n. 2 (1990): 101-120.

TODOS IRMÃOS E IRMÃS

individual quanto comunitariamente, em público e em privado, deve também ser reconhecido, sem incorrer no estigma da exclusão social.[31]

Por conseguinte, a liberdade religiosa representa uma aquisição da civilização política e jurídica, porque, ultrapassando a esfera pessoal, realiza-se no relacionamento com os outros. O Papa Francisco afirma que uma coexistência pacífica e fecunda entre culturas e religiões depende de a liberdade religiosa ser garantida em cada nação. Visto que o caminho para alcançar a liberdade religiosa é amiúde árduo, ele apela para um princípio mínimo de reciprocidade como um passo inicial rumo ao respeito à liberdade religiosa: "Como cristãos, pedimos que, nos países onde somos minoria, nos seja garantida a liberdade, tal como nós a favorecemos para aqueles que não são cristãos onde eles são minoria" (FT 279).

Como um bem essencial, a liberdade religiosa não é herança exclusiva dos crentes, mas de toda a família dos

---

[31] Bento XI evidenciou a dimensão pública da religião e o grande valor que ela pode oferecer para a superação de conflitos e para a restauração da paz e da justiça entre pessoas, nações, sociedades e culturas. Na liberdade religiosa, "exprime-se a especificidade da pessoa humana, que, por ela, pode orientar a própria vida pessoal e social para Deus, a cuja luz se compreendem plenamente a identidade, o sentido e o fim da pessoa. Negar ou limitar arbitrariamente essa liberdade significa cultivar uma visão redutiva da pessoa humana; obscurecer a função pública da religião significa gerar uma sociedade injusta, porque esta seria desproporcionada à verdadeira natureza da pessoa; isso *significa tornar impossível a afirmação de uma paz autêntica e duradoura para toda a família humana*" (Bento XVI, "Liberdade religiosa, caminho para a paz", *Mensagem para a Celebração do XLIV Dia Mundial da Paz*, 1º de janeiro de 2011, 1).

povos da terra: "E o amor de Deus é o mesmo para cada pessoa, seja qual for a religião. E se é um ateu, é o mesmo amor" (FT 281). Aqui o Papa Francisco ecoa a doutrina inovadora do Concílio sobre a liberdade religiosa expressa na *Dignitatis Humanae*. Em particular, o Concílio afirma o princípio da inviolabilidade dos direitos da pessoa (DH 1; 6), começando pela liberdade de consciência, que deve ser respeitada até mesmo quando se considera que a pessoa caiu no erro.[32]

---

[32] A posição tradicional da teologia católica, fortemente condicionada pelo Direito Canônico, afirmava que a verdade era a única base aceitável para a liberdade. Conseguintemente, visto que o erro não era admissível, era necessário condenar firmemente os que professam ser ateus ou não crentes. Por outras palavras, se a liberdade de consciência leva alguém a negar a existência de Deus, então é obrigado a não a seguir. Na *Pacem in Terris*, porém, São João XXIII lançou o fundamento para uma mudança nessa perspectiva, postulando a importante distinção entre erro e a pessoa que erra, alegando: "A pessoa que erra não deixa de ser uma pessoa, nem perde nunca a dignidade do ser humano, e, portanto, sempre merece estima. Ademais, nunca se extingue na pessoa humana a capacidade natural de abandonar o erro e abrir-se ao conhecimento da verdade" (PiT 157). Isso estabelece a base para a visão realista do Concílio, a qual pressupõe o direito de a pessoa humana buscar a verdade, mas não oferece uma garantia de obtenção da verdade como tal. Apoiando-se no trabalho dos apóstolos, a *Dignitatis Humanae* afirma que eles "respeitavam os fracos, mesmo que estivessem no erro, mostrando assim como 'cada um de nós dará conta de si a Deus' (Rm 14,12) e, nessa medida, tem obrigação de obedecer à própria consciência" (DH 11). A partir desse primado da consciência, vem o apelo a cada discípulo de Jesus "a agir com amor, prudência e paciência para com os homens que se encontram no erro ou na ignorância relativamente à fé" (DH 14). O Concílio não ignora o poder da verdade, nem enfraquece a importância da Igreja. Pelo contrário, a doutrina do Concílio enfatiza as condições históricas; a liberdade exige formação, significando uma consciência que é conscientemente configurada pela disciplina interior (Cf. V. V. Alberti, *La*

Todos irmãos e irmãs

Essa capacidade de olhar os outros com benevolência, independentemente de quem sejam ou daquilo em que acreditam, é o critério básico da credibilidade e coerência a que toda religião está submissa. Esse é o motivo pelo qual nenhuma forma de desprezo e de ódio xenofóbico, nenhuma abominável expressão de violência "encontra fundamento algum nas convicções religiosas fundamentais" (FT 282).

O fenômeno do terrorismo de origem religiosa é também uma ameaça à liberdade religiosa, porque desautoriza o "princípio da responsabilidade pessoal e social" e não respeita os limites estabelecidos pela obrigação de proceder com o outro "com justiça e bondade" (DH 7). Na origem de cada manifestação de terrorismo, jaz uma falsificação de Deus e do sentido sagrado da vida. Quando isso acontece, a verdade acerca do ser humano, a qual é proclamada pela religião, torna-se escrava da ideologia e muitas vezes é manipulada pelos interesses corruptos da política (FT 283; 285).

O Papa exorta veementemente os líderes religiosos a não apenas se distanciar de grupos extremistas, condenando decisivamente todo ato de violência e de terror cometido por eles, mas também a intervir ativamente tomando o caminho do diálogo, e "a agir na construção da paz, e não como intermediários, mas como mediadores autênticos" (FT 284).[33]

Dignitatis humanae e la nuova laicità oltre la rivoluzione e la controrivoluzione, *Anuario de Historia de la Iglesia* 21 [2012]: 303-320).

[33] Na teologia católica, a categoria da *mediação* é usada para explicar a unicidade do evento salvífico realizado em Cristo Jesus. Ele é o centro e o fundamento de toda a economia da salvação. A singularidade dessa mediação salvífica corresponde à universalidade de sua meta: é para

Em relação ao ecumenismo, por sua vez, a *Fratelli Tutti* retoma a perspectiva aberta pelo Vaticano II e aprofundada pelos sucessivos Magistérios,[34] em primeiro lugar destacando

todas as pessoas. A mediação da Igreja é análoga, mas não unívoca à mediação de Cristo: a mediação da Igreja deriva da mediação de Cristo, mas jamais pode ser confundida com ela. A propósito de outras religiões, São João Paulo II declarou: "Para os que não têm a possibilidade de conhecer ou aceitar a revelação do Evangelho, a salvação de Cristo torna-se acessível em virtude de uma graça que, embora dotada de uma misteriosa relação com a Igreja, todavia não os introduz formalmente nela, mas ilumina convenientemente a sua situação interior e ambiental" (RM 10). A *Evangelii Gaudium* dilata ainda mais essa convicção afirmando que, "devido, porém, à dimensão sacramental da graça santificante, a ação divina tende a produzir [nas religiões não cristãs] sinais, ritos, expressões sagradas que, por sua vez, envolvem outros em uma experiência comunitária do caminho para Deus" (EG 254). Esses esclarecimentos são importantes na contextualização da distinção entre "intermediário" e "mediador" que o Papa Francisco ressalta: "Os intermediários procuram contentar todas as partes, com a finalidade de obter um lucro para si mesmos. O mediador, ao contrário, é aquele que nada reserva para si próprio, mas que se dedica generosamente, até se consumir, consciente de que o único lucro é a paz" (FT 284). O Papa Francisco indica que a graça de Cristo se manifesta nas religiões quando reconhecem que Deus as chama à responsabilidade de trabalhar pela paz para nossos semelhantes. Implícita e indiretamente, essas "mediações práticas", que visam amar o próximo, associam a religião à mediação única e universal de Cristo.

[34] Particularmente digno de nota é o empenho de São João Paulo II em aumentar a consciência ecumênica da Igreja Católica. Isso é demonstrado por diversos acontecimentos importantes: a promulgação do *Código dos Cânones das Igrejas Orientais* (18 de outubro de 1990); a intensificação de viagens papais para fins ecumênicos; os contatos decisivos com as Igrejas Ortodoxas; a publicação da Carta apostólica *Lumen Orientale Lumen* (1995) e da Encíclica *Ut Unum Sint* (1995); a Declaração Conjunta sobre a Doutrina da Justificação (31 de outubro de 1999); a redação e a admissão da Carta Ecumênica para as Igrejas na Europa (22 de abril de 2001); e a continuação do lento trabalho

TODOS IRMÃOS E IRMÃS

a necessidade e a urgência de buscar unidade entre os cristãos a fim de revigorar o anúncio do Evangelho.

A *Unitatis Redintegratio* declarou que a divisão entre cristãos não apenas "contradiz abertamente a vontade de Cristo", mas também "é escândalo para o mundo" (UR 1). O Papa Francisco ecoa esse decreto do Vaticano II e observa que "a contribuição profética e espiritual da unidade entre todos os cristãos" se torna ainda mais evidente pela fragmentação que resultou da globalização. É necessário que as várias denominações cristãs permitam que seus testemunhos comuns do amor de Deus transbordem em seu desejo de servir juntas à humanidade. A unidade entre as Igrejas não só torna a proclamação cristã mais crível: ela é também uma importante "contribuição para a unidade da família humana" (EG 245).

Para o Concílio, a renovação da Igreja está intimamente ligada ao progresso no ecumenismo (UR 6). De igual modo, na área da doutrina social e da ação social, "A cooperação de todos os cristãos exprime vivamente aquelas relações pelas quais já estão unidos entre si e apresenta o rosto de Cristo Servo em uma luz mais radiante" (UR 12). Ao mesmo tempo, os padres conciliares advertiram que essa reforma contínua a que Cristo chama sua Igreja peregrina não pode acontecer "sem conversão interior" (UR 7).

Essa é a razão que levou o Concílio a identificar uma vida espiritual significativa como a base da prática ecumênica:

---

das comissões teológicas empenhadas no diálogo bilateral (Cf. H. Vall Vilardell, La Spiritualità Ecumenica, *Gregorianum* 88, n. 2 [2007]: 407-420).

"Esta conversão do coração e essa santidade de vida, juntamente com as orações particulares e públicas pela unidade dos cristãos, devem ser tidas como a alma de todo o movimento ecumênico" (UR 8).[35] Isso exige tanto compreensão recíproca entre as Igrejas (UR 9) quanto esforços adequados para expressar os mistérios da fé "mais profunda e corretamente" (UR 11).

Nesse sentido, a espiritualidade ecumênica autêntica deve haurir plenamente da riqueza de toda a tradição eclesial e valorizar a profundidade dos diferentes ritos e teologias desenvolvidos em cada Igreja local. Desse modo, o Decreto conciliar *Orientalium Ecclesiarum* afirma que a Igreja Católica reconhece a herança espiritual e eclesial das Igrejas Orientais como "patrimônio universal da Igreja" (OE 5), adotando o princípio de que o universal inclui o particular sem absorvê-lo. Para o Papa Francisco, essa unidade na diversidade é o caminho da comunhão que o Senhor continuamente pede que empreendamos: "E, se realmente

---

[35] O Concílio "declara estar consciente de que o santo propósito de reconciliar todos os cristãos na unidade de uma só e única Igreja de Cristo excede as forças e a capacidade humana" (UR 24). Assim, os padres conciliares desejaram enfatizar no fim do Decreto a necessidade da intervenção divina para que a unidade cristã seja alcançada, colocando toda a sua esperança na "oração de Cristo pela Igreja" (UR 24). A mesma atitude de confiança convicta encontra-se em diversos discursos do Papa Francisco. Por exemplo, em seu encontro com Bartolomeu I, Patriarca de Constantinopla, o Papa acenou às dificuldades de se caminhar juntos, como cristãos, declarando, ao mesmo tempo, que a esperança de lograr tal intento "está fundada não sobre nós e as nossas pobres forças, mas sobre a fidelidade de Deus" (Francisco, *Palavras do Santo Padre por ocasião da Oração Ecumênica durante a Viagem Apostólica à Turquia*, em 29 de novembro de 2014).

acreditamos na ação livre e generosa do Espírito, quantas coisas podemos aprender uns dos outros! Não se trata apenas de receber informações sobre os outros para os conhecermos melhor, mas de recolher o que o Espírito semeou neles como um dom também para nós" (EG 246).

A unidade na oração é uma prática ideal, uma forma de suplantar as objeções e as ressalvas que continuam a persistir na esfera doutrinal: "As questões teológicas e eclesiológicas que ainda nos distanciam só podem ser resolvidas no percurso deste caminho comum".[36] O Papa Francisco afirma que as diferenças que nos separam jamais serão resolvidas, de fato, se ficarmos imóveis, mas somente se cada um encontrar o outro, comprometendo-se com deixar de lado mal-entendidos, hostilidades e preconceitos que, durante séculos, assolaram as relações entre as Igrejas. Portanto, estas não devem esperar que sejam resolvidos os problemas teológicos a fim de trabalharem juntas, mas, antes, proclamar, orar e colaborar lado a lado, na certeza de que "a unidade se faz caminhando".[37]

Em um mundo dilacerado por guerras, ódio, nacionalismo e divisões, as comunidades cristãs são chamadas a defender as reivindicações da justiça em um espírito de solidariedade que assume o lado dos que sofrem. Contudo, não é possível trabalhar sozinho pela justiça; precisamos buscá-la *juntos*, relegando todos os temores e não poupando

---

[36] Francisco, *Address of the Holy Father to Members of the Ecumenical Delegation from Finland* [Discurso do Santo Padre aos Membros da Delegação Ecumênica da Finlândia], 19 de janeiro de 2019.

[37] Francisco, *Palavras do Santo Padre depois da Assinatura da Declaração Conjunta com o Patriarca Cirilo*, Havana, 12 de fevereiro de 2016.

esforços. Essa é a razão por que o Papa Francisco nos encoraja a não termos medo de dedicar-nos em favor de um mundo melhor: "Não tenhamos medo de trabalhar com prejuízo! O ecumenismo é 'um grande empreendimento com prejuízo'. Mas trata-se de prejuízo evangélico, segundo o caminho traçado por Jesus: 'Quem quiser salvar a sua vida, há de perdê-la; mas, quem perder a sua vida por minha causa, há de salvá-la' (Lc 9,24). Salvaguardar-se a si próprio é caminhar segundo a carne; perder-se seguindo Jesus é caminhar segundo o Espírito".[38]

O Papa lembra aos que acelerariam o caminho da unidade visível que já se "alcançou" um ecumenismo: "Vejamos o que é possível fazer concretamente, em vez de nos desencorajar pelo que não o é. Olhemos também para muitos dos nossos irmãos e irmãs que em várias partes do mundo, especialmente no Médio Oriente, sofrem porque são cristãos. Estejamos ao seu lado. E lembremo-nos de que o nosso caminho ecumênico é precedido e acompanhado por um ecumenismo já realizado, o ecumenismo do sangue, que nos exorta a avançar".[39]

---

[38] Francisco, *Discurso do Santo Padre no Encontro Ecumênico durante a Peregrinação Ecumênica a Genebra por ocasião do 70º Aniversário da Fundação do Conselho Mundial das Igrejas*, 21 de junho de 2018.

[39] Francisco, *Discurso do Santo Padre no Encontro Ecumênico durante a Peregrinação Ecumênica a Genebra por ocasião do 70º Aniversário da Fundação do Conselho Mundial das Igrejas*, 21 de junho de 2018.

CONCLUSÃO

No Magistério do Papa Francisco, seu ensinamento, que se desenvolve gradativamente ao longo do tempo em palavras e ações, encontra um momento de síntese na *Fratelli Tutti*. Com várias expressões abalizadas ao longo do percurso, a coerência interna de seu ensinamento é facilmente apreendida pela leitura da Encíclica à luz das primeiras palavras que Jorge Mario Bergoglio pronunciou na noite de sua eleição papal. Diante da multidão jubilosa que lotava a Praça de São Pedro, ele inclinou a cabeça e pediu a todos que rezassem para que Deus concedesse a todo o mundo o dom de "um espírito de fraternidade".[1]

Depois de indicar a fé como a luz que ilumina toda a humana existência (*Lumen Fidei*) e o Evangelho como a alegria que anima nossa vida (*Evangelii Gaudium*), e após designar a ecologia integral como uma prioridade urgente para nosso tempo (*Laudato Si'*) e como um desafio para a

---

[1] Francisco, *Primeira saudação do Papa Francisco*, 13 de março de 2013.

inculturação da fé (*Querida Amazônia*), o Papa convida-nos a apreciar mais profundamente o que significa reconhecer a "nossa casa comum" e as suas consequências, não somente a nível intraeclesial e ecumênico, mas também para a coexistência social e para a paz entre as pessoas (FT 1).

Para a Igreja, hoje, ver "todos irmãos e irmãs" como uma realidade dinâmica e aberta oferece um caminho autêntico para a proclamação e transmissão do Evangelho. Passar adiante a mensagem do Cristo Crucificado e Ressuscitado para as novas gerações, para as pessoas de nosso tempo, já não é pensável meramente como um ato de "informar" os outros, ou seja, simplesmente um ato de comunicar as verdades de nossa fé a respeito do mistério do Deus vivo. Ao contrário, envolve a maneira pela qual o fiel se posiciona em relação à alteridade do mundo e de seus semelhantes. Isso significa "revestir-se do Senhor" (Rm 13,14) a fim de vivenciar um estilo genuinamente evangélico (EG 67; 168).

A *Fratelli Tutti* une ousadamente dois termos que podem parecer opostos entre si: *amizade* e *sociedade*. Quando falamos de amizade, normalmente temos em mente uma forma "seletiva" de amor: escolhemos nossos amigos, selecionamo-los para serem nossos companheiros. Com frequência, distinguimos a esfera dos relacionamentos amicais, que vemos como "privados", do contexto social no qual estamos envolvidos com pessoas que nos parecem "impostas" de fora. A mensagem da Encíclica visa oferecer à humanidade uma "nova visão" ou sonho (FT 6): agir em prol dos outros, quer próximos, quer distantes, como se estivéssemos a escolhê-los como nossos irmãos e irmãos, amigos e amigas. É por isso que o Papa Francisco optou por não especificar os destinatários da Encíclica, não os limitar ao fiéis batizados, mas expandir o alcance de sua mensagem a todas as pessoas.[2] O Papa Francisco quer oferecer um ensino social que fale não somente a católicos, mas que seja capaz de guiar a todos, de "fazer renascer, entre todos, um anseio mundial de fraternidade" (FT 8).

O Santo Padre convida os crentes – católicos e os de qualquer outra religião – a dilatar o conceito mesmo de "fraternidade", a fim de reconhecer como "irmãos e irmãs" não somente os que partilham a mesma experiência religiosa, mas todas as pessoas, sem nenhuma exceção. O Papa pede aos não crentes e aos que não se comprometem com nenhum "credo" a trazer um espírito de irmãos e irmãs ao próprio coração da vida social, vivendo de maneira secular os valores e princípios éticos que são tesouros da religião.

O ensinamento do Papa Francisco, mesmo animado por uma lógica interna precisa, está também em continuidade com a ininterrupta doutrina oficial da Igreja, especialmente em sua revitalização do método *indutivo* proposto pelo Concílio Vaticano II.

---

2 Essa opção por dirigir-se a todas as pessoas deveria ser lida em continuidade com o ponto de inflexão realizado pelo Vaticano II. De fato, a *Gaudium et Spes* declara que a mensagem do Evangelho "e o que fica dito, vale não só dos cristãos, mas de todos os homens de boa vontade, em cujos corações a graça opera ocultamente. Com efeito, já que por todos morreu Cristo e a vocação última de todos os homens é realmente uma só, a saber, a divina, devemos manter que o Espírito Santo a todos dá a possibilidade de se associarem a este mistério pascal por um modo só de Deus conhecido" (GS 22).

A *Gaudium et Spes* expressa distintamente o exercício do discernimento evangélico, o sentido de fé dos fiéis, o *sensus fidei fidelium*, em três estágios: *perscrutar* os sinais dos tempos; *interpretá-los* à luz do Evangelho, e *responder* a questões de sentido (GS 4). O texto dessa Constituição Pastoral do Vaticano II declara que a fé é nutrida pela leitura da história e observa que "Como a Igreja tem uma estrutura social visível, sinal da sua unidade em Cristo, pode também ser enriquecida, e de fato o é, com a evolução da vida social" (GS 44). A *Fratelli Tutti* assume essa mesma abordagem, primeiro ao escolher "ouvir, discernir e interpretar as várias linguagens do nosso tempo", e, também, no chamado à vida humana social como o "lugar" no qual a Igreja pode conhecer a si mesma mais profundamente na "constituição que Cristo lhe deu". Dessa forma, ela pode exprimi-la melhor e adaptá-la "mais convenientemente aos nossos tempos" (GS 44).

O Papa Francisco aponta o ser irmãos e irmãs e a amizade social como forma de amor que nos impele a ir além de nossos míopes interesses partidários a fim de incluir outros em nossa compreensão do "bem" e do "bem-estar". A caridade, em sua capacidade de "tudo abraçar" (FT 164), torna-se, assim, a chave para apoiar o desenvolvimento humano integral.

A caridade é inclusiva e vivificadora (FT 165), mas também aberta a todos e comum a todos (FT 183-184). À sua luz, a *Fratelli Tutti* aborda e entrelaça todos os temas fundamentais da doutrina social da Igreja: a dignidade da pessoa humana e o direito ao desenvolvimento integral (FT 106); os princípios da solidariedade (FT 114-115) e da subsidiariedade (FT 122; 162); da destinação universal dos bens e da propriedade privada

TODOS IRMÃOS E IRMÃS

(FT 118-121; 143); do trabalho e do livre empreendimento (FT 122; 162); da cooperação internacional (FT 132); da secularidade e do relacionamento entre a Igreja e a comunidade política (FT 276); e do direito à liberdade religiosa (FT 276).

A isso, acrescenta-se a condenação de todo tipo de guerra e toda ideologia falaciosa que visa apoiar "a possiblidade de uma 'guerra justa'" (FT 258). Ela rejeita igualmente a pena de morte (FT 269) e o tráfico de seres humanos (FT 24).

A Encíclica também identifica passos concretos a serem dados, compromissos a serem assumidos e concertados, esforços a serem envidados nas esferas social, política e econômica: migração (FT 38; 128-132); boa administração na política (FT 180-182); fome no mundo (FT 189); diálogo e paz social (FT 217); desarmamento nuclear e a vontade coletiva de auto-contenção em assuntos militares (FT 262); a necessidade de um acordo global para investir recursos na saúde por todo o mundo e na segurança mundial (FT 173-174); o caminho ecumênico rumo à unidade dos cristãos (FT 280); e o compromisso das religiões em contribuir para o bem comum e colocar-se a serviço de nosso ser irmãos e irmãs (FT 271; 281-285).

Visto que "as grandes transformações não são construídas à escrivaninha ou no escritório" (FT 231), mas sim realizadas por gestos e ações concretas, a Encíclica assume uma abordagem prática aos problemas de hoje e sugere maneiras de análises concretas a fim de aperfeiçoar a coexistência social: preservar a memória do passado; estar abertos ao diálogo no presente; planejar juntos para o futuro; iniciar processos de reconciliação e valorizar e salvaguardar a diversidade.

Para que o testemunho da Igreja não seja negligenciado como insignificante, precisamos "perscrutar" o presente e encetar uma análise objetiva e realista sobre os males que permeiam nosso tempo. A *Laudato Si'* já se manifestara, identificando as causas da crise ecológica atual em determinado uso da tecnologia (LS 106) e denunciando as escolhas irresponsáveis da política que se deixa escravizar pelos interesses financeiros (LS 109). A *Fratelli Tutti* confirma a diferença substancial no ensinamento de Francisco comparado com a abordagem assumida pelo Magistério anterior: já não é uma questão de tornar a economia mais moral, de tornar o capitalismo mais compassivo ou compreensivo, mas, antes, de "redefinir nossa noção de progresso" (LS 194), transformando totalmente a aparência e a ordem do mundo.

Para evitar "enfrentar apenas os sintomas" (LS 9), é necessário repensar o modelo econômico desde a base, começando com a centralidade da pessoa e da dignidade humana como a "fronteira" do futuro (FT 22). Por essas razões, o Papa Francisco convida os países ocidentais a recuperar aqueles instrumentos que já possuem, através da história e da tradição, a fim de reafirmar o valor inalienável da pessoa humana (FT 40).

No nível ideológico, a economia do mero lucro está fundada em várias antropologias redutivas. Isso leva à perda da equidade ou da justiça – não somente no nível material, bloqueando o acesso às necessidades básicas, mas também enfraquecendo ainda mais os esforços para assegurar o respeito aos direitos fundamentais de todos os seres humanos em todas as partes do mundo.

TODOS IRMÃOS E IRMÃS

Os pobres, por sua própria presença, questionam o status ou universo cultural do Ocidente. É precisamente por essa razão que há uma tendência a excluí-los, a removê-los de "nossa" história e da narrativa "tranquilizadora" que construímos para as gerações futuras. Desde o começo, o Magistério do Papa Francisco denunciou a cultura da indiferença[3] e a cultura do descarte,[4] identificando as muitas formas de marginalização que infestam nosso tempo: periferias econômicas, sociais, políticas, existenciais e espirituais.

Se a história da salvação pode ser entendida em termos do contínuo diálogo com a humanidade (DV 2), então o papel e a missão da Igreja Católica é ser expressão e atualização daquele diálogo. São Paulo VI afirmou que "a Igreja deve entrar em diálogo no mundo em que vive" (ES 38), renovando sua presença e sua ação a fim de superar efetivamente todo tipo de preconceito histórico-cultural ou socioteológico. Na *Fratelli Tutti*, o Papa Francisco acrescenta que tal atitude de diálogo da parte da Igreja pode encorajar outras religiões a vencer a intolerância, o racismo e o fundamentalismo. Essa mudança de perspectiva leva a Igreja a abraçar a promoção da paz, a luta pela justiça e a defesa dos direitos humanos como aspectos constitutivos da missão de proclamar o Evangelho.

Animados pelo amor de Cristo, que é para todos, a Igreja torna-se sacramento universal de comunhão, um dom de

---

[3] Francisco, *Homilia no Campo Esportivo "Arena" na Localidade Salina durante sua Visita a Lampedusa*, 8 de julho de 2013.

[4] Francisco, *Discurso durante a Visita à Comunidade de Varginha (Manguinhos) na Visita Apostólica ao Rio de Janeiro por Ocasião do XXVIII Dia Mundial da Juventude*, 25 de julho de 2013 (Cf. LS 16; 22; 43).

salvação que se estende para além de suas próprias fronteiras visíveis. Se a caridade se desenvolve como a capacidade de acolher cada vez mais os outros, então a missão evangelizadora da Igreja como povo de Deus a caminho está a serviço da concórdia e da paz universais entre povos, culturas e religiões.

Em vez de expressar uma "ideologia" do diálogo e da partilha, a *Fratelli Tutti* escolhe deixar que fenômenos reais sejam sua medida. A Encíclica evita a tentação de assumir uma abordagem idealista da paz e, em vez disso, enfatiza a importância do conflito como uma dinâmica típica com que se deve contar sempre que as diferenças se encontram. Ao mesmo tempo, Francisco pede que o confronto não dê lugar à mútua indiferença ou ao antagonismo – os quais, por sua vez, podem levar à guerra –, mas, preferentemente, que permita fazer surgir um processo vivificador. Se o diálogo assume o conflito e o resolve positivamente, então cria condições para que se verifiquem experiências de cooperação. Buscar o caminho da partilha exige que todos exercitem a autocontenção, ou seja, imponham limites a si mesmos a fim de abrirem espaço para os outros. Revelar nossas próprias limitações como condição para a interação é tornar-nos vulneráveis. No entanto, nenhum encontro autêntico é possível, a menos que tenhamos disposição para deixar-nos encontrar e compreender pelo outro, a não ser que tenhamos deveras decidido permitir que os outros se expressem. A vulnerabilidade, então, significa também escolher retirar-se, em certa medida, para conservar um pouco de autonomia e não sobrecarregar os outros, acolhendo respeitosamente sua identidade.

TODOS IRMÃOS E IRMÃS

Dessa forma, dialogar é cultivar a arte de aproximar-se ou de avizinhar-se. Chegamos o mais perto possível sem perder-nos. Partilhamos algo porque valorizamos positivamente a diferença "limitante" do outro. Não é um caminho fácil em um tempo no qual amiúde tendemos a usar a exclusão para enfatizar a percepção do "nós". Continuamos a criar diferenças, a fomentar narrativas que demonizam com base na raça, levando a políticas paranoicas obcecadas em proteger-nos e imunizar-nos contra "invasores" estrangeiros.

Mas é também a eclesiologia da *comunhão*, baseada na obra do Verbo Encarnado, que forma a perspectiva teológica subjacente à *Fratelli Tutti*. A Igreja concretiza-se colocando-se a serviço da humanidade e medeia a salvação em Cristo em seu constante compromisso de tornar o Reino de Deus presente entre as pessoas, chamando-as a serem todas irmãs.

A voz do Papa Francisco vem "quase do fim do mundo",[5] ainda que fale "a partir do centro". É a voz de uma Igreja que ouve o grito dos últimos, dos excluídos, dos "sem-vozes". Ao mesmo tempo, reconheçamos que um dos muitos paradoxos de ser Papa em nosso tempo é que o Santo Padre muitas vezes é obrigado a falar ao mundo por meio do microfone de seus adversários. Ignorar o impendente apelo dos desesperados é ter uma Igreja sem Cristo. Assim também, distorcer o ensino de Francisco colocando-o em oposição à Tradição é desconsiderar a opção preferencial que o Vaticano II fez em favor dos pobres.

---

[5] Papa Francisco, *Primeira saudação do Papa Francisco* (13 de março de 2013).

Assim, é necessário fugir à tentação da indiferença que leva a pensar e a dizer: "Essa Encíclica não é para nós!". A propósito, é pertinente recordar a reafirmação do Concílio de que os bispos são chamados a ensinar em comunhão com o Pontífice Romano, "mesmo quando não fala *ex cathedra*", e a esforçar-se para assegurar que os leigos lealmente desenvolvam um assentimento religioso maduro "de mente e de vontade" ao autêntico Magistério do Bispo de Roma (LG 25).

O desafio que a Encíclica do Papa Francisco, de 2020, apresenta para todos, tanto dentro quanto fora das fronteiras visíveis da Igreja Católica, não é apenas o de se empenhar na promoção de seus conteúdos e implementação de suas propostas em nossas escolhas e atividades específicas. O desafio é igualmente tentarmos, nós mesmos, mostrar a validade de suas propostas, mediante um compromisso sempre mais profundo de trabalharmos *juntos* e de cultivarmos uma colaboração ainda mais eficaz, de modo a transmitirmos a alegria de viver e agir como irmãos e irmãs, amigos e amigas. Descobrir maneiras e momentos de agir de modo progressivamente *sinodal* – a começar pelas estruturas eclesiais – dará testemunho do compromisso da Igreja com a idealização, a geração e a construção de um mundo melhor.

Na *Fratelli Tutti*, a voz profética do Papa Francisco, à luz da Palavra de Deus, revela a inquietude que caracteriza a humanidade hoje, mas que também habita o coração da Igreja. Se uma indisfarçável preocupação acerca de um futuro patentemente obscuro e nebuloso provoca desconfiança quanto ao que há de vir, para os discípulos do Senhor, tal preocupação seria falta de fé e de esperança na ação salvífica

Todos irmãos e irmãs

do Senhor. O convite a compreender a urgência de sermos "todos irmãos e irmãs" e suas implicações concretas para a construção de um mundo melhor é, pois, um chamado para que cada um de nós redescubra a coragem e o zelo, evocando na mente e no coração as palavras e as promessas de Jesus Cristo: "Já não vos chamo servos, mas amigos" (Jo 15,15).

APÊNDICES

O s dois apêndices são reflexões sobre as duas partes do livro. Eles permitem ao leitor um segundo olhar, a partir de um ponto de vista diferente e em um estilo diverso.

O Apêndice I, "Todos irmãos e irmãs depois da pandemia", aplica os cinco critérios para o discernimento, oriundos do Vaticano II, a uma situação atual avassaladora, com a esperança de sairmos da emergência sanitária da Covid-19 mudados para melhor!

O Apêndice II, "Dança e luto", é uma meditação escriturística sobre os sinais dos tempos de hoje, a partir de uma leitura de Mt 11,1-19.

Os dois apêndices, aparecendo no fim, servem para completar a compreensão do leitor e para abrir novas pistas de pensamento e de ação. Alternativamente, se lidos antes de entrar em cada parte do livro, podem servir como introduções úteis, ainda que indiretas, como preparação para os ensinamentos do Vaticano II (Parte I) e da *Fratelli Tutti* (Parte II).

APÊNDICE I
TODOS IRMÃOS E IRMÃS
DEPOIS DA PANDEMIA

Cinco princípios para a transformação na esteira da crise global da Covid-19[1]

A crise global provocada pela rápida propagação da Covid-19 reconduziu-nos ao âmago de nossa condição humana, pondo novamente a descoberto uma vulnerabilidade da qual havíamos esquecido, uma fragilidade que permaneceu oculta por trás de uma fachada de segurança que tínhamos como garantida. Repentinamente, vimo-nos expostos, indefesos, contra uma ameaça invisível, lançados no desconhecido. Paradoxalmente, foi a pandemia que abriu a caixa de Pandora.

---

[1] Com especial referência ao capítulo 3 deste livro.

Ao dilacerar o tecido de nossas vidas cotidianas e everter nossos estilos de vida, a pandemia fez-nos experimentar as limitações de nossa existência. Como se tivéssemos despertado de uma fantasia de onipotência, nossos olhos se abriram e, percebendo nossa nudez (Gn 3,7), descobrimo-nos como *mortais*.

Talvez alguns se tenham dado conta da incoerência de determinadas opções feitas pela cultura globalizada de hoje. Nossa sociedade prefere manter o drama desconcertante da morte fora do alcance da vista, favorecendo uma concepção privada do sofrimento. Entretanto, tal postura mostrou-se incapaz de proferir uma única palavra que confira sentido ao drama do corpo humano ferido pela doença.

Há, porém, a possibilidade de seguir outra via. Podemos apreender os "fatos" que a pandemia impôs como um ponto de viragem epistemológico e antropológico decisivo.

Ou seja, podemos interpretar a difusão da pandemia aplicando (1) *o critério da fé*, e reconhecer nesse evento um "sinal dos tempos" e uma "indicação" daquele que há de vir. O Senhor Jesus convida-nos a olhar para o "futuro", em vez de voltar a entrar rapidamente no "presente".

Olhar para o futuro com os olhos da fé, com o confiante abandono de filhos que se sabem amados para sempre, permite-nos ver esse "sinal". Não como um aviso ou uma nuvem escura que ameaça chacinar e vingar os pecados da humanidade, mas como um *kairós*, um tempo propício de reflexão sobre quem somos e sobre quem queremos ser.

A pandemia torna-se, então, um recado ou sinal da verdade: devemos voltar a ser humanos novamente diante de

Todos irmãos e irmãs

Deus Pai, permanecer humanos juntamente com o Filho feito homem, e tornar-nos humanos no poder do Espírito Santo, que é Senhor e dá a vida.

Essa mudança de direção para a humanidade é, ao mesmo tempo, uma possibilidade de conversão para cada ser humano: somos chamados a abandonar o egocentrismo que nos torna preocupados somente com nós mesmos – já como indivíduos, já como grupo –, a fim de abraçarmos uma forma evangélica de vida na qual nos mostramos capazes de cuidar dos outros e de preocupar-nos com eles.

Essa é uma mudança que devemos tanto aos que morrem por causa do vírus quanto aos que, lutando nas linhas de frente, dão a própria vida para salvar a vida dos outros. A fé leva-nos a interpretar a vida como um dom que jamais pode ser tomado como garantido, e do qual devemos prestar contas quando estivermos face a face com Deus, quando a corte ou o tribunal da história julgar nossas ações e nossa passagem sobre esta terra.

O medo gerado pelo perigo do contágio permitiu-nos sentir uma urgente necessidade de tornar-nos íntimos, de abraçar nossos entes queridos, sentir como nossa a dor dos afetados pelo vírus. Emergiu um novo sentido do "nós", unindo-nos como seres humanos para além de nossas diferenças culturais e nacionais e ajudando-nos a ver o mundo como uma "casa comum".

Contudo, esse senso de comunhão e de proximidade, parcialmente imposto pela onda emocional que nos varreu, pode facilmente desmoronar e desvanecer-se se não for apoiado por fortes motivações. Nossa habilidade para relacionamentos casuais e de interesses próprios pode fazer-nos esquecer rapidamente o que a pandemia nos revelou – que fomos feitos para os outros, que precisamos criar laços com os quais possamos contar.

(2) *Ser para os outros* é parte do processo de construção de nossa identidade pessoal. É um passo indispensável na aquisição da autenticidade, não apenas como pessoas, mas também como discípulos do Senhor. A pandemia, então, representa uma experiência de "êxodo existencial" como convite a sair de nós mesmos e como "entrada pascal". Precisamos transfigurar o estilo de nossos relacionamentos, passando da mentalidade assimétrica do que é *útil* – em que eu vergo o outro aos meus próprios interesses – à lógica harmoniosa da *gratuidade* – na qual eu me interesso pelos outros independentemente do benefício que eu possa obter deles, simplesmente porque lhes reconheço o valor intrínseco.

A fé também nos permite ver a pandemia como uma oportunidade para desconstruir os mecanismos da indiferença de um sistema social que existe por gerar desigualdade; em vez disso, a fé induz-nos a adotar (3) *o bem comum como o critério ou medida do interesse privado*. A situação crítica evidenciou muitas contradições na coexistência social, tais como a ininterrupta produção de armas – quase como se fosse uma atividade essencial –, ao mesmo tempo que hospitais carecem de equipamentos médicos básicos. Ou o desequilíbrio dos sistemas de saúde de muitos países, onde as estruturas públicas não foram capazes de atender às necessidades dos fracos e onde o direito à saúde ficou

TODOS IRMÃOS E IRMÃS

severamente comprometido. Trata-se de países em que as escolhas políticas neoliberais acharam conveniente não investir na saúde pública, sacrificando a prevenção e a segurança visando aumentar o lucro e a competitividade. Tais decisões, tomadas com o fito de maximizar o capital, agora mostram toda a sua unilateralidade e revelam como a difusão do vírus foi raramente contida, resultando em crescentes custos econômicos, sociais e ambientais que pesam gravemente na saúde e na renda das camadas mais pobres da sociedade.

Vale a pena observar, porém, como a mesma resiliência social de nações inteiras tem sido comprometida por sua incapacidade de conter epidemias, expondo, em fim de contas, as pessoas mais frágeis – os idosos, as pessoas com doenças de longa duração e com necessidades especiais – a alto risco de mortalidade.

O que a explosão da pandemia nos ensinou? Que lições aprendemos de seu fenômeno global?

Podemos tentar responder a essas questões recordando, antes de mais nada, o que a doutrina social da Igreja ensina, a saber, que não é possível garantir os direitos humanos fundamentais sem promover devidamente os direitos econômicos e sociais que são basilares para nossa coexistência em sociedade. A fim de enfrentar e gerir eficazmente situações complexas tais como uma pandemia, as soluções devem ser buscadas em escala global, lançando-se os fundamentos para um diálogo construtivo entre nações e buscando, juntos, uma compreensão comum que leve em conta todas as variáveis relevantes. Nesse aspecto, expressar solidariedade para com os países mais pobres e apoiá-los nos desafios da Covid-19 significa não apenas ajudá-los a lidar com a crise sanitária enviando-lhes vacinas, suplementos médicos e assistência profissional, mas também planejando estratégias mais amplas que possibilitem estabelecer uma economia baseada na solidariedade e uma sociedade mais justa.

O surgimento da pandemia também nos impôs distanciamento como medida preventiva, fazendo-nos temer o contato e a proximidade de uns com os outros. Ao mesmo tempo, quando a cultura mostra alarmantes tendências ao solipsismo e ao fechamento de mentalidade, conforme evidenciado pelo deplorável retorno de "nacionalismos fechados, exacerbados, ressentidos e agressivos" (FT 11; 141), não devemos permitir que a prática do distanciamento físico se torne uma atitude emocional ou uma desculpa para fugir dos problemas dos que nos circundam.

Para reagir à tirania do tribalismo ideológico, o Papa Francisco propõe uma "receita": sonhar juntos para construirmos uma realidade melhor (FT 8). A refundação dos ideais começa pela identificação de um horizonte de sentido comum, de sonhos; esse é o antídoto para todas as formas de interesses partidários que reivindicam o domínio.

Nesse sentido, a Igreja é chamada a dar um passo à frente, combinando sua (4) *opção preferencial pelos pobres* com o saudável *realismo que vem da operosa caridade*. Acompanhar a humanidade, gravemente ferida pela pandemia, significa colocar-se ao lado dos últimos, dos alquebrados, dos invisíveis, dos abandonados. Ao fazer isso, a Igreja deve

Todos irmãos e irmãs

estar sempre pronta a "sujar-se as mãos", a dar sua própria contribuição, dando espaço à criatividade do amor.

Surgindo como uma crise planetária, a pandemia também salientou como o destino comum de todos os seres humanos está intimamente ligado ao futuro bioecológico do planeta. A crise da pandemia, portanto, manifestou novamente a urgência de (5) *salvaguardar a criação como uma necessidade para a humanidade.*

Fatores como poluição, desmatamento, escassez de água, deterioração do solo e desertificação em grandes áreas do planeta, o exaurimento de matéria orgânica e da fertilidade do solo, o uso excessivo de produtos químicos na agricultura, a exorbitante produção de resíduos, a redução da biodiversidade e as mudanças climáticas têm forte impacto na saúde humana. A pandemia mudou indubitavelmente populações inteiras e forçou governos a fazer escolhas e a planejar estratégias em reação. As decisões, no entanto, sempre mostram nosso verdadeiro caráter: elas evidenciam os valores e as prioridades pelos quais somos guiados. Destarte, tornou-se óbvio com que frequência manter funcionando um sistema econômico é considerado mais importante do que salvaguardar a saúde das pessoas. A mesma coisa é amiúde verdadeira quanto à saúde do meio ambiente! A emergência da Covid-19 convida-nos, pois, a reduzir a corrida pela riqueza a todo custo e a repensar o impacto da presença humana no planeta. Se a natureza deve sanar-se e florescer de modo que, em troca, favoreça o florescimento humano, então os seres humanos precisam respeitar a natureza e colaborar com ela.

Conforme nos lembra o Papa Francisco: "Desta crise, podemos sair melhores ou piores. Podemos resvalar para trás ou podemos criar algo novo".[2]

É tempo de tornar-nos conscientes de que o combate à deterioração cultural e ética vai de mãos dadas com a responsabilidade pela criação. Curar a terra exige curar os seres humanos do mal do egoísmo.

---

[2] Papa Francisco e Austen Ivereigh, *Let Us Dream: The Path to a Better Future* (London, Simon and Schuster, 2020), 4.

APÊNDICE II
DANÇA E LUTO (MT 11,1-19)

Meditar a Palavra para discernir o presente

1. Fé atenta à história: o Reino de Deus germina entre as dobras do tempo

Quando professamos nossa fé no Senhor Ressuscitado que "virá em glória" (Mc 8,38; Lc 9,26), afirmamos que, desde já, é possível vislumbrar o irrefreável desenvolvimento do Reino de Deus nas dobras do tempo.

A esperança futura que anima nosso vínculo com Cristo não nos isenta do esforço de seguir as pegadas de Deus na história contemporânea, a fim de descobrir aqueles indícios que testemunham a jovial irrupção do Reino dos Céus em nosso momento atual. Sem dúvida, o fato de crer sempre exige esforço para distinguir os traços do Reino entre os vários fatos humanos que pareceriam negar que ele já esteja presente aqui.

Jesus exortou-nos a discernir os "sinais dos tempos" (Mt 16,3), mediante os quais Deus fala na história contemporânea e, apelando à consciência humana, dirige um convite a cada pessoa para que capte o fio condutor que une o que está acontecendo ao nosso redor à voz de Deus que, secretamente, fala a partir dos recônditos do coração (Mt 6,6).

No Evangelho de Mateus, quando os discípulos de João Batista vêm até Jesus para perguntar-lhe por que os Doze não jejuam enquanto eles e os fariseus o fazem, ele responde: "Acaso os convidados do casamento podem estar de luto enquanto o noivo está com eles? Dias virão em que o noivo lhes será triado. Então jejuarão" (Mt 9,15).

Apresentando-se como o noivo, Jesus indica um traço essencial na identidade de seus discípulos: eles deverão provar-se capazes de discernir apropriadamente entre os dias de "luto" e os dias de "festim". À medida que sua narrativa continua, Mateus refere outra visita dos discípulos de João Batista ao Senhor. Eles retornam para perguntar-lhe a respeito de uma dúvida levantada pelo próprio João: "És tu aquele que há de vir, ou devemos esperar outro?" (Mt 11,3). Jesus escolheu não responder diretamente à questão, preferindo replicar apontando para uma direção e um fato. Ele mostrou que a vinda do Reino de Deus acontece como uma transformação do mundo: "Ide contar a João o que estais ouvindo e vendo: cegos recuperam a vista, paralíticos andam, leprosos são curados, surdos ouvem, mortos ressuscitam e aos pobres se anuncia a Boa-Nova. E feliz de quem não se escandaliza a meu respeito!" (Mt 11,4-5).

Olhando para a terra, prestando atenção à conversão e às mudanças que estão acontecendo nela, eles próprios serão capazes de testemunhar João Batista com o anúncio do Reino de Deus entre os seres humanos. Discernindo, entre o que eles têm visto e ouvido, aqueles sinais que Jesus realiza pelo poder do Espírito Santo, estarão aptos a narrar como, da felicidade do recém-casado por sua esposa (Is 62,5), da exultação do Pai pela humanidade redimida do pecado, emerge toda a beleza da nova criação.

Essa é a obra de Deus que João Batista predisse e que Jesus agora está pondo em prática. Para aqueles cujos olhos e ouvidos estão abertos pela fé, sempre que a humanidade é curada, restaurada e redimida, é possível entrever o desabrochar do Reino de Deus.

2. A dúvida de João Batista: Jesus indica a cada um de nós nossa missão no mundo

Curiosamente, em meio à sua relutância em relação a Jesus – o que o leva a enviar discípulos para pedir esclarecimentos acerca de sua identidade –, João Batista, em contrapartida, recebe das palavras vivas de Cristo um esclarecimento de sua própria missão como precursor. Quaisquer que possam ter sido as dúvidas de João acerca de Jesus, este não tinha nenhuma dúvida quanto ao papel de João na história da salvação.

Dirigindo-se à multidão, Jesus explica como João é o profeta de quem as Escrituras haviam falado, que veio para predizer o começo do fim dos tempos, sendo enviado para preparar o caminho do Senhor para a redenção de seu povo (Mt 3,1). Não querendo deixar espaço a mal-entendidos, ele declara de modo ainda mais explícito que "... entre todos os nascidos de mulher, não surgiu quem fosse maior do que João Batista" (Mt 11,11a).

A expressão "nascido de mulher" é tipicamente semítica (Jó 11,12; Eclo 10,18; Gl 4,4) e pode ser entendida aqui como um contraponto ao título "Filho do Homem" (Nm 23,19; Jó 25,6; Sl 8,4), que Jesus atribuiria a si mesmo (Mt 11,19) um pouco mais tarde.

Na narrativa de Mateus, Jesus a usa diversas vezes a fim de introduzir progressivamente seus discípulos em uma compreensão de sua missão como "o Ungido do Senhor", como o Enviado do Pai "para servir e dar sua vida em resgate por muitos" (Mt 20,28).

João é proclamado como o maior de todos os profetas, mesmo comparado a Moisés (Dt 34,10-12); no entanto, Jesus observa que "o menor no Reino dos Céus é maior do que ele" (Mt 11,11b). Essa comparação é tão estonteante, que não pode haver dúvida alguma de que é uma expressão autêntica de Jesus. O evangelista Mateus enfatiza a superabundância da economia da plenitude, para além da promessa contida na Lei e nos profetas; por meio de Cristo, o autêntico Pequenino no Reino (cf. Lc 9,48), a humanidade assinala a passagem "deste mundo para o Pai" (Jo 13,1), da realidade terrena de "irmãos e irmãs nascidos de mulher" para a realidade definitiva dos "filhos e filhas de Deus".

Jesus esclarece a identidade de João remetendo à sua própria. Permite-nos sentir como as boas-novas que ele veio proclamar-nos trazem a verdade para cada um de nós, lançando luz sobre nossa missão como discípulos. Enquanto o mistério de sua pessoa permanece inefável e inexaurível para todos, ao colocarmos nossa vida diante dele, temos um modo de compreender-nos mais plenamente, assim como de entender a que nos chama o Pai, de modo que possamos contribuir para a construção do Reino. Com humildade, devemos ir até Jesus e perguntar-lhe: "Quem és, Senhor?". E, mostrando-nos a face humana do Filho amado desde toda a eternidade, ele nos dirá o que somos para ele. Ao convidar-nos a segui-lo cada vez mais de perto, Jesus revela nossa verdadeira identidade. Para os batizados, percorrer a estrada que leva ao descobrimento da verdade acerca de si mesmos coincide com o começo da "santa peregrinação" (Sl 83,6) que leva a abraçar a missão que o Senhor nos designa. O ensinamento do Vaticano II soa verdadeiro até hoje: com simplicidade e sabedoria, o Concílio lembra-nos de que "Cristo, novo Adão, na própria revelação do mistério do Pai e do seu amor, revela o homem a si mesmo e descobre-lhe a sua vocação sublime" (GS 22).

3. *Os "violentos" e os "mansos": duas maneiras opostas de ser e de agir*

Ao comparar "o maior entre os nascidos de mulher" com "o menor no Reino" (Mt 11,11), Jesus chama a atenção para os modos segundo os quais o Evangelho subverte a lógica humana. Isso prepara para o ensinamento sobre a "grandeza evangélica" que o evangelista desenvolverá mais explicitamente na última parte de seu Evangelho.

Mateus relata que Jesus, vendo aproximar-se a hora de seu fim, admoestou seus discípulos dizendo: "Quem quiser ser o maior entre vós seja aquele que vos serve" (Mt 20,26).

Ele convida-os a não se conformar com a mentalidade comum, com os critérios pelos quais a sociedade avalia o sucesso e o prestígio de uma pessoa, mas a discernir consoante o novo critério que pode ser compreendido unicamente à luz de seu Mistério pascal: "Os últimos serão os primeiros, e os primeiros serão os últimos" (Mt 20,16).

No Reino dos Céus, os que se fizeram "últimos", à imitação do Filho do Homem, em humilde serviço e generosa autodoação, serão considerados "primeiros", ao passo que os que dominam os outros e insistentemente se afirmam a si mesmos, os que anseiam por ocupar lugares de honra e receber a admiração das pessoas, serão julgados "últimos" (Mt 20,16).

Depois de esclarecer a identidade de João Batista, o paradoxo da "grandeza" evangélica é evocado na imagem do Reino dos Céus, que sofre violência, e dos violentos que procuram arrebatá-lo (cf. Mt 11,12). Entendemos isso como a antítese dos "pobres em espírito" (Mt 5,3) e dos "mansos" (Mt 5,5), que herdarão a terra.

Aqui, o Evangelho parece sugerir que há dois procedimentos mutuamente opostos para lidar com a história contemporânea e para dispor-se a receber a mensagem de Cristo: como violentos ou como filhos de Deus (Mt 5,9). Os primeiros confundem o poder com a força e enfrentam o presente com a única preocupação de prover às próprias necessidades, mesmo à custa de ignorar o sofrimento e a dor que suas ações e omissões provocam em seus semelhantes; os últimos, por outro lado, sabem como reconhecer, nas feridas e na vulnerabilidade de seus contemporâneos, no

TODOS IRMÃOS E IRMÃS

desvalimento dos que sofrem todos os tipos de injustiça e de abuso, a face do Cristo humilhado na cruz.

Ao assumir sobre si mesmos o fardo humano dos mais fracos, estão reagindo às palavras do Senhor: "Todas as vezes que fizestes isso a um destes mais pequeninos, que são meus irmãos, foi a mim que o fizestes!" (Mt 25,40).

O julgamento de Deus sobre a história e a novidade que o Reino de Deus representa na história não podem ser compreendidos sem que não se assuma o ensinamento radical de Jesus sobre o paradoxo da "grandeza evangélica".

Para nós, o ensinamento de Jesus se torna uma advertência que devemos ter sempre em mente e que não pode ser negligenciada na ação pastoral. Devemos fugir à tentação de recorrer ao poder mundano, rejeitando a ilusória crença de que a eficácia de nossa missão depende de tal poder. Não são os meios que tornam a proclamação do Evangelho maior, mais forte ou mais convincente, mas a fé que colocamos em Deus e no dinamismo vivificador de sua Palavra.

O Apóstolo Paulo, quando se sente fraquejar, testifica sua plena confiança na multiforme graça de Deus vindo resgatá-lo: "Basta-te a minha graça; pois é na fraqueza que a força se realiza plenamente" (2Cor 12,9). Reconhecer a fragilidade e a insuficiência de sua condição humana não assusta Paulo, mas instiga-o a confiar ainda mais nas promessas de Cristo.

Dessa forma, Paulo pode afirmar que a grandeza cristã vem de Deus e de nenhuma fonte humana, que está baseada na manifestação de Deus, e não na persuasão da sabedoria (1Cor 2,3-4). Haurindo de sua própria experiência, Paulo pode atestar que "trazemos esse tesouro em vasos de barro, para que todos reconheçam que este poder extraordinário vem de Deus e não de nós" (2Cor 4,7).

4. O lamento e a dança: a parábola das crianças obstinadas

Lemos a parábola das crianças teimosas como um texto enigmático que se presta a múltiplos níveis de leitura. Seu estivo evocatório, sugestivo de vários sentidos, não permite uma interpretação inequívoca. São Jerônimo ressaltou a dificuldade que os Pais da Igreja tiveram em concordar com uma exegese desses versículos.[1]

Contudo, podemos tentar apreender seu sentido e oferecer um breve comentário prestando atenção à questão com a qual Jesus a introduz: "Com quem vou comparar esta geração?" (Mt 11,16).

Com essa questão, Jesus remonta aos livros proféticos, especialmente à pregação de Jeremias (Jr 6,10-15) que denuncia firmemente a resistência do povo aos apelos de Deus. Ele dirige-se a seus contemporâneos e aponta para sua dureza de coração, sua rígida obstinação em opor-se à vontade Deus. Eles recusaram o convite de Deus tanto para a conversão quanto para a alegria.

Do espaço de recreio, Jesus toma emprestado a imagem de um jogo infantil que consiste em imitar as realidades básicas da vida: dançar em uma festa de casamento e lamentar uma morte. Podemos quase imaginar a cena daquelas crianças na praça, dispostas a divertir-se juntas. Algumas improvisam como músicos, fazendo os sons de flautas e de

---

[1] Jerome, *Commentary on Matthew*, 2.11.16.

Todos irmãos e irmãs

címbalos, convidando as outras a dançarem ao ritmo do canto ora triste, ora festivo. Contudo, o restante recusava--se a acompanhar a brincadeira, ignorando os convites, forçando as demais crianças a protestarem exasperadas: "Tocamos flauta para vós, e não dançastes. Entoamos cantos de luto e não chorastes!" (Mt 11,17).

Jesus diz que "esta geração" é como as crianças na parábola, porque não se deixou atrair pelo deleitável amor de Deus e não respondeu a seu desejo de relacionar-se com ela. Ela rejeitou o lamento de João, refusando seu apelo à conversão, ao retorno para Deus, mas também recusou a alegre proclamação do Filho do Homem, que revelou a vinda do Reino como uma festa de casamento (Mt 22,1-14).

A incapacidade de distinguir adequadamente entre os dias do "luto" e os dias do "matrimônio" levou "esta geração" a desqualificar João, porque "nem come, nem bebe", e a zombar de Jesus pelo motivo exatamente oposto, porque "é um glutão e um beberrão" (Mt 11,19). Esta geração acha defeito em ambos porque seu coração está fechado e seus ouvidos moucos aos apelos do Espírito Santo.

Em vez disso, esta geração deveria estar vestida de luto com João e, em seguida, usar as vestes nupciais com Jesus, visto que o convite do Batista à conversão era uma preparação para a festa das núpcias do Cordeiro (Ap 19,7).

Jesus lamenta a resistência dos de sua própria geração, que não aceitaram o jogo de Deus. Acreditando-se autossuficientes, recusaram a oferta do perdão, diferentemente dos publicanos e pecadores, que reconheceram seus pecados e acolheram o convite à conversão, tornando-se amigos do Noivo.

A denúncia de Jesus do comportamento de seus compatriotas não deve ser compreendida juridicamente como uma sentença de culpabilidade. Ele tem em mente algo como uma obra de sabedoria (Mt 11,19): é um ato de amor, como a voz de um amante lamentando uma esposa infiel (Ez 16,44-52) ou a repreensão de um pai ou de uma mãe que toma a peito o crescimento e o desabrochar de um filho "teimoso e rebelde" (Dt 21,18-21).

O Senhor dirige-se às multidões, hoje, tal como fez então, com seu comovido apelo a dar espaço à salvação. Precisamos sentir-nos desafiados por suas palavras, reconhecer-nos membros daquela geração que ele repreendeu por sua pervicácia em afastar-se da novidade do Reino de Deus e dos sinais que o acompanham.

Jesus também nos pede mudança de mentalidade, para não cairmos naquele espírito letárgico, naquela fé pusilânime, que torna o coração insensível às advertências de Deus na história contemporânea.

A pandemia é como o "canto de lamentação" que ecoa em nosso tempo e impele-nos, hoje, a entrar no "jogo" de Deus. Nessa difícil situação, com suas trágicas implicações para tantos irmãos e irmãs, temos a responsabilidade de sintonizar-nos com Deus, mover-nos em direção ao sofrimento, encontrar o ritmo certo com Deus.

Para mostrar nossa fidelidade ao Senhor Jesus, é necessário aderir ao presente, reconhecê-lo como uma ocasião propícia para permitir que sejamos alcançados por sua misericórdia. Precisamos sair da desatenção, da apatia, da preguiça. Mister se faz que mostremos que nossa fé é capaz

Todos irmãos e irmãs

de respostas generosas, de caridade eficaz, de solidariedade concreta.

O vírus ensinou-nos que, apesar dos muitos avanços feitos pela ciência, a imprevisibilidade de várias circunstâncias sacode o que possa parecer certezas inabaláveis, revelando a insuficiência e a falibilidade de nossos recursos humanos.

Embora seja verdade que há determinadas doenças incuráveis neste mundo, é até mesmo mais verdadeiro que nenhum paciente é eternamente incurável. Jesus é o Médico supremo das almas e dos corpos, e a cura infalível que ele prescreve é o amor cristão. Tal como o "bálsamo" (Jr 51,3) e "o perfume de festa" (Is 61,3), esse amor cura todas as feridas, especialmente as da alma. Vamos derramá-lo abundantemente sobre nossos irmãos e irmãs aflitos, mormente sobre os mais afetados pelos efeitos da pandemia e que perderam a esperança, bem como sobre os que estão solitários ou amargurados.

Por nossos gestos de cuidado, pelo amor que Deus difunde por meio de nós, o mundo reconhecerá que somos discípulos do Senhor Ressuscitado (Jo 13,34). Porque onde floresce o humano, aí se manifesta a alegria do Esposo.

ÍNDICE REMISSIVO

A

Ágape 203
Aggiornamento (renovação) 42, 63, 64
Al-Kamil, Al-Malik 126
Al-Tayyeb, Ahmad 31, 125, 128
Amizade 26, 29, 33, 96, 109, 115, 117, 119, 123, 136,
    162, 177, 180, 191, 206, 252, 254
Amor social 189, 190
Apologética 64, 79
Ateísmo 104

B

Bartolomeu I, Patriarca de Constantinopla 111, 248
Bem comum 93, 180, 189
Bento XVI, Papa 9, 12, 28, 63, 75, 76, 77, 78, 79, 80, 92,
    96, 98, 99, 108, 112, 139, 144, 189, 197, 218, 236, 240,
    241, 243
Bom Samaritano, parábola 26, 147, 151, 157, 159, 165

C

Cântico das Criaturas 124, 156

Caridade 77, 98, 99, 100, 101, 123, 151, 152, 161, 163, 173, 181, 185, 187, 189, 190, 193, 216, 233, 254, 258, 270, 283

Caritas in Veritate, Encíclica 9, 76, 96, 108, 112, 139, 189

Centesimus Annus, Encíclica 9, 96, 110, 232, 236

Chenu, M.-D. 42, 43, 54, 75

conceito de comunhão universal 166

Concílio Ecumênico de Igreja 110

Concílio Vaticano II 9, 10, 11, 12, 16, 19, 23, 40, 63, 65, 74, 75, 105, 117, 205, 217, 227, 253

Congar, Yves 44, 50, 55

Consenso 52, 56, 182, 199, 214

Covid-19, pandemia 20, 186, 263, 265, 270, 271

Cultura do descarte 84, 138, 172, 257

D

Declaração Conjunta, afirmação 111

Declaração dos Direitos do Homem e do Cidadão (1789) 167

De Fontibus Revelationis, esquema 41, 43

Dei Filius, Constituição Dogmática 120

Dei Verbum, Constituição Dogmática 10, 19, 42, 91, 119, 192

Desconstrucionismo 132, 134

Deus Caritas Est, Encíclica 9, 99, 240

Diálogo 47, 84, 180, 192, 195, 196, 228, 245

TODOS IRMÃOS E IRMÃS

Dignidade 15, 49, 82, 97, 104, 118, 141, 142, 144, 145,
152, 159, 167, 168, 170, 174, 175, 186, 190, 198, 206,
207, 210, 215, 216, 217, 229, 233, 238, 240, 241, 242,
244, 254, 256
Dignitatis Humanae, Declaração 9, 244
Direitos humanos 64, 95, 130, 133, 140, 141, 142, 168,
171, 188, 208, 242, 257, 269
Dives in Misericordia, Encíclica 9, 69
Documento Final do Sínodo para a Amazônia 10, 27

E
Ecclesia in Europa, Exortação Pós-sinodal 10, 111
Ecclesiam Suam, Encíclica 10, 66, 192
Episcopalis Communio, Constituição Apostólica 10, 89
Esboço Ariccia 49
Esperança 14, 20, 47, 74, 111, 148, 188, 191, 204, 209,
248, 260, 263, 273, 283
Ética 40, 97, 165, 180, 181, 182, 197, 217, 232, 236, 272
Evangelii Gaudium, Exortação Apostólica 10, 14, 24, 26,
27, 37, 39, 81, 88, 107, 124, 181, 209, 222, 246, 251
Evangelii Nuntiandi, Exortação Apostólica 10, 24, 66, 102
Evangelização 27, 51, 57, 66, 82, 88, 90, 91, 102, 103,
193, 212

F
Familiaris Consortio, Exortação Apostólica 10, 71
Fé 13, 14, 15, 20, 23, 24, 25, 26, 27, 32, 42, 45, 50, 51, 52,
53, 55, 56, 57, 58, 60, 62, 68, 71, 73, 75, 77, 78, 79, 80,

81, 83, 84, 88, 90, 91, 92, 99, 100, 102, 117, 119, 120, 121, 122, 123, 145, 147, 149, 150, 156, 159, 192, 197, 203, 204, 216, 218, 223, 236, 240, 242, 244, 248, 251, 252, 254, 260, 266, 267, 268, 273, 275, 279, 282

Francisco, Papa 10, 11, 18, 19, 20, 21, 22, 23, 24, 25, 27, 28, 29, 30, 31, 32, 35, 38, 39, 40, 62, 63, 78, 80, 81, 82, 83, 84, 87, 88, 89, 91, 92, 93, 94, 95, 96, 97, 99, 100, 101, 102, 103, 104, 105, 106, 107, 108, 109, 112, 113, 117, 122, 123, 124, 125, 126, 127, 128, 129, 130, 131, 132, 133, 134, 136, 138, 140, 144, 145, 147, 155, 159, 162, 165, 168, 170, 171, 172, 174, 175, 176, 177, 179, 181, 182, 183, 184, 185, 188, 189, 190, 194, 199, 201, 203, 204, 207, 209, 211, 212, 213, 214, 215, 217, 219, 220, 221, 222, 231, 232, 233, 234, 235, 236, 237, 240, 242, 243, 244, 246, 247, 248, 249, 250, 251, 253, 254, 256, 257, 258, 259, 260, 270, 272

Fratelli Tutti, Encíclica 10, 16, 19, 26, 29, 30, 33, 34, 117, 118, 122, 123, 124, 125, 129, 136, 138, 144, 147, 148, 154, 155, 161, 162, 163, 164, 166, 168, 174, 179, 181, 194, 199, 200, 212, 215, 221, 223, 228, 231, 242, 246, 251, 252, 254, 256, 257, 258, 259, 260, 263

Fraternidade 15, 17, 30, 33, 46, 97, 128, 166, 167, 168, 169, 170, 171, 251, 253

G

Gaudium et Spes, Constituição Pastoral 10, 17, 27, 44, 45, 46, 47, 48, 49, 50, 51, 52, 53, 54, 55, 57, 59, 67, 69, 74,

TODOS IRMÃOS E IRMÃS

75, 80, 81, 82, 90, 94, 101, 104, 108, 117, 118, 129, 153, 163, 200, 201, 217, 228, 230, 237, 238, 253, 254
Guerra 43, 167, 200, 212

H
Haubtmann, Pierre 49

I
Igreja Católica 25, 27, 61, 107, 216, 222, 223, 224, 227, 228, 229, 246, 248, 257, 260
Igualdade 65, 77, 129, 166, 167, 168, 169, 170, 174, 231
Imago Dei (imagem de Deus) 49
Inquietum cor (coração inquieto) conceito 230

J
Jaurès, Jean 62
Jesus Cristo 9, 15, 32, 56, 69, 224, 225, 241, 261
João Batista 274, 275, 276, 278
João Paulo II, Papa 9, 10, 11, 12, 28, 63, 68, 69, 70, 71, 72, 73, 74, 75, 92, 94, 95, 98, 99, 104, 110, 111, 112, 152, 172, 188, 189, 197, 205, 206, 207, 208, 209, 215, 218, 222, 225, 236, 239, 240, 246
João XXIII, Papa 11, 22, 23, 41, 42, 48, 63, 64, 65, 80, 92, 133, 200, 214, 244

K
Kairós (oportunidade espiritual) 79, 266
Kenosis (autoesvaziamento) 100, 103, 225

L

Laborem Exercens, Encíclica 10, 70

Laudato Si', Encíclica 10, 24, 28, 29, 30, 82, 93, 94, 96, 97, 108, 109, 110, 112, 124, 138, 251, 256

Leão XIII 67

Liberdade religiosa 9, 175, 240, 242, 243, 244, 245, 255

Lumen Gentium, Constituição Dogmática 10, 21, 25, 44, 46, 47, 87, 102, 226, 228, 239

Luz do Mundo (Seewald) 78

M

Mal 14, 32, 74, 77, 82, 106, 137, 157, 205, 209, 210, 213, 214, 215, 216, 217, 220, 272

Marcel, Gabriel 162, 163

Mater et Magistra, Encíclica 11, 64, 92

Meio ambiente 28, 106, 112, 113, 138, 154, 170, 187, 211, 271

Método indutivo 54, 55, 63, 64, 67, 68, 73, 74, 85, 118, 147, 253

Migração 143, 144, 255

N

Nostra Aetate, Declaração 11, 30, 128, 223, 224, 225, 226, 229, 230, 231

Novo Millennio Ineunte, Encíclica 11, 74, 225

TODOS IRMÃOS E IRMÃS

O

Octogesima Adveniens, Carta Apostólica 11, 67, 79
Operari sequitur esse, conceito 37
Ottaviani, Alfredo 42

P

Pacem in Terris, Encíclica 11, 43, 64, 200, 244
Pastores Dabo Vobis, Exortação Apostólica 11, 73
Paulo VI, Papa 10, 11, 24, 49, 63, 65, 66, 67, 68, 70, 102,
    105, 109, 139, 172, 192, 193, 195, 201, 202, 207, 222,
    223, 257
Paz 15, 33, 65, 107, 109, 119, 128, 134, 136, 139, 179,
    180, 184, 199, 200, 201, 202, 203, 204, 205, 206, 207,
    209, 210, 211, 212, 222, 231, 241, 242, 243, 245, 246,
    252, 255, 257, 258
Pena de morte 168, 211, 215, 217, 218, 219, 220, 255
Pio XI, Papa 11, 93, 217, 224
Política 13, 29, 39, 93, 136, 143, 144, 150, 155, 156, 157,
    169, 180, 181, 182, 184, 185, 186, 187, 188, 189, 190,
    191, 199, 202, 208, 213, 233, 235, 236, 237, 238, 239,
    240, 243, 245, 255, 256
Profetismo carismático 65

Q

Quadragesimo Anno, Encíclica 11, 93
Querida Amazônia, Exortação pós-sinodal 11, 106, 252
Querigma (proclamação da fé) 15, 38, 39, 103

R

Ratzinger, Joseph. Ver Bento XVI, Papa 45, 75, 198
Reconciliação 99, 158, 204, 205, 207, 208, 209, 255
Redemptor Hominis, Encíclica 12, 69, 189
Reino de Deus 13, 14, 15, 18, 37, 43, 53, 64, 66, 123, 204, 239, 259, 273, 274, 275, 279, 282
Relativismo 78, 197, 198, 199, 235, 241

S

Sacrosanctum Concilium, Encíclica 12, 21, 48
Salvação 14, 20, 25, 44, 60, 63, 64, 65, 66, 68, 69, 71, 100, 201, 204, 224, 225, 226, 228, 245, 246, 257, 258, 259, 275, 282
São Francisco 33, 111, 123, 124, 126, 128, 156
São Jerônimo 280
Sensus fidei fidelium (sentido de fé dos fiéis) 56, 88, 117, 121, 223, 254
Silva Henríques, Raúl 133, 134
Sinais dos tempos 17, 31, 40, 51, 53, 54, 55, 64, 65, 66, 67, 69, 70, 74, 75, 76, 77, 78, 79, 80, 81, 82, 87, 90, 91, 117, 119, 254, 263, 274
Sínodo dos Bispos 10, 87, 89, 91
Solidariedade 14, 15, 17, 26, 28, 38, 52, 77, 96, 97, 99, 109, 124, 125, 131, 151, 152, 155, 156, 161, 165, 167, 169, 171, 172, 173, 174, 184, 186, 207, 208, 210, 249, 254, 270, 283
Sollicitudo Rei Socialis, Encíclica 12, 72, 94, 152, 188, 207, 240
Subsidiariedade 28, 29, 97, 176, 188, 254

T

Teologia da cruz 76
Tertuliano de Cartago 202
Tomás de Aquino 164
Tradição escolástica 230

V

Verbum Domini, Exortação Apostólica 12, 76
Ver-julgar-agir, prática 68, 85

W

Wojtyla, Karol. Ver João Paulo II, Papa 49, 69, 163

Rua Dona Inácia Uchoa, 62
04110-020 – São Paulo – SP (Brasil)
Tel.: (11) 2125-3500
http://www.paulinas.com.br – editora@paulinas.com.br
Telemarketing e SAC: 0800-7010081